泥土

文明的侵蚀

[美国] 戴维·R. 蒙哥马利 著
陆小璇 译

城市与生态文明丛书

俞孔坚 主编

陆小璇 副主编

Dirt

译林出版社

图书在版编目（CIP）数据

泥土：文明的侵蚀 /（美）戴维 · R. 蒙哥马利（David R. Montgomery）著；陆小璇译．—南京：译林出版社，2024.9
（城市与生态文明丛书 / 俞孔坚主编）
书名原文：Dirt: The Erosion of Civilizations
ISBN 978-7-5753-0174-9

Ⅰ.①泥… Ⅱ.①戴… ②陆… Ⅲ.①人文地理学 Ⅳ.①K901

中国国家版本馆CIP数据核字(2024)第103992号

著作权合同登记号 图字：10-2021-384号

泥土：文明的侵蚀 [美国] 戴维 · R. 蒙哥马利 / 著 陆小璇 / 译

责任编辑 陶泽慧
装帧设计 胡 苨
特约校对 蒋 燕
责任印制 董 虎

原文出版 University of California Press, 2007
出版发行 译林出版社
地 址 南京市湖南路 1 号 A 楼
邮 箱 yilin@yilin.com
网 址 www.yilin.com
市场热线 025-86633278
排 版 南京展望文化发展有限公司
印 刷 江苏凤凰通达印刷有限公司
开 本 652 毫米 ×960 毫米 1/16
印 张 20.75
插 页 2
版 次 2024 年 9 月第 1 版
印 次 2024 年 9 月第 1 次印刷
书 号 ISBN 978-7-5753-0174-9
定 价 73.00 元

主编序

中国过去三十年的城镇化建设，获得了前所未有的高速发展，但也由于长期以来缺乏正确的指导思想和科学的理论指导，形成了规划落后、盲目冒进、无序开发的混乱局面；造成了土地开发失控、建成区过度膨胀、功能混乱、城市运行低效等严重后果。同时，在生态与环境方面，我们也付出了惨痛的代价：我们失去了蓝天（蔓延的雾霾），失去了河流和干净的水（75%的地表水污染，所有河流的裁弯取直、硬化甚至断流），失去了健康的食物甚至脚下的土壤（全国三分之一的土壤受到污染）；我们也失去了邻里，失去了自由步行和骑车的权利（超大尺度的街区和马路），我们甚至于失去了生活和生活空间的记忆（城市和乡村的文化遗产大量毁灭）。我们得到的，是一堆许多人买不起的房子、有害于健康的汽车及并不健康的生活方式（包括肥胖症和心脏病病例的急剧增加）。也正因为如此，习总书记带头表达对“望得见山，看得见水，记得住乡愁”的城市的渴望；也正因为如此，生态文明和美丽中国建设才作为执政党的头号目标，被郑重地提了出来；也正因为如此，新型城镇化才成为本届政府的主要任务，一再作为国务院工作会议的重点被公布于众。

本来，中国的城镇化是中华民族前所未有的重整山河、开创美好生活方式的绝佳机遇，但是，与之相伴的，是不容忽视的危机和隐患：生态与环境的危机、文化身份与社会认同的危机。其根源在于对城镇化和城市规划设计的无知和错误的认识：决策者的无知，规划设计专业人员的无知，大众的无知。我们关于城市规划设计和城市的许多错误认识和错误规范，至今仍然在施展着淫威，继续在危害着我们的城市和城市的规划建设：我们太需要打破知识的禁锢，发起城市文明的启蒙了！

所谓"亡羊而补牢，未为迟也"，如果说，过去三十年中国作为一个有经验的农业老人，对工业化和城镇化尚懵懂幼稚，没能有效地听取国际智者的忠告和警告，也没能很好地吸取国际城镇规划建设的失败教训和成功经验；那么，三十年来自身的城镇化的结果，应该让我们懂得如何吸取全世界城市文明的智慧，来善待未来几十年的城市建设和城市文明发展的机会，毕竟中国尚有一半的人口还居住在乡村。这需要我们立足中国，放眼世界，用全人类的智慧，来寻求关于新型城镇化和生态文明的思路和对策。今天的中国比任何一个时代、任何一个国家都需要关于城市和城市的规划设计的启蒙教育；今天的中国比任何一个时代、任何一个国家都需要关于生态文明知识的普及。为此，我们策划了这套"城市与生态文明"丛书。丛书收集了国外知名学者及从业者对城市建设的审视、反思与建议。正可谓"以铜为鉴，可以正衣冠；以史为鉴，可以知兴替；以人为鉴，可以明得失"，丛书中有外国学者评论中国城市发展的"铜镜"，可借以正己之衣冠；有跨越历史长河的城市文明兴衰的复演过程，可借以知己之兴替；更有处于不同文化、地域背景下各国城市发展的"他城之鉴"，可借以明己之得失。丛书中涉及的古今城市有四十多个，跨越了欧洲、非洲、亚洲、大洋洲、北美洲和南美洲。

作为这套丛书的编者，我们希望为读者呈现跨尺度、跨学科、跨时空、跨理论与实践之界的思想盛宴：其中既有探讨某一特定城市空间类型的著作，展现其在健康社区构建过程中的作用，亦有全方位探究城市空间的著作，阐述从教育、娱乐到交通空间对城市形象塑造的意义；既有旅行笔记和随感，揭示人与其建造环境间的相互作用，亦有以基础设施建设的技术革新为主题的专著，揭示技术对城市环境改善的作用；既有关注历史特定时期城市变革的作品，探讨特定阶段社会文化与城市革新之间的关系，亦有纵观千年文明兴衰的作品，探讨环境与自然资产如何决定文明的生命跨度；既有关于城市规划思想的系统论述和批判性著作，亦有关于城市设计实践及理论研究丰富遗产的集大成者。

正如我们对中国传统的“精英文化”所应采取的批判态度一样，对于这套汇集了全球当代“精英思想”的城市与生态文明丛书，我们也不应该全盘接受，而应该根据当代社会的发展和中国独特的国情，进行鉴别和扬弃。当然，这种扬弃绝不应该是短视的实用主义的，而应该在全面把握世界城市及文明发展规律，深刻而系统地理解中国自己国情的基础上进行，而这本身要求我们对这套丛书的全面阅读和深刻理解，否则，所谓“中国国情”与“中国特色”，就会成为我们排斥普适价值观和城市发展普遍规律的傲慢的借口，在这方面，过去的我们已经有过太多的教训。

城市是我们共同的家园，城市的规划和设计决定着我们的生活方式；城市既是设计师的，也是城市建设决策者的，更是每个现在的或未来的居民的。我们希望借此丛书为设计行业的学者与从业者，同时也是为城市建设的决策者和广大民众，提供一个多视角、跨学科的思考平台，促进我国的城市规划设计与城市文明（特别是城市生态文明）的建设。

俞孔坚
北京大学建筑与景观设计学院教授
美国艺术与科学院院士

献给我的爱狗齐娜，
一位热情的野外考察帮手，
尽责的招待员和最好的朋友——
永远跟随我前行的可爱女孩。

目　录

前　言

自古代先民从事农业耕作开始，土壤退化和土壤侵蚀这对问题便一直困扰着人类社会。尽管这类危机是人类一手造成的，而且显然是在人类所能解决的范围之内，但是公众、媒体和政治家们却似乎并未像对待金融危机、气候变化或其他社会问题那样严肃地对待土壤危机。然而，我们对土地和土壤资源的态度，深刻地影响着现代文明的生存与发展。之所以写这本书，是因为在过去的几十年中，我逐渐意识到土壤的重要性——它是一种与我们眼中的其他不可或缺之物一样宝贵的资源。不过遗憾的是，有谁会将土壤，或者泥土，视为宝贵的资源呢？

大学时期主修地质学时，我被告知土壤在这一学科内只是不需要被重视的“表土”(overburden)。研究生期间，我的专业是研究塑造和影响地形的过程的地貌学，特别以决定河道源头位置的要素为重点研究对象。在研究覆林山坡的地表径流与土壤侵蚀相互影响的过程中，我逐渐意识到树木根系对土壤的加固作用，以及落叶乔木的根系如何撬开岩石并将其混入泥土，进而生成新的土壤。

事实上，最初让我对“土壤侵蚀造成古文明衰落”这一事实有所了解的，并非学校课程和田野考察，而是一本书——正如你手上所捧着的 ix
这本一样。20世纪50年代，我在大学书店的特价区找到一本叫《表土层与文明》的书。该书由两位土壤保护学家写成，且绝版已久。考虑到价格合理，我便将它买了下来。与这本书的相遇，犹如一个鼓舞人心的故事与乐于接受的心灵碰撞的时刻——我的眼前豁然开朗，看待世界的方式从此改变。这本书将我深深吸引，并伴我度过地质学研究的时光。那些滥用土地资源的古代文明，最终为其行为付出了高昂的代价：贫瘠风化的土壤摧毁了它们，只留下一片衰败的遗址和穷苦的后代。

在探索全球范围内的景观演变的过程中，我开始对人类所面临的一个重大却鲜为人知的危机有了更加全面的认识。我们所造成的土壤退化和侵蚀的速度，远远超过其形成的速度。我们正在迅速地消耗肥沃的表土层资源，而它正是支持人类文明长久延续的必需品。当今人类消耗表土层的速度，实在令人惊叹。

20世纪90年代，我所读到的一篇颇有影响力的论文指出，人类活动已经在全球范围内成为迁移土壤和岩石的主要动力之一。这完全出乎我的意料，因为地质学家将火山运动和板块迁移——而非人类——视为改变地貌的动力。人类活动通常不被纳入地质学视野下以数百万年为计的“深度时间”范畴，以及地球自身生成及演化历史的讨论中；在漫长的地质时间轴上，人类只能被视为刚刚出现。事实证明，人类活动正以惊人的速度重构世界地貌，在极短的时间内已造成可与地质作用相比拟的影响。此间，我们忽视了对脚下的珍贵资源的保护。在农耕活动中损失的表层土壤无所着落，成为废弃的尘土。

如果地球也有使用说明的话，其第一章或许应该以“如何保护生命的源泉——土壤资源”为标题。这一章应当描述土壤作为地质学和生物学之间的动态媒介的角色，以及其作为联结无机的岩石圈层和勃发的生物世界之桥梁的作用。

当我透过地质学的视角来审视农业发展史时，便看到一幅人类自食其果的图景：我们对待土地的态度，决定了土地对待我们的方式及其时间纬度。我还看到避免悲剧再度发生的可能性：只要人类不再愚昧地重复无限损耗土壤资源的行为，便可以避免古代文明灭亡的命运。但遗憾的是，当今人类的行为，正是在全球范围内毫无节制地消耗土壤。

在为《泥土》的写作展开的研究中，我发现在过去的一百五十年中，
每几十年就有智者敲响土壤退化的警钟。但是，我们的记忆和注意力持
续的时间都太过短暂，那些尽力扭转土壤退化局面的努力，都被所谓更
重要的事情所取代。比如在第一次世界大战期间，美国在南部大平原垦
荒种粮，出口欧洲以满足其粮食需求；再比如今天，我们培植作为生物燃 x
料原料的作物，以实现作物经济效益的最大化。

考古学家记录了全球范围内土壤流失与古代社会的衰退或灭绝之间的关系。在环境史学资料中，也常常可以看到“森林砍伐造成土壤侵蚀，并最终导致文明毁灭”的论点。不过，根据我早期对西北太平洋地区进行的地质学探寻，特别是对陡峭林地的土壤侵蚀的研究来看，如此广泛而严重的土壤流失，不可能仅由林木砍伐造成。事实上，只有想方设法地杜绝植被复生，才有可能造成这种情况。我不禁开始怀疑，农业活动或许是造成这一切的真正罪魁祸首。我们面对的谜题是：是否农业活动在造就了文明的兴起、发展和蔓延的同时，也通过更长期的土壤退化及流失过程，播下了引发社会衰落的种子？

历史学家们倾向于认为，一切文明都有其独特的历史，其兴衰由多种因素决定。但我想，或许土地的状况——土壤的健康或衰退——直接决定了社会发展的健康程度和应变能力。若是果真如此，那么干旱、战争以及经济的瓦解或巨变，仅仅是引发社会崩溃的最后的助推力，而文明的兴衰之路早已由土地状况所决定。换句话来说，土壤的退化和侵蚀，或许可以解释为何某一特殊的事件或情境会导致社会崩溃。地理条件固然重要，却不足以决定社会发展的命运；与地理条件同样重要，甚至更为重要的，是人们在经济、社会和文化层面对待土地资源的态度。

当我确认了在历史长河中，农业一次又一次地导致土壤侵蚀的事实后，我希望检视这一问题在当今的严重程度。在古希腊或古罗马时代，没有科学家能够测量农田中土壤侵蚀的速度；但是如今，我们拥有充足的数据，用以检测“农业土壤流失是限制文明寿命的因素”这一假说是否成立。为此，我在华盛顿大学的图书馆里待了数个星期，收集了所有

能找到的关于全世界土壤侵蚀速度和长期景观侵蚀速度的数据。[*]这些记录当代以及更长历史时期土壤侵蚀的数据显示，如果把全球农场侵蚀掉的土壤堆起来，那几乎会和喜马拉雅山一样高。

想象一下：把煎饼般平摊的土地与世界最高峰扯上关系，似乎不可思议。我们虽不在陡峭的地方耕种，却“成功”地把爱荷华州和堪萨斯州转变成了土壤侵蚀程度可与山国尼泊尔相媲美的地区——这种情况
xi 显然是不可持续的。在表土层以超过一毫米的年平均速度消失的情况下，只需几个世纪就足以让全世界大部分地区的表土层消失殆尽。虽然一毫米的年平均速度听起来并不快，但自然环境中土壤生成的速度比这一速度慢得多。几个世纪的时间，在地质学家看来转瞬即逝；然而，对于再度竞选的政治家、追求下季度利润的公司董事，或者辛苦养家的农民来说，就如同永恒一样漫长。

耕犁农田会使土壤易受侵蚀，这一显而易见的事实被韦斯·杰克逊恰当地称为“农业的原罪”，并为大众所了解。在自然界中，裸露的土地几乎不会出现在林线以下。想想你曾经走过的草原和森林，那里有多少土壤是裸露的呢？应该几乎没有，或者极少。除去环境本身酸度过高的情况，植被通常会将地表覆盖，其枝叶可以遮挡雨水的冲刷，根茎亦能加固土壤。但裸露的土壤会面临怎样的情况？想想暴雨来临之际，流过新犁过的田地或者施工工地的棕黑色的雨水便知。使土地在一年之中的某些时间裸露在外，这将大大增加土壤侵蚀的风险。这是因为，不论是风还是雨，其对裸露地表的侵蚀速度，都将是自然侵蚀速度的数十倍乃至上百倍。犁耕农业将土壤剥离地面的速度如此缓慢，因此极少有人会费心将土壤——更不要提水土保持——视为“当务之急”。

土壤的形成有赖于生物的参与，而土壤又哺育更多的生命——这概括了过去五亿年间所发生的事情。植物的进化和生命的兴盛促进了土壤的形成；反之，土壤也孕育了更多、更巨大的植株，这些植株作为食物，又进一步促成更为复杂的动物群落的出现。现代农业出现之前，生物

* 你可以在《美国国家科学院院刊》(2007, v. 104, p.13, 268—213, 272) 上找到根据这一研究写成的论文，以及我所收集到的相关数据。

与土壤就一直维持着这种合作关系。那么，在现代农业打破了这种“土壤—生物”关系之后，文明还能维持多久呢？从地质时间维度来看，损害土壤的农业文明纵使发展，也是极为短暂的——没有一种自毁根基的文明能够长久维系。

20世纪90年代的研究显示，自第二次世界大战以来，因土壤退化导致农民弃耕的土地面积，已达到当时总耕地面积的三分之一。据预测，全球人口在本世纪后半叶将再增加七十亿；毫无疑问，这部分面积大于印度的可耕种土地的损失，对保障全球粮食需求有弊无利。据估算，当今每年全球土壤退化量超过土壤生成量约两百三十亿吨，这相当于每年全球耕地损失1%的存量。以这个速度发展下去，世界范围的表土层在不到一百年的时间里就将消耗殆尽——这种情况就好比一个永远不存款却持续消费的银行账户。 xii

可以确定的是，由土壤的消耗和退化所带来的破坏性影响，将会在土壤资源完全消耗之前显露出来；这就好像石油价格在供给紧缩后的上涨，在原油消耗完之前，就已经扰动了建立在石油能源基础上的社会。核心问题是，我们何时才会面对土壤不足以满足人口需求的那一天？在那天到来之前，聪明的做法或许是，进行农业改革以预防危机的发生，并为全球文明的发展创造一个可持续的基础。

事实上，将“石油峰值”与“土壤峰值”并置而论似乎不大恰当：从全球范围来看，在人类发明犁具时，我们已经处在了“土壤峰值”。尽管如此，我们从那时开始就一直在净耗自然资源。如今，另一个转折点又出现在我们眼前：我们对维系粮食供给的最重要资源的消耗，已经成为全球各地的普遍问题。在这个全球社会相互关联的时代，认为区域食物供给问题与世界安全无关的想法无疑是幼稚的。

有一个观点，是从我的上一本书，即描述人与三文鱼关系历史的《鱼王》，延续至本书中的，这便是：紧急事件发生影响的速度越慢，我们试图予以解决的动力越少。在土壤和三文鱼的两个案例中，“退化”过程缓慢而长久，因而掩盖了问题的严重性；人们没有对这些问题给予足够重视并采取有效措施。然而，当今全球的土壤和三文鱼困境，也说明了我们过于重视短期投入和回报所带来的后果。长久以来，我们始终未能积极应对导致三文鱼大量减少和土壤严重退化的根本原因。这给我们提供了一个教训，它也与全球气候变化这类具有巨大社会影响力的问题密切相关：逆自然之道而行，可能在短期内有所回报，但从长远来看，则会带来毁灭性的结果。

如何重新思考传统农业中的智慧，进而找到与自然和谐相处的方法呢？我们或许可以从改变对土壤的看法开始：土壤不只是用来种植植物的培养基质，它也是包括人类自身在内的动植物所赖以生存和繁荣的生态系统。具体需要怎样做？一方面，在农业活动中应将土壤视为生态系统，而不是迫使土壤适应人类的技术；另一方面，应正视"化肥和杀虫剂的应用使肥沃的土壤变得贫瘠"这一事实。人类对杀虫剂、除草剂和化肥的过度依赖，毒化了我们的食物网络的基础，这并非使文明存续的长
xiii 久之计。寻找更加环保的解决方案，已经变得刻不容缓了。

应当如何开始重建与修复农业土壤呢？从公众投资来看，应当支持那些努力配合而非对抗土壤生态系统的研究。新的农业实践可以包括如下方面：减少对那些造成土壤侵蚀的常规农业的补贴；增加对发展多年生作物以及低投入免耕农业的支持；推广既能固碳又可提高土壤肥力的、增加土壤有机物质含量的实践；采取能够增加小型有机农场可行性的政策，等等。我并非宣扬农业耕作方式应回到前工业时代模式；我们也不需要在可持续农业和满足人口需求之间二选一。在很多情况下，这些所谓的"替代性农业实践"的产量，并不逊色于常规农业。不论我们怎样解读，重建土壤肥力都会逐渐成为后石油时代（特别是后低价化肥时代）可持续农业生产的重要方面。

无声的土壤危机，是本世纪人类面临的最艰巨的挑战之一。如果你像我一样，曾有机会向政策制定者讲起，土壤侵蚀和肥力衰退将会威胁人类未来，你或许也不得不听对方讲一通"可能在几十年后影响未来的危机，对今日的政治形势无关紧要"的观点。但是，覆盖地球表面的那层薄薄的土壤，那层由风化的岩石、死去的动植物、真菌和微生物组成的物质，始终并将永远扮演哺育地球万物生命的"母亲"的角色。土壤，也是

所有国家最为重要的战略资源——土壤是否属于“再生资源”，取决于它如何被人类利用。

“人类”在拉丁文中叫“homo sapiens”，意为“智者”。若能停止轻视我们的土壤资源的话，人类仍然有机会，让自己配得上“智者”这个名字。 xiv

致 谢

安妮·贝克一次又一次地忍受修改稿铺满餐桌的情形——如果没有她的支持，这本书将永远无法完成。苏珊·拉斯穆森设法寻找那些隐僻的史料，事实证明，她是一位了不起的图书馆侦探。波莉·弗里曼、埃德加·布莱克和伊迪丝·格拉德斯通提供了无与伦比的修改及指导意见，而山姆·弗莱什曼则为这本书找到了一个好归宿。查尔斯·凯宾林格和哈维·格林伯格帮助制作了本书的插图。我还要感谢华盛顿大学"星期五港实验室"的怀特利中心，他们为我完成书稿的收尾工作提供了完美的环境。我对众多研究者深怀感激，这本融合多个领域的书得益于他们的研究与发现；我将这些资料整理在本书结尾，呈现给有兴趣了解书中内容来源的读者。毫无疑问，我个人将对本书中任何无意的错误和疏漏负责。最后需要指出，为追求简洁和叙事性，我并未重点关注美国自然资源保护局的历史及工作细节，而它所做的重要工作关乎我们的未来，理应得到世界更多的关注。 xv

1. 古老的优质泥土

我们对待土地的方式，都将影响到我们自身。

温德尔·贝瑞

20世纪90年代末的一个八月晴日，我带领一个考察队登上菲律宾的皮纳图博火山，去勘查一条仍冒着热气的沙河——这些热沙来自1991年一场大规模的火山爆发。我们在烈日下向着上游跋涉，河床在脚下羞怯地扭动着。突然间，我的脚踝陷入沙中，紧接着是膝盖，直到热沙没过腰际。我的长筒防水靴开始冒热气，而我的研究生们却跑去拿他们的相机。在“完备”地记录下我的窘态并进行了一番协商之后，他们才把我从困境中拉出来。

几乎没有什么事能比脚下大地的下陷更让人感到无助。你越是挣扎，就会陷得越深；你不断下沉，却无力阻止。在短暂地陷入滚热的流沙之后，连松软的河床都令人感觉像岩石一般稳固。

通常情况下，我们不会过多地想到支撑着我们的双脚、房屋、城市和农场的大地。即使我们常把它的存在视为理所当然，我们也知道，好的土壤不仅是“泥土”那么简单。当你挖开丰饶而新鲜的土地时，你能够感到其中所蕴藏的生命。肥沃的土壤松碎，并从铁锹上滑落。仔细观

察，你会看到一个环环相扣的生物链，一个将死亡化为新生的狂野的生
1 物循环系统。健康的土壤有着诱人而健康的香气——那是生命的味道。

究竟什么是泥土？我们试图不去看它，不去想它，不去接触它。我们唾弃它，诋毁它，把它从我们的鞋子上掸去。但更重要的事实究竟是什么？那就是，万物源于泥土，并终将再次化为泥土。如果这一事实还不能唤起你对泥土的一点敬意，那么我们就来看看土壤肥力和土壤侵蚀如何塑造了人类的历史进程。

在农业文明初期，98%的人口进行耕作以支持掌控着食物与资源分配的少数统治阶级；而在今天的美国，不到1%的人口进行耕作以养活其他人。虽然绝大多数人意识到我们是如此依赖这群现代农业者，却很少有人意识到我们为维护未来文明发展而采取的对待土地的方式之重要性。

许多古代文明通过间接“开采”土壤来促进发展，其农业耕作所加剧的土壤侵蚀的速度超过了土壤形成的速度；有一些古代文明学会了如何反哺并维护他们的土壤。这些文明都有赖于充足的肥沃泥土的支撑。人们虽然理解提高土壤肥力的重要性，但或许并未意识到，从最早期的农业文明社会一直到古希腊和古罗马文明，水土流失造成文明消亡的现象贯串始终；随后，水土流失促使欧洲殖民主义兴起，让美国向西推进，横跨北美。

这些问题不仅存在于古代历史。直至今日，土壤滥用仍然是威胁现代社会发展的因素之一：无论是20世纪30年代美国南部平原的巨大沙尘暴，还是20世纪70年代非洲萨赫勒地带的生态灾变，或是当今亚马孙流域的环境恶化，都使得千百万的环境难民被迫离开家园。世界人口不断增加，与此同时，生产性农地自20世纪70年代开始不断缩减，用于制造化肥的廉价化石燃料也将在本世纪后期耗尽。排除那些会置人类于死地的突发灾难，我们应对土壤退化以及逐步加快的土壤侵蚀的双重困境的方式，将决定现代文明的命运。

在探索土壤在人类历史中所起到的重要作用的过程中，得到的关键性启示简单明了：当代文明面临着重复历史上加速文明衰落的

错误的风险——我们不顾子孙利益，消耗土壤的速度超过了土壤形成的速度。我们面临着两难的境地：有时最缓慢的转变反而最难停止。

大多数的历史记载显示，土壤在人类文化中占据中心地位。一些最早期的书籍是农耕手册，它们传递的是关于土壤及耕种方式的知识。作为亚里士多德“四因说”中土、气、火、水四元素的首位，“土”是人类生存之根基，万物生命之根本，我们却把它作为廉价商品来对待。我们中的 2
大多数人会认为“石油”是战略物资；事实上，从更加长远的时间跨度来看，“土壤”的地位毫不逊色。然而，有谁曾将土壤视为战略物资呢？在逐渐加速的当代生活中，我们很容易遗忘，肥沃的土壤仍然是支持这个星球上亿万人口生存的基础。

地理学决定了许多引起土壤侵蚀的原因以及由此产生的问题。一些地区由于不考虑土壤保护，其农业耕作导致土壤迅速流失；另一些地区有足够的新鲜泥土以应耕作之需。从人类时间尺度来看，很少有地方的土壤的再生速度足以应对工业化农业生产对土壤的消耗，更别说按地质时间的尺度来看了。从全球角度来看，我们正在慢慢地耗尽泥土。

我们正在剥去地球的表皮，这是否会令我震惊？或许会，但是证据无处不在。从建筑工地流出的棕色液体中，从被砍伐森林下游淤塞的河流中，我们看到泥土正被剥除；当农民的拖拉机在地表留下沟壑，当山地自行车在土路上留下车辙，当新的郊区和商业街在肥沃的山谷里发展起来，我们看到泥土正被剥除。这个问题已不是秘密。土壤是最被低估、最不受重视但又最不可或缺的自然资源。

就个人而言，我更感兴趣的是弄清什么是文明得以维系的基础，而非列举出一系列能够终结文明的灾祸。作为一个地质学家，我知道我们可以通过探究那些存留在土壤中的，过往文明社会留下的印记，来帮助确认可持续发展的社会的可能性。

历史学家指责导致一度蓬勃发展的文化消亡的诸多罪魁祸首，比如疾病、森林砍伐或是气候变化。每个因素在不同情况下对文明的消亡起到的影响是多样的（有时是主要的），而历史学家和考古学家无疑会反驳那些关于文化消亡的“单一子弹理论”。当今的解释通常认为，文化消亡是特定区域及历史进程中的经济、环境和文化力量之间的相互作用。但是，任何社会与其土地之间的关系，即人们对待脚下的泥土的方式，事实上是最为根本的原因。使文化消亡的社会和政治冲突，常常是因为土地生产的食物无法养活它所承载的人口。关于泥土的历史表明，人们对待泥土的方式与其文明的寿命息息相关。

土壤的状况决定了其上可种植何种作物以及多长时间，这样一来，要保证子孙后代财富的基础，就需要世代承传的土地管理智慧。然而到目前为止，人类社会很少实现基于可持续土地利用的文明发展方式，虽
3 然大多数文明懂得如何增加土壤肥力。许多文明的科技发展带来了与之对应的土壤消耗速度。今天，我们已经有了远远超越古人的技术水平，但我们也知道如何避免重蹈覆辙。

虽然水土保持已经得到长足进步，据美国农业部估测，密西西比河流域每年仍有上百万吨的表层土壤被侵蚀。这条北美最大的河流每秒钟就会将一重型卡车的表层土壤倾倒入加勒比海。而美国农田每年所消耗的表层土壤，足以填满每家的轻型卡车。美国的土壤消耗量是惊人的。然而，美国并不是这种关键资源的最大浪费者。据估测，全球每年的表层土壤消耗达到二百四十亿吨，这相当于全球每年每人要消耗数吨表层土壤。然而，即使土壤消耗总量如此之大，其消耗速度仍无法在人的百年生命周期内被察觉。

即便如此，在那些很久以前曾经历“生态自杀”的区域的历史中，人类为土壤衰竭所付出的惨痛代价显而易见。古代土壤退化的遗留问题，一直让整个区域经受着不毛之地才会有的极度贫困。想想电视中现代伊拉克风沙肆虐的景象，那似乎与这一区域曾经作为“文明的摇篮”的画面毫不相关。为寻找食物或可耕作的土地，环境难民被迫离开家乡的报道是近几十年来常见的头条新闻。即便是在面对那一片片已被糟蹋的土地的无声证词时，人类仍对保护土壤的紧迫性持怀疑态度。当人们无法获得足够的食物，那金玉其外的文化，甚至是文明自身，便会处于危险的境地。

对于身处发达国家的人而言，去一趟超市似乎就能消除任何对眼前危机的担忧。两类科技创新——作物基因改造，以及基于化学肥料的土壤肥力维系——使得小麦、水稻、玉米和大麦成为这颗星球上的优势植物。这些曾经的稀有物种，如今以大面积单一种植的方式覆盖了超过五亿公顷的地表面积，这相当于包括阿拉斯加在内的全美森林覆盖总面积的两倍。但是，现代产业化农业的基础是否稳固？

农民、政治家和环境史学家使用“土壤衰竭”一词来描述诸多情况。从专业角度讲，这一概念是指粮食产量逐步减少的土壤末期状态，此时的耕地已无法再种出充足的粮食。定义“土壤衰竭”的方式千差万别， 4
在某些情况下是土地无法支持自给农业，在另一些情况下则是开垦新耕地获得的利益大于继续耕作原有土地。因此，在探讨“土壤衰竭”时，要结合社会因素、经济因素以及可用的新拓土地加以理解。

各式各样的社会、文化和经济力量，影响着一个社会中的公民对待其土地的方式，进而影响其社会发展。持续耕作一块土地，而不实行有效的水土保持，就如同最大限度地运营一家工厂，却不投资进行维护和修理。良好的管理可以改良农田土壤，反之，糟糕的管理则会破坏土壤。土壤是一种世代相传的资源，一种既可被珍惜利用又能被挥霍的自然资本。地表仅仅几英尺的土壤处在繁荣与消亡之间，滥用土壤的文明终将灭亡。

作为一个地貌学家，我研究的是在地质时间中地形如何演变，景观如何改变。我所接受的训练以及我的经验让我认识到，气候、植被、地质和地形的交互作用是如何影响了土壤的成分和厚度，并进一步构建起土地的生产力。了解人类活动如何影响土壤，是维持农业系统运行的根本所在，也是理解我们如何影响我们的环境以及所有陆地生物的生产力的关键。在走遍世界学习景观及其演变的过程中，我体会到，对土地的敬意对人类的未来发展具有重要意义。

纵观历史，文明生灭交替——它们上升，繁荣，之后灭亡。有一些文明在灭亡后再次重生。战争、政治、森林砍伐和气候变化的确是纵贯人类历史并导致社会崩溃的影响因素。然而，为何如此多互不相关的古代文明，比如古希腊文明、古罗马文明还有玛雅文明，都曾经持续了大约一千年的时间？

显然，特定文明发展和衰落的原因极其复杂。环境恶化本身并不是导致这些文明彻底崩溃的原因，而土壤的历史则可被视为承载了决定文明消亡的经济、气候极端事件以及战争的舞台。古罗马文明并非瞬间破碎崩塌，而是在土壤侵蚀造成生产力减弱的情况下被逐渐消磨殆尽。

从广义上来看，许多文明的历史遵循着一种共同的故事情节。最初，始于肥沃谷底的农业使人口持续增长，直到谷底农业无法继续满足需求，使得人们利用坡地进行耕种。山坡土的快速侵蚀，是因为植被清
5 除及持续耕作使表土层裸露，继而受到风雨侵蚀。在随后的几个世纪中，持续增加的粗放耕作造成养分消耗或土壤流失，继而作物产量下降，又无新的土地可供耕种，当地居民开始面临生存危机。土壤退化最终达到了农业生产力不足以支持不断增长的人口的临界点，并诱发整个文明的崩溃。这样的历史剧本既适用于那些小而孤立的岛屿社会，又适用于那些跨区域的庞大帝国，这也证明了这一现象在文明发展过程中的关键作用。那些未能有效保护其繁荣发展的基础——土壤——的文明，一旦土壤侵蚀的速度超过土壤形成的速度，该文明就会走向灭亡。

现代社会造就了这样一种理念，认为科技几乎可以为任何问题提供解决方案。但无论我们如何热切地相信科技能够改善我们的生活，科技也无法应对资源消耗速度大于资源再生速度的困境——这种资源终将在某一天被耗尽。联系日益紧密的世界经济以及不断增长的人口，使土壤管理工作比历史上的任何时期都更重要。我们的子孙将面临最基础资源的短缺所引起的经济、政治或军事的争端，除非我们更谨慎地利用及管理我们的泥土。

一个人类社会的土壤需求量究竟有多大，这取决于人口、土壤的先天生产力，以及食物生产所采用的方法和技术。尽管现代农场能够养活数量巨大的人口，我们仍要保证有一定量的肥沃泥土能够支持每一个人的生存。这一显而易见的事实使得土壤保护成为任何文明延续的必备

条件。

景观对人类生存的承载力包括两方面，即环境的物理特征——土壤、气候和植被，以及耕作的技术和方法。当一个社会即将打破人与环境系统的平衡状态时，其应对外界扰动——诸如外来物种入侵及气候变化——的能力将会下降。不幸的是，那些即将达到生态极限的社会，也常常因为人口压力而不得不将土壤的短期出产量最大化，并因此忽视了土壤保护。

土壤为我们提供了一面地质学的后视镜，它反射出了优良而古老的土壤从古代文明直至今天的数字社会的重要性。这部历史如此清晰地呈现出了这一事实：工业化文明的维系不仅仅依赖于科技创新，它也需要对土壤的保护。我们今天对地表土壤的消耗比以往任何生物和地质过程都要多，我们正缓慢且毫无计划地改变着地表。 6

常识和后见之明可以提供关于过往经验的有用视角。文明并非在一夜之间分崩离析。文明并未有意识地选择灭亡。更常见的情形是，伴随着土壤在几代人的时间里逐渐消失，文明逐渐衰落并走向消亡。虽然历史学家倾向于将文明的消逝归结于诸如气候变化、战争或自然灾害等离散事件，土壤侵蚀对古代文明造成的影响实际上是灾难性的。你亲自去看一看吧，那些故事就蕴藏在泥土之中。 7

2. 地球的表皮

我们对天体运动的了解，比对脚下土壤的了解要更多。

莱昂纳多·达·芬奇

查尔斯·达尔文的最后一本书，鲜为人知且未受争议。这本书写的是蚯蚓如何将灰尘和腐烂的树叶变成土壤，并于1882年，也就是达尔文去世的前一年出版。与达尔文一生的成就相比，他的最后一部著作似乎记录了一项微不足道的观察；或者，他其实发现了一个关乎我们这个世界存亡的重大事实——一个他认为在生命的最后时日必须传递给子孙后代的信息？这本关于蚯蚓的书，被一些评论家视为是达尔文在老年时期的退化思维所产生的好奇心驱使下而作；它探讨了我们脚下的土壤是如何经过蚯蚓的身体得以循环，以及蚯蚓是如何塑造了英国的乡村景观。

达尔文自家的田地让他有机会探索蚯蚓在地质过程中所起到的重要作用。在环球旅行结束后不久，达尔文回到了自己在英国的家。这位著名的乡村士绅发现，每隔一段时间就被拱到地表的物质，与几年前被一层散落田间的灰渣所覆盖的细土极其相似。由于那几年田里既没有养牲畜又没有种粮食，这片田应该毫无变化。那之前散落田间的那层灰渣是怎么在他的眼前“下沉”的？

而唯一可能的解释听起来很荒谬——是蚯蚓年复一年地将小堆粪土翻到地表之上。难道蚯蚓真的一直在给他犁地吗？出于好奇，达尔文开始探究是不是蚯蚓在慢慢地构建起一层新的土壤。与他同时代的人则认为他疯了——他成了一个认为蚯蚓那微小的行为能够积累产生巨变的傻瓜。

达尔文开始坚定地收集并称量蚯蚓粪，以估测蚯蚓究竟翻动了多少英国乡村的土壤。他的儿子则帮助他测算那些古代遗迹“下沉”的速度。最令达尔文的朋友好奇的是，他将蚯蚓养在客厅的罐子中，尝试不同的蚯蚓喂食方式，并测量它们究竟能够多快地将地表的叶片和灰土转变为土壤。达尔文最终得出结论：“全英国的菜地已经多次经过蚯蚓的肠道，并将继续一遍遍地被蚯蚓吃进再排出。”[1]从好奇蚯蚓是如何翻动自家田地，到证明蚯蚓不断吃进并消化全英国的土壤，这的确是一个巨大的飞跃。到底是什么推动达尔文沿着这种异乎寻常的思路探究下去的呢？

在达尔文的诸多观察中，有一个例子格外引人注目。1841年，当达尔文的小儿子跑下山坡时，散布于这片坡田的石块被踢得叮当作响——那一年是达尔文最后一次在这片坡田上耕作。在三十年后的1871年，这片久未耕作的坡田已经找不到石块的痕迹——马匹可以在这片休耕多年的坡地上奔跑而踢不到一块石头。那些曾被踢得叮当响的石头究竟去哪里了？

出于好奇，达尔文挖了一条横跨这片荒田的沟槽。他发现，那些曾经散布在自家田地表层的石块，如今已被两英寸半的细土所覆盖。这些石块所经历的过程，正如同几十年前散落田地表层的那些煤渣。达尔文猜测，在无数蚯蚓的努力下，新的表层土壤正以每个世纪几英寸的速度慢慢累积。

由于不确定这是否仅仅是发生在自家田地的特殊情况，达尔文让已经长大的儿子们去考察，那些废弃了数百年的建筑物的楼层和地基，究竟是以多快的速度被新土层掩埋的。达尔文部署的这些“侦查员”向达尔文汇报，萨里郡的工人在地下两英寸半的深处发现了典型的罗马式别墅的小红瓦。来自公元2—4世纪的硬币进一步证实，这座罗马式别墅已经废弃了一千年以上。堆积在该处遗迹的地板上的土层有六到七英寸厚，也就是说，新土层累积的速度大约是每个世纪半英寸到一英寸。达尔文在自家田地里观察到的现象并非特例。

对其他一系列古代遗迹的观察，让达尔文进一步坚信了蚯蚓在英国乡村间“犁地”的事实。1872年，达尔文的大儿子威廉·达尔文发现，在亨利八世反正统天主教战争期间被摧毁的博利厄修道院中殿的步道，如
10 今被埋在六到十二英寸的土层下；在格洛斯特郡，一栋隐藏于丛林的，与世隔绝几个世纪的大型罗马式别墅的遗迹，被一个猎场看守在挖洞猎兔的过程中偶然发现，当时它的地板已经被两三英尺的土层覆盖；而位于什罗普郡的尤里康尼亚姆废城的混凝土步道，在荒废几百年后，也被厚达一英尺的土层覆盖。可是，真的是蚯蚓完成了这些巨大的工程吗？

通过收集并称量不同地区的蚯蚓粪便，达尔文发现蚯蚓每年可为每公顷土地带来十到二十吨的新土。也就是说，蚯蚓每年的活动可以在地表形成一层厚度约为十分之一英寸到四分之一英寸的，平铺其上的新土层。这足以解释古罗马遗迹被土层掩埋的现象，也与达尔文所推断的，在被他的儿子们称为“石场”的自家荒地上的新土壤的形成速度非常接近。通过观察和整理自家的田地，挖掘古代建筑遗址，以及直接称量蚯蚓的粪便，达尔文发现，蚯蚓的确在表土层的形成过程中起到了至关重要的作用。

但是，它们究竟是怎么办到的呢？达尔文开始观察摆在自家客厅的玻璃容器中的蚯蚓的活动，试图了解它们是怎样将有机物质“注入”土壤的。达尔文对被自己这些新宠物拖进地下洞穴的树叶的巨大数量进行了计算。他观察到，蚯蚓将树叶撕成小块并部分地消化了它们，然后又将这些有机物质与之前摄取的细土混合了起来。

达尔文注意到，蚯蚓除了能够磨碎叶片，还能够将小石块分解为矿质土壤。达尔文在解剖蚯蚓时，总是在其消化系统中发现小石头和沙粒。达尔文发现，蚯蚓的胃酸与土壤中的腐殖酸成分相匹配，并对比了蚯蚓的消化能力与植物根系缓慢分解最坚硬岩石的能力。达尔文发现，

通过缓慢的翻土、分解、再加工，以及将岩石与有机物质混合的一系列过程，蚯蚓能够制造新的土壤。

达尔文还发现，蚯蚓不仅“制造”土壤，还促成了土壤的移动。他不停徘徊在被雨水浸透的自家田地，并观察到，在雨水冲刷下，蚯蚓造就的这层土，即使沿着最平缓的坡度也能扩散开来。达尔文精心收集、称量并比较了从坡地不同位置的蚯蚓洞穴中涌出的粪便量，发现下坡侧的粪便量是上坡侧的两倍。被蚯蚓拱到地表的物质向下坡方向平均移动了两英寸。仅仅通过挖洞，蚯蚓就使得土壤不断向下坡方向缓慢移动。

基于他的观察与测量，达尔文计算出，在一片长约十码的典型的英国坡地上，每年约有一磅重的土壤向下坡方向移动。据此，他得出进一步的结论：英国全境的表土层就如同一块泥土的毡垫，通过这支看不见的蚯蚓大军的挖掘与消化作用，在被草皮覆盖的山坡上慢慢下移。蚯蚓 11
每年移动了英格兰和苏格兰境内几乎五亿吨重的土壤。达尔文认为，蚯蚓是能够在数百万年的时间尺度上重塑土地的主要地质力量。

虽然达尔文对蚯蚓展开的研究极具创新与突破性，但他那时对土壤侵蚀的了解还不全面。比如，他通过测量密西西比河所带动的泥沙含量，计算出在没有地质上升作用的情况下，阿巴拉契亚山脉会在四百五十万年内被“侵蚀”为平缓的平原。现在我们知道，这条地球上最古老的山脉之一已经存在了上亿年之久。对于不存在地质上升，已经进入地质死亡期的山脉而言，自恐龙存在时期便开始的自然侵蚀并未将其化为平地。也就是说，达尔文过分高估了山脉被侵蚀的速度。他的计算与实际情况的差距为何会如此之大？

达尔文和与他同时代的人都还不知道“地壳均衡”这一现象，即由侵蚀引发的地球深处的岩石层的上升过程。这一理论直到达尔文去世几十年之后才成为主流地质假说。如今，地壳均衡理论已经被广泛接受——“侵蚀”并非削减材料的单项过程，它也是使岩石层向上移动以达到地表海拔的动态平衡。

尽管地壳均衡理论所描述的现象与“侵蚀削减地表”这一常识性

认知相左，但这一理论在更深层次上是符合常识性逻辑的。大陆，实际上是“漂浮”在地球深层致密的地幔之上，由相对较轻的岩石所构成的。大陆如同海上漂浮的冰山，或是杯中漂浮的冰块，当水面之上的部分消融，冰块就会微微上升并继续漂浮。同样，大陆的基底部分实际上向地球深处延伸了五十多英里后才触及致密的地幔。侵蚀过程所造成的地表景观的质量削减，通过被地球深层力量上推的新岩石得到了补偿。地表一英尺厚的岩石层的削减，只会造成地表下降两英寸，因为会有十英寸厚度的新岩石上移以补充质量损失。地壳均衡过程所带来的新的岩石亦是形成土壤的原材料。

在达尔文看来，地表土壤有着一种动态平衡，即在自然侵蚀与深层岩石分解补充这两者之间维持着稳定状态。达尔文认为，表土层持续地变化着，却能够保持稳定状态。通过观察蚯蚓，他发现了地球表面这层薄薄的土壤的动态特性。在他写下的人生最后一章中，达尔文开启了“土壤是地球表皮”的这一现代认知。

达尔文认识到了蚯蚓在土壤制造过程中的重要作用，并将其视为大
12 自然的园丁。

> 当我们注视着那青草覆盖的广阔田野，我们要把它那平整的美记在心底。这平整，是大地的缤纷美丽赖以存在的基础；这平整，得益于蚯蚓慢慢将一切崎岖化作平齐。对人类而言，这必是惊人的认知：眼前这般宽广的地球表层泥土，从古至今，以数年一次的周期进出着蚯蚓的身体。对人类而言，犁具是我们最古老而珍贵的发明之一；我们更要感叹，蚯蚓对土地的规律性耕犁的历史，始于人类出现之前，并将继续下去。是否还会有许多其他动物，能够像这些构造简单的生物一样，在世界历史中扮演如此重要的角色？关于这一点，也许还存在疑问。[2]

近年来对苏格兰东南部地区以及设德兰群岛土壤细部纹理的观察，再次证实了达尔文的推断。荒废了几个世纪的田野的表土层，几乎全部

由混杂了岩石颗粒的蚯蚓粪便组成。正如达尔文猜测的那样，蚯蚓仅需要几个世纪就可以把表土层彻底“耕犁”一遍。

达尔文对土壤作为一种介于岩石与生命之间的动态界面的认知，进一步引发了他对土壤层厚度与当地环境条件之间关系的思考。达尔文指出，厚的土壤层使得仅在地面之下几英尺范围内活动的蚯蚓不会去触及更深处的岩石。同时达尔文注意到，蚯蚓排入土壤中的腐殖酸在渗进地下更深处之前就已分解。达尔文因此推断，厚土层是介于岩石与外界环境之间的隔离层，它使岩石较少受到极端温度变化或是霜冻和结冰的剧烈作用的影响。土壤层会不断加厚，直到表土层受侵蚀的速度与深层岩石转化为土壤的速度形成动态平衡。

达尔文的推断是正确的。土壤的确是一个会响应环境变化的动态系统。如果新土壤的形成量大于受侵蚀的消耗量，那么土壤层就会加厚。正如达尔文所描述的那样，当土壤层达到一定的厚度时，就会将岩石与能够使其转化为新土壤的物理化学过程相隔离。相反，地表景观的土壤的过度侵蚀与消耗，则会加剧作用于裸露岩石的环境侵蚀，这既可以在一定程度上加快土壤的生成速度，也有可能使新土壤的形成完全停滞——这要取决于植物是否能够成功在此地扎根生长。

从较长的一段时间来看，动态的土壤系统将逐渐趋于一种侵蚀消耗与风化重生之间的平衡。这种规律使得土壤厚度与某一特定景观的环
境特征相匹配。虽然大量土壤受到地表侵蚀，并由深层岩石风化作用所 13
产生的新泥土所补充，土壤、景观以及整个植物群落，始终是作为一个整体在不断演进，因为它们都是在土壤的消耗与重生这一动态平衡中相互依存。

从土地本身的形式来看，这种相互作用也是显而易见的。光秃且棱角分明的山坡常出现在干旱地区，那里的夏季雷雨对土壤的剥蚀速度长期超过土壤的生成速度；而气候湿润的地区情况则不同，这些地方的土壤生成速度能够赶上土壤侵蚀速度，所以能反映土壤性质的是由较厚土层覆盖而成的圆形山丘，而不是土壤层之下深层岩石的形态。因此，土壤形成较慢的干旱景观以棱角分明的山坡为主，而湿润的热带地区则充

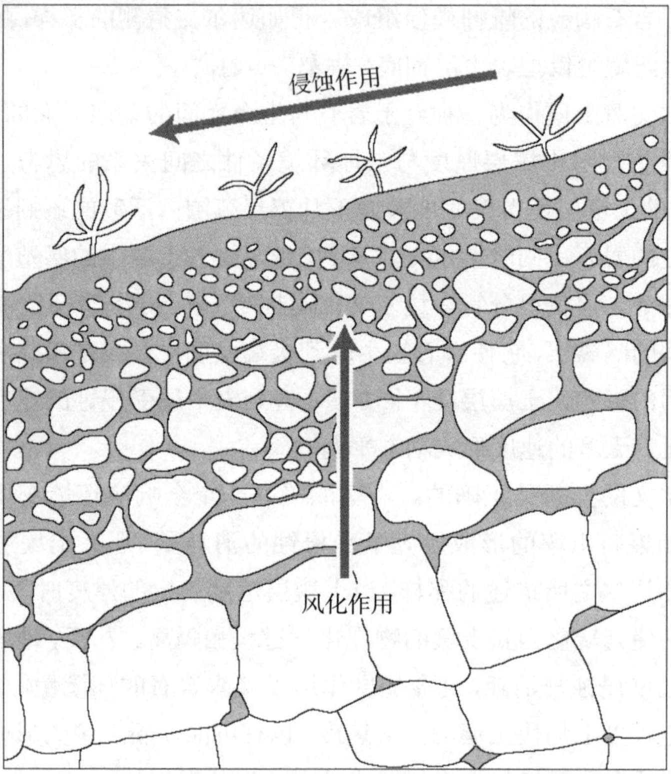

坡面上土壤的厚度，反映了表土层在侵蚀作用下的消耗过程与深层岩石在风化作用下转化为土壤的生成过程两者之间的平衡。

14 满了起伏的圆形山丘。

土壤不仅塑造了土地的形态，而且提供了植物生存所需的最基本条件：土壤为植物提供营养，并能够持续提供氧气与水分。好的土壤就如同催化剂，使得植物能够吸收太阳光，并将太阳能以及二氧化碳转化为碳水化合物，从而维系陆地生物食物链。

植物的生长需要氮、钾、磷以及其他诸多营养元素。有一些元素，比如钙或钠，其供应通常充足，不会因稀缺而限制植物生长；而另一些元素（比如钴）非常稀少，但对植物生长至关重要。新土壤的生成过程亦包含营养物质在生态系统中的循环，因此它也间接地使土地变得适于动植物生存。进一步来说，土壤的肥力决定了陆地生态系统的生产力。海洋之外的整个生命系统，事实上依赖于土壤中产生与保存的营养物质。它们通过生态循环过程从土壤进入动植物，然后再次进入土壤。

生命的历史与土壤的历史紧密相关。在地球历史早期，大地被裸露的岩石覆盖。雨水落到寸草不生的地面，侵蚀地表岩石，并携带浸出的矿质元素慢慢下渗。岩石形态的地表矿物最终被风化为黏土。水分慢慢下渗的过程使得新生成的黏土得以被重新分布，这时便形成了地球早期的土壤——原始矿质土壤。世界上最古老的化石土壤年龄超过三十亿岁，几乎与最古老的沉积岩相当——化石土壤甚至可能与大地自身出现在同一时期。早期形成的土壤以黏土为主；最早的化石土壤含有异常丰富的钾，因为此时地球上还没有植物吸收黏土中的营养。

一些科学家认为，黏土矿物甚至在地球生命进化过程中起到过关键作用——在早期地质历史中，黏土自身高度的反应性使其成为简单有机分子向生物体转变的理想场所。海洋沉积物中发现的早期生命化石与最古老的土壤年龄相仿。鸟嘌呤和胞嘧啶（它们是组成DNA的四种含氮碱基中的两种）形成于黏土质含量极高的溶液中，这或许并非偶然。不管岩石变为黏土的过程是否启动了生命的演化机制，最早期的土壤演变，的确是使地球向一个能够承载复杂生命形式的可居之地转变的关键动因。

四十亿年前，地球表面的温度接近沸点。最早的细菌是那些至今仍覆盖在黄石公园的壮观温泉池中的嗜热细菌的近亲。幸运的是，这些古老的嗜热细菌的生长与扩展，加快了岩石表面的侵蚀速度，使其能够将那些在这层“细菌垫”保护下的岩石转变为原始土壤。这些古老细菌对 15
大气中的二氧化碳的消耗，使得地球的温度下降了30 C到40 C——一种逆温室效应。若没有这些生产土壤的细菌，地球大概永远无法成为可居之地。

土壤的演变最终创造了使植物得以在地球上大量繁衍的条件。大约三亿五千万年前，原始的植物从河口三角洲一直向沿海河谷蔓延。这里堆积着大量被河流从光秃高地冲刷下来的泥沙所形成的淤泥。一旦这些向内陆进军的植物来到山脚下，它们的根系就会将岩石碎屑与泥土紧紧抓牢。原始土壤促进了岩石的进一步分解，从而形成更多土壤。土壤中植物根系与土壤生物群的呼吸作用将地下的二氧化碳浓度提升到了大气中水平的十倍到一百倍，使土壤中的水分转变成了弱碳酸。因此，那些被生长着植物的泥土所覆盖的岩石，比裸露在地表的岩石分解得快得多。植物的进化加快了土壤形成的速度，而逐渐增加的土壤则能够支持更多植物的生长。

一旦有机物质使土壤变得肥沃，使其能够支持更多植物的生长，便形成了一个自我强化的良性机制：更加肥沃的土壤能够支持更多植物的生长。至此，植物群落得以在富含有机物质的表土层生长，并最终以有机物质的形式再次回归土壤。更大更繁茂的植物能够通过化为腐烂的有机物质，令土壤更加肥沃；繁茂的植物也能为更多的动物提供食物，这些动物在死后也将营养物质归还给土壤。尽管在地球历史上偶尔会出现生物大灭绝的现象，但生命与土壤始终共生发展，并在气候变化和大陆板块移动的共同作用下不断多样化。

当土壤完成了生命的循环过程——它将有机物质分解、循环，并恢复自身支持植物生长的肥力——它便成了一个能够净化动植物尸体并将其转化为支持新生命的营养“过滤器”。也就是说，土壤是一种交界面，它的一边是组成这个星球的岩石，另一边是依靠阳光和从岩石中渗出的营养元素而生的动植物。植物直接从空气中获得二氧化碳，从土壤中获得水分，但就如同工厂的运作一样，关键营养元素的缺失将限制土壤的生产力。三种元素——氮、钾和磷——常常是限制植物生长，并决定整个生态系统生命力的关键所在。从更宏观的角度来看这一过程，我们可以发现，土壤实际上控制着地球内部的元素向地表外侧环境的转移。生命的延续实际上需要使土壤得以不断更新的“侵蚀”过程的存在——只要这侵蚀过程不要太快，以至于土壤被一扫而空。

从最基本的层面上来说，陆地生命需要土壤；反过来，生命与泥土又进一步制造土壤。据达尔文估算，英国每一英亩优良土壤中差不多生活着四百磅重的蚯蚓。优良的表土层中还蕴含着能够协助植物从有机质和矿质土壤中获得养分的微生物。一捧土壤中的微生物数量可达数十亿；而一磅肥沃泥土中的微生物数量则比地球上的全部人口还要多——当你挤在东京的地铁中，或是试图穿过拥挤的加尔各答或纽约的街道时，这似乎很难想象。然而从很多方面来看，我们生活的现实却是依赖于这些生活在土壤中的数量庞大的微生物群，它们能够加快营养物质的释放，以及有机物质的分解。它们使土地适于植物生存，进而适于人类生存。

这些存在于人们的视线之外、栖于土壤之中的微生物，实际上是地球生物多样性最为丰富的资源。植物通过提供由落叶层和腐烂的动植物变成的有机物质，为地下的微生物补充了能量；而微生物则通过加快岩石风化和有机物质分解，反过来促进了植物的营养吸收。这形成了某些特定的土栖微生物与特定的植物的共生现象。这意味着，特定植物群落的改变，将导致其下方的土壤生物群的转变，进而影响土壤肥力以及植物的生长。

除了达尔文的蚯蚓之外，还有一系列物理和化学过程可以促进土壤的生成：穴居动物——比如地鼠、白蚁、蚂蚁——将岩石碎屑混入土壤；植物根系将石头撑开；折断的树木掀起岩石碎片并将它们混入土壤。岩石因地下深处的巨大压力而形成；当接近地表时，它就会膨胀并碎裂。巨大的岩石碎成小块岩石，并最终在反复的“湿润与干燥”、“冰冻与解冻”或是野火烧灼的作用下，化为细小的矿物颗粒。一些造岩矿物，比如石英，其抗化学侵蚀性极强，因而只是不断地分解成同质的岩石碎屑；另一些造岩矿物，尤其是长石和云母，很容易因风化而转变为黏土。

黏土的颗粒如此之小——这句话末尾的句号上面，就可以堆上几十个黏土颗粒。这些微小的黏土颗粒聚集在一起，便形成几乎封闭的地面，并促进了地表雨水径流。新鲜的黏质土壤虽然含有丰富的植物所需的营养物质，但由于黏土一旦吸收水分便将其牢牢抓住，因此黏质土壤排水缓慢，且会在干燥时形成厚壳，不适于植物生长；沙粒比黏土颗粒大得多，即使最小的沙粒也都可用肉眼看见。沙土排水迅速，植物因此也很难在上面生长；淤泥在颗粒大小上介于沙土和黏土之间，淤泥质土壤

非常适合种植农作物，因为它既能够保留足够的水来滋养植物，又能够
17 及时排水防止内涝。黏土、淤泥以及沙土的混合物，也被称为亚黏土或沃土（loam），它具有空气流通性好、排水性好并且肥沃的特性，是特别理想的农业土壤。

黏土矿物非常独特，因为它们具有巨大的表面面积——半磅重的黏土中的矿物颗粒的表面积可达两百英亩。就像层层薄纸片构成一副纸牌那样，黏土是由钾、钙、镁等层状阳离子矿物，与硅酸盐片相互叠加而成。当水进入黏土的层状结构中，能够溶解阳离子，并因此为土壤提供了丰富的植物所需的营养物质。

由于内部矿质层表面游离着大量的阳离子，因此新鲜的黏土可以促进肥沃土壤的生成。但是，随着风化过程的继续，越来越多的营养物质将从土壤中流失，因为黏土的硅酸盐层中叠加的阳离子不断减少。最终，黏土中能够为植物生长提供的营养元素所剩无几。不过，黏土还可以固定土壤中的有机物质：随着岩石风化释放磷和硫等营养元素，黏土促进了土壤中植物所必需的营养元素的补充。

与此相反，土壤中的氮元素供应，则主要依靠生物固氮过程将大气中游离态的氮转化为含氮化合物。由于并不存在“固氮植物”，因此生物固氮是通过与植物宿主——比如三叶草——共生的细菌完成：植物根部长约两三毫米的固氮根瘤菌，能够将大气中的惰性氮素转变为能够被生物利用的氨。一旦氮元素被吸纳进土壤的有机物质，就能够通过微生物分解生物残体再次进入植物：在土壤中微生物分泌酶的作用下，大的有机聚合物被分解为可溶形式，比如能够被植物吸收并再次使用的氨基酸。

土壤生成的速度依赖于环境条件。1941年，加州大学伯克利分校的汉斯·珍妮教授提出，土壤的特性反映了其所在地理环境的地形、气候以及生物学特征——它们提供了制造土壤的原材料。珍妮指出决定土壤形成的五个关键因素：母材（岩石）、气候、生物、地形和时间。

区域的地质特征决定了土壤的特征。当深层岩石最终裸露于地表，将被风化为土壤。花岗岩被分解为沙质土壤；玄武岩被风化为黏土质丰富的土壤；石灰岩则只是被溶解掉，形成覆盖薄土的岩石景观和大量的

洞穴。一些岩石被快速风化而形成厚厚的土壤；一些岩石则能够抵抗侵蚀，慢慢化为薄土。由于营养元素是否可被植物利用取决于形成土壤的母材的化学组成，因此对土壤形成的理解始于对母质岩石的理解。 18

地形也会影响土壤的特性。在因地质活动形成且坡体不断变化的陡峭山坡上，覆盖着一层不断更新的薄薄的矿质土壤；而在地质稳定的缓坡景观之上，则覆盖着已被深度风化的较厚土层。

气候强烈地影响着土壤的形成。高降雨率和高温天气有利于化学风化作用，并将岩石态矿物质转变为黏土；寒冷的气候则加剧机械风化作用，在融冻循环中通过反复的膨胀和收缩使大块岩石破碎。同时，低温会延缓化学风化。因此，高山和极地土壤往往具有大量可以产生新的营养成分的新鲜矿物质表层，而热带土壤则不适于作农业耕作土，因为它们由已被高度风化且营养成分容易流失的黏土所组成。

气温和降雨决定了代表不同生态系统特征的主要植物群落。在高纬度地区，永久冻土层只供养得起极地冻原的低矮植被；温带地区适中的气温和降雨，能够维系森林，它们通过让叶子掉到地上腐烂来制造富含有机质的土壤；干燥一些的草原土壤能够支持大量微生物的活动，它不但能从死去的草根和叶片的循环中获取有机物质，还能从放牧牲畜的粪便中获取有机物质；干旱环境中分布着薄薄的岩质土壤，其上植被稀疏；赤道附近生长着茂密热带雨林的土壤，虽然营养物质含量低，但是在高温多雨的影响下风化作用强且植物残体分解速度快，因而能够维持营养物质的循环。由此可见，全球各气候区成了承载不同类型的土壤和植被群落演化的模板。

地质和气候条件的不同，使各个地区土壤的农耕适宜性不同。特别是对于热带地区景观而言，丰富的降雨和高风化率作用于平缓的坡面，快速下渗的雨水经过一段时间就能够滤出土壤以及土壤下被风化的岩石中几乎所有的营养物质。在这种情况下，茂盛植被所需的营养多来自其自身，它们体内储存并循环着很久以前通过岩石风化所形成的营养物质。由于这些地区大多数的营养元素都在植物体内，而不在土壤之中，因此一旦原生植被消失，就意味着土壤生产力的消失。在森林被砍伐后的数十年里，土壤由于自身极度贫瘠，无法支持农作物耕作或牲畜养殖。

贫瘠的热带土壤说明了“新生命的存续依赖于已逝生命的物质循环”这
19 一普遍规则。

人类至今还未能描述自然土壤之中所生存的一切物种。然而，土壤以及其所蕴含的生物群，持续地提供干净的饮用水，将死亡的动植物循环转化为新生命，促进营养物质被植物吸收，储存碳，甚至能够分解废物和污染物，并生产几乎所有的食物。

存在于人们的视线和思想之外的土栖微生物，会受到农耕行为的巨大影响：翻土可以杀死大量土栖生物，并减少蚯蚓的数量；农药亦可以杀灭微生物和微型动物。传统的短周期轮种以及单一种植，会降低那些有益的土壤生物群的多样性、丰富性以及活性，并间接地加剧通过土壤传播的病毒、病原体以及以农作物为食的昆虫的扩散。总的来说，所谓的“替代性农业系统”也是旨在更好地保护能够增强土壤肥力的土栖生物。

土壤的侵蚀速度与其形成速度一样，都取决于母材（岩石）、本地气候、微生物以及地形。土壤在结构方面的如下性质，共同决定了它抗侵蚀的能力：土壤中淤泥、沙土或泥土的配比；土壤与有机物质混合后的抓固能力。有机物质含量较高的土壤能够抑制水土流失，这是因为有机质将土壤颗粒抓合在一起，形成了抵抗侵蚀的聚合物。一个地区的气候也会影响土壤侵蚀速度，这主要是看降水量的多少，以及落地雨水是否以河流和冰川的形式从地面流走。地形亦是决定侵蚀速度的重要因素：在其他条件相同的情况下，陡坡的侵蚀速度要高于缓坡。然而，高降雨量不但意味着会造成侵蚀的地表径流，也意味着促进能够防止水土流失的地表植被的生长。这种最基本的双向作用意味着，降雨量不是单向地在决定侵蚀速度。在干旱或是受到干扰的土壤裸露的地区（如农田），风可以成为造成侵蚀的主要过程。生物过程，无论是达尔文探究的蚯蚓还是人类自身活动（如犁地等），也会使土壤沿下坡向移动。

虽然在不同地方，不同类型的侵蚀过程都具有一定的影响力，但是有几种侵蚀过程所产生的影响是巨大的。当雨水落到地面上，或是渗入土中，或是顺着地表流走时，地表径流越大，其侵蚀作用越强。当地表径流足够大时，它会将土壤卷起并冲走，在地面刻出被称为“细沟”（rill）的小水道，而这些“细沟”会汇入更大、侵蚀作用更强的“冲沟”(gully)，即无法耕作的较深沟渠。在陡峭的山坡上，强烈或持续的降雨可能会大量渗入土壤进而引发滑坡。风也可以席卷并侵蚀植被稀疏的干燥土壤。20
虽然景观会受到诸多侵蚀力量的作用，但是占主导地位的侵蚀过程主要还是由地形和气候决定。

20世纪50年代，关注土壤侵蚀的研究人员开始寻找能够解释土壤流失的通用方程式。通过综合各个土壤侵蚀研究站获得的数据，他们发现土壤侵蚀如同土壤生成一样，是由土壤本身特性、当地气候、地形，以及当地植被的特性和生长状况所决定的。其中，土地坡度以及农业耕作能够对土壤侵蚀的速度产生巨大影响。一般来说，坡度越陡，雨量越大，植被越稀疏，导致的侵蚀就会越严重。

植物及其落叶能够使地表不直接受到掉落的雨水冲击或地表径流的侵蚀。当裸露的土壤暴露在雨中，每一滴落下的雨水都将泥土向下坡冲刷。强降雨导致表层土壤快速流失，使更深、更致密的土层暴露于地表。这一土层吸水缓慢，这造成了更大的径流量，进而使得地表径流的侵蚀力更大。有些土壤对这种增益性的反作用效应异常敏感，其表层会迅速被径流从植被稀疏的地面冲走。

在这层表土之下，密集的根系网络将众多植物连接起来，并稳定了地形。在森林形成的封闭遮盖之下，单棵树木的根部相互缠绕，结成了一张有生命的网，它有助于将土壤固定在坡面上。相应地，当森林覆被遭到砍伐时，陡峭的坡面更容易受到迅速的侵蚀。

土壤科学家用了一个简单的描述系统，来描述土壤的不同层次，即泥土的ABC层。位于土壤顶层、部分分解的有机物质，被称为O层。这层有机物质的厚度受不同的植物群落和气候影响，它主要是由覆盖在矿质土壤之上的落叶、枯枝以及其他植物残体构成。干旱且植被稀疏地区的土壤可能完全没有这层有机物质，而茂密热带雨林的土壤的O层则储存着土壤中绝大部分养分。

O层下面的A层，有机物质含量高，由已被分解的有机物质和矿质土壤混合组成。颜色偏暗、富含有机物质的A层接近或位于地表层，也

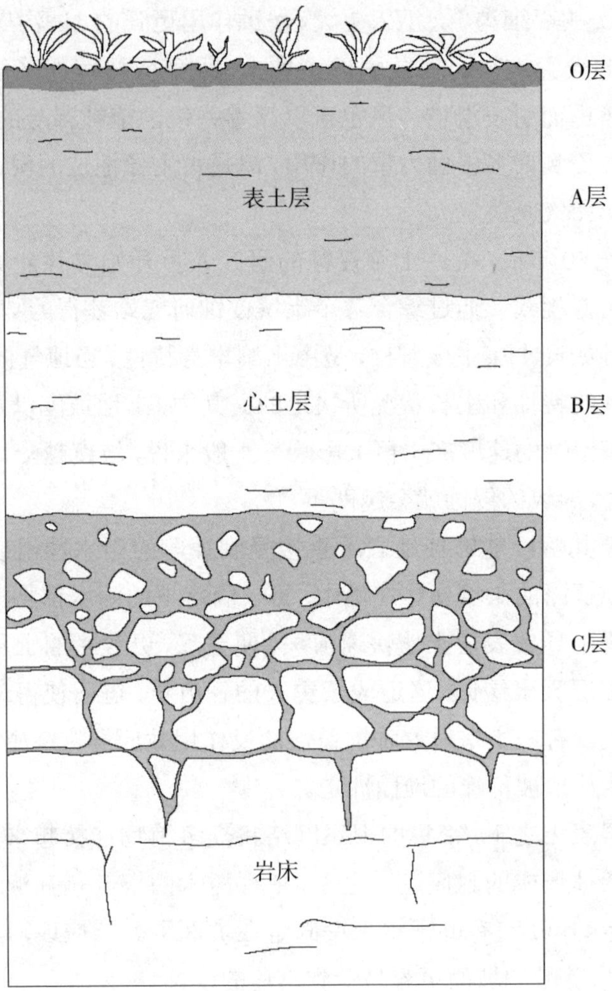

随着时间的推移，风化岩石层之上形成特征分明的表土层和心土层。

就是我们通常所说的“泥土”(dirt)。在降雨、地表径流以及强风的作用下，由O层与A层共同组成的表土层 (topsoil) 很容易受到侵蚀。

A层再下面的B层一般来说比表土层要厚，但由于有机物质含量低，因此不如A层肥沃。B层常被称为心土层 (subsoil)，它会积聚黏土和
21 被带入土壤的阳离子。B层之下的风化岩石层被称为C层。

由于A层富含有机质与营养元素，因此具有良好A层的土壤非常肥沃。在水分、温度以及土壤气体之间维持了良好平衡的表土层，可以使植物迅速生长。与此相反，典型的心土层聚积了过量的黏土，因此植物根系很难穿透，而且它的低pH值特征会抑制作物的生长，丰富的铁、铝、钙等元素也会使它像水泥一般坚硬。失去了表土层的土壤一般生产力都较低，因为心土层远不如表土层肥沃。22

土壤在层级结构、厚度和成分上千差万别，因为不同土壤是在不同条件、不同时长下形成的。美国大概有两万余种土壤类型。尽管种类繁多，大多数土壤的厚度都在一到三英尺之间。

土壤，的确是地球的表皮——它是地质与生物之间的边界。薄薄几英尺的土壤层，只占了地球六千三百八十公里半径的千万分之一。与这一数据形成对比的是，人类皮肤的厚度小于十分之一英寸，这大约占人类平均身高的千分之一不到。按比例来看，地球的皮肤比人类的皮肤更薄，也更脆弱。与人类皮肤排外的保护性不同，土壤实际上是一层破坏性的覆盖物，它会将岩石不断破碎分解。从地质时间的尺度来看，正是土壤生产与侵蚀之间的平衡，使地球上的生命得以在地球表面薄薄的一层风化岩石外壳上生存。

土壤的全球地理分布，使一些地区特别适合维持集约型农业。地球上的大部分土壤都是贫瘠且不适于耕作的，或是在清除表面植被后进行耕作非常容易受到侵蚀。从全球角度来看，温带草原土壤对农业而言最为重要，因为它异常肥沃，拥有很厚的富含有机质的A层。这些易于耕作的深厚土壤，正是世界各大粮食产区形成的背后原因。

只有当一个文明拥有足够多的可耕土壤来养活其人口时，它才能够存续。地表景观的土壤预算，和普通的家庭预算是一样的——有收入、支出和储蓄。一个家庭的生活依赖于其所剩积蓄；同样，一个社会只有在其资源消耗量与“资源储蓄”产生的“利息”对等时——土壤的消耗速度与其形成速度相当——才具有偿还“自然债务”的能力。但如果土壤侵蚀速度超过了土壤生产速度，土壤损失最终会将“本金”消耗殆尽。根据不同的侵蚀速度，较厚的土壤会在持续数百年的开采后被用完；较薄的土壤则会更加迅速地消失。

大多数情况下，本土植物群落会终年覆盖土壤；而对于农田来说情况则不同。作物只有在一年中的一段时间内覆盖土壤，而在其余的时间里，土壤则暴露在风雨之中，因而侵蚀情况更加严重。与有植被覆盖的土壤相比，光秃的坡地同样会造成更大量的地表径流，其侵蚀量可达前者的千百倍。不同类型的传统耕作制度所造成的水土流失，比草地或森林的要快许多倍。

此外，在持续的耕作下，土壤中的有机物质会因为暴露于空气中被
23 氧化而出现数量减少。因此，由于富含有机物质的土壤的抗侵蚀能力最多可提高一倍，经过长期耕作的土壤更容易受到侵蚀。

传统农业会加剧土壤侵蚀，使其速度远远高于自然侵蚀的水平，这造成了一个严峻的问题。根据美国农业部估算，一英寸的表土层需要经过五百年的时间才能够形成；达尔文在英国基于对蚯蚓活动的观察，认为一英寸的表土层需要一到两个世纪才能生成。诚然，土壤的生成速度依各个地区的环境而异；但是加速的土壤侵蚀可以在不到十年的时间内，就将几个世纪才生成的表土层消耗殆尽，这是不争的事实。覆盖着地球表面的那层薄薄的土壤，是地球上的生命赖以健康生存的基础；然而，我们却在逐渐将地球的这层表皮剥去。

但是，农业耕作也可以起到延缓土壤侵蚀的作用。将陡坡耕地改造为梯田，能够使侵蚀速度降低80%—90%，具体做法是将陡坡耕地转化为一块块相对平整的土面，让它们像台阶一样层级而下。免耕法能够最大限度地减少对土壤的直接干扰。将作物残茬留在耕地表面，而不是通过耕犁让它进入土里，这种做法为土壤提供了护盖物，能够保持土壤湿度并延缓侵蚀。间植作物则能够提供更完整的地面覆盖层，并延缓侵蚀。所有这些替代性实践方案都并非新的想法，但对其应用的逐步扩大则是新理念。

经过几十年的研究，农学家发展出了预测标准地块在不同环境条件及农耕方式下土壤流失量的方法。尽管一流的研究已经进行了半个世纪之久，土壤侵蚀速度仍然非常难预测；同一地区的各个地块的侵蚀速

度不同，且同一处景观上各年的侵蚀速度也差异巨大。为了得到具有代表性的估测数值，需要在几十年内对罕见大风暴及常见阵雨下难以获得的侵蚀数据进行持续收集。由此产生的不确定性与当代巨大的土壤侵蚀速度之间的差异，使人们在过去的几十年中，针对“土壤流失是否是一个严重的问题”进行争论。土壤流失或许取决于土壤侵蚀速度与土壤生成速度之间的比例，而人们对土壤生成速度的了解，比对土壤侵蚀速度的了解更少。

持怀疑态度的人认为，在小块土地或标准实验地块上获得的数据，无法通过模型将结果推广至更大的地区。他们也理所当然地指出，土壤侵蚀速度的真实数据不但很难获得，而且会因各地情况不同而变化，并需要进行几十年的持续追踪；这样看来，我们还不如猜测一个答案。此外，除了最近几十年所收集的数据，关于土壤生成速度的数据很少。再进一步而言，虽然现有数据显示，常规农作方法让土壤的侵蚀速度远远超过了它的生成速度——但问题的关键是究竟超过多少。这样一来，土 24
壤流失问题与全球变暖问题处在了同样尴尬的位置——当学术界争论问题的细节时，现有土地制度下的既得利益者则躲避在“不确定”这一烟幕弹背后。

无论如何，即使我们已拥有技术实力，我们还是需要肥沃的土壤来种植粮食，以及那些我们赖以为生的植物——我们的后代亦是如此。在承载大部分现代农业耕作的坡地上，土壤保护是一场艰苦的战斗。但也有一些地方，其水文和地质特征有利于进行长期的农业耕作——比如人类文明萌发的肥沃河谷。 25

3. 生命之河

埃及是尼罗河的礼物。

希罗多德

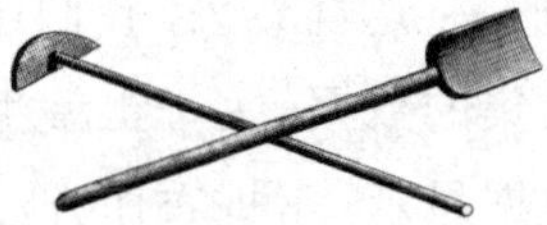

西方各宗教的重要经文普遍承认人类与土壤之间的重要关系。人类始祖亚当（Adam）的希伯来语名字，就来源于“adama”这个词，意为“土地或土壤”。因为亚当的妻子夏娃（Eve）的名字来源于“hava”这个希伯来语单词，意为“有生命的”，因此“土壤”和“生命”的结合便构成了《圣经》创世故事的语言学框架。上帝创造了土壤——亚当，以及从土壤中诞生的生命——用亚当的一根肋骨所创造的夏娃。《古兰经》也暗示了人类与土壤的关系。“难道他们没有在大地上旅行而观察前人的结局是怎样的吗？……前人于地方的垦殖和建设，胜过他们……他们亏枉了自己。”（《古兰经》30：9）西方语言甚至在词源上也反映出人类对土地的依赖：拉丁文中表示“人类”的“homo”一词，是由“humus”这个词演化而来，它在拉丁语中意为“有生命的土壤”。

《圣经》中草木葱茏的伊甸园，很难与今日中东地区所呈现的景观产生联系。然而在冰河时期，这一地区的气候环境与北部大冰原周边地区相比，的确更加适于居住。随着末次冰川作用的极盛阶段过后的冰原消融，这一地区猎物丰富，而且有成片的野生小麦和大麦可以收割，以作为对狩猎活动的补充。或许，那个关于人类在文明兴起之前便被驱离伊甸园的故事，所描绘的景象正是人类关于这一地区气候与环境的模糊的文化记忆？

无论我们如何看待这些记录，过去两百万年间的气候变化一遍又一
遍地重置了地球的生态系统。我们常说的“冰河时代”(Ice Age) 并不只 27
是一个单一事件。二十多次重大的冰川作用一次次将北美和欧洲埋于冰下，这也定义了地质学家所说的“第四纪”(Quaternary)，即地质时代中的第四个纪元。

大约两万年前，末次冰川作用达到顶峰，冰川覆盖了地球陆地面积的近三分之一。除热带地区之外，连那些未被冰原覆盖的地区都经历了极端的环境变化。人类在这一时期，或是适应环境，或是死去，或是随着全球范围内狩猎和觅食地的转移而迁徙。

每一次欧洲封冻，北非地区便河湖干涸，成为一片无法居住的沙海。人们也自然会离开该地。一些人向南迁移，回到非洲；另一些人则向东行至亚洲，或是进入欧洲南部——周期性气候剧变推动了人类在全球范围内的大规模迁徙。

从化石证据来看，早期智人走出非洲并向东横跨亚洲。直到两百万年前冰川期刚开始的时候，他们一直居住在热带和温带地区。化石和DNA证据表明，尼安德特人与现代人类祖先的分离发生在至少三十万年前，也就是尼安德特人到达欧洲和西亚的时期。在成功地适应了西北欧亚大陆的冰川期气候后，尼安德特人神秘消失，而智人此时开始了第二次走出非洲的迁移浪潮——他们大约在四万五千年前到达中东，并在至少三万五千年前横穿了欧洲。随着北半球大冰原再次向南延伸，人们继续着全球范围的迁移，以适应欧洲、北非和中东地区的环境变化。

在末次冰川作用期间，驯鹿、猛犸象、披毛犀以及巨麋鹿成群地出没在欧洲冰冻的平原上。冰雪覆盖斯堪的纳维亚半岛、波罗的海沿岸、英国北部以及爱尔兰大部分地区。没有树木的苔原从法国延伸至德国、波兰，并横跨了整个俄罗斯。欧洲森林退缩至地中海狭窄的边缘地区。早

期的欧洲人通过追捕大型动物，得以在这一冰冻时期生存下来。其中的一些物种，如披毛犀和巨麋鹿，在冰川期结束前便已灭绝。

极端的环境变化也使不同人群相互隔绝，促成了人类的不同体貌特征，造就了我们今天所说的“人种”。皮肤能够为我们的身体以及关键
28 器官抵挡紫外线辐射；但皮肤还必须使足够的阳光通过，以促进生成健康骨骼生长所需的维生素D。当我们的祖先在全球范围内迁移时，这一对作用力使不同地区的人形成不同肤色：在热带地区，深肤色能够满足人体免受强烈紫外线辐射的主要需求；而在北方地区，人体对维生素D的需求则占主导作用，因而该地区的人们拥有较浅的肤色。

在人们面向新环境的迁移和适应过程中，技术创新发挥了关键作用。大约在三万年前，即末次冰川作用开始前，锋利的石质工具的创造开启了一场重大的技术革命。随后，大约在两万三千年前，即末次冰川作用的极盛期开始之前，弓箭开始取代长矛，从而使狩猎的技艺发生了根本的转变。带针眼的针的发明则使人们能够用动物毛皮制作兜帽、手套以及连指手套。中亚的猎人们终于拥有了足以抵御另一次冰川期的漫长严寒的装备，他们追随着成群的猎物，跨过草原，向西进入欧洲，或是向东进入西伯利亚，并一路走到了北美洲。

未被冰川覆盖的地区，随着地球在冰川期和间冰期的反复冷却与回暖，同样经历了植被的戏剧性变化。在末次冰川作用到来之前很久，世界各地的人们都曾在森林中伐木烧畲，开辟出一块块空地，以供猎物所需粮草的生长，或是种植可供食用的作物。我们的祖先，这些进行狩猎和采集的人，绝非土地之上的被动居民，他们通过改造环境以满足自身需求。然而，由于人口稀少且不断移动，他们对环境的积极改造并未能在各种自然的生态系统上留下明显印迹。

在过去两百万年里，从冰川期到间冰期的转变发生了很多次。但是纵观整个冰川期，只有在末次冰川作用期间，人类是随着环境在迁移，而不是驻足原地并试图适应本地新的生态系统。随后，在这种不断迁移的生活方式持续了一百万年后，他们开始定居并成为农民。末次冰川作用后究竟发生了什么特别的变化，以至于人们开始了一种全新的生活

方式？

关于这一巨变，存在诸多解释。有些人认为，湿润而寒冷的冰川气候变得温暖而干燥，这给生活在中东地区的早期人类施加了环境压力。这一观点认为，气候的变化使可猎获的野兽数量减少，人们为了生存而不得不开始种植植物。另一些人则认为，农业是人类文明演进过程中的必然阶段，并不存在特定的环境驱动力。不管是什么原因，农业在美索不达米亚、中国北方以及中美洲都独立地发展起来了。 29

在上个世纪的大部分时间里，关于农业起源的理论主要有“绿洲假说”与“文化进化假说”这两个相互竞争的观点。“绿洲假说”指出，中东地区在末次冰川作用结束后变得干燥，这使得可供食用的植物、人类和其他动物被限制在水资源丰富的洪泛平原区以内。这种绿洲中的共生聚集，使人得以近距离地观察周围动植物，最终导致驯化的出现。与这一解释相反，“文化进化假说”则认为，人类逐渐扩大的农业活动是社会发展进程中的必然一环，在这一过程中，区域环境的变化并非重要影响力。不幸的是，这两种假说都不能就“农业为何出现在特定的时间与地点”给出合理解释。

“绿洲假说”存在的基本问题是，现代谷物的野生祖先是在末次冰川作用结束后从北非传播至中东地区的。也就是说，农业的发展发生在人们能够获得的食物资源种类正在增加的时候——这与“绿洲假说”正好相反。因此，真实的故事绝不会是“周边环境干旱导致人类与动植物拥挤在不断缩减的绿洲地区”那么简单。而“文化进化假说”亦经不起推敲：在中东地区，只有一部分人转向农业耕作，因此农业无法被简单解释为从狩猎采集社会向更为先进的社会发展的道路上的一个必然阶段。

在人类社会的历史进程中，向农业社会的转变，是一个了不起却令人费解的适应性行为。在末次冰川作用的极盛期结束后，叙利亚和以色列地区的人们驯牧瞪羚。比起种植被驯化的作物，为它除草并日夜照料，靠放牧为生实际上要省力得多。同样，生活在中美洲的人们只要花几个小时，就能采集到足以维持一周生存的野生谷物。若与狩猎和采集相比，农业更加困难和耗时，人类何必转向农耕？逐渐增加的人口密度，为农业的产生及传播提供了一个充满吸引力的解释。当狩猎和采集的族群的人口增长超过所在区域的承载能力时，该族群的一部分人就会离开并迁移至新的地区。当人们找不到更多可赖以生存的土地时，在日益增长的人口压力下，他们便发展出更为集约（和耗时）的生存方式，以求在有限的环境资源条件下生存。在这种压力下，那些能够通过自己生产食物来提高土地承载能力的族群，便更能适应生存。由此看来，农业可被视为在人口不断增加的压力下人类的自然行为反应。

现代研究表明，小麦和大麦的野生植株，通过简单的方法便可栽培。这一事实表明，农业原本可以萌发于历史上诸多时期的诸多地区。但是
30 遗传分析表明，小麦、豌豆和小扁豆的现代植株实际上来源于有限的几种野生植株。对现代饮食至关重要的作物的驯化，实际上仅发生于几个特定时期的特定地区。彼时彼地，人们开始更加充分地利用曾经被作为次级生存资源的作物。

已知最早的半农业人群于公元前11000—前9000年间（或一万三千年到一万一千年前）生活在今天伊拉克和伊朗境内的扎格罗斯山脉地区。他们以狩猎羚羊、绵羊和山羊，以及采集野生谷物和豆类为生。这些人居住在小村庄，但也广泛使用季节性的狩猎营地和洞穴。到公元前7500年，放牧和种植取代狩猎和采集成为获取食物的主要方式，并形成最多可达二十五户居民的村庄，他们饲养绵羊和山羊，种植小麦、大麦和豌豆。至此，靠狩猎获得的食物只占了他们全部食物的5%。究竟为什么会发生如此巨变？为何发生于彼时彼地？

对谷物进行系统耕种的最早证据，来自位于今叙利亚境内幼发拉底河源头的阿布胡赖拉。来自这一地点的考古证据表明，耕种出现的时间，与发生在长达几千年的气候改善期之后的一段气候突变期相吻合——在这一时期内，突然出现了几次与冰川期时类似的干旱情况。阿布胡赖拉为我们提供了人类从末次冰川作用期间的狩猎采集，向以谷物种植为主的农耕生活方式转变的独特证据。而且，场地上的证据还为我们揭示了人们为何转向劳动集约型的农耕：他们的确是被迫而为。

随着冰川作用结束，地中海东部地区逐步回暖且降雨逐渐增加。大

约在公元前13000—前11000年间，开阔的橡树林逐渐取代了冰川草原。从以色列东北部的呼勒湖湖床采集的沉积物样本显示，在这一时期内，树木花粉量由全部花粉量的五分之一上升到四分之三。丰富的猎物和野生谷物将这一地区变为现实中的“伊甸园”——少量人口享用充足的资源。狩猎采集者开始在这一资源极其丰富的地区定居扎根。

随后，全球气候又恢复到几乎与冰川全盛时期相同的情形，并且大致从公元前10000年到前9000年持续了千年之久，这段时期也就是著名的“新仙女木时期”。树木花粉量再次下降至花粉总量的四分之一，这表明在此期间骤减的降雨量以及冰川期气候下的类草原环境的重现。森林向北缩减，逐渐远离人类的第一处定居地。 31

阿布胡赖拉坐落于幼发拉底河河谷中的一块高地之上，位于大马士革东北约一百八十英里处。从该处出土的植物残骸，显示了人们从采集多种野生植物，向新仙女木时期末耕种有限的几种作物的转变。与该定居点相关的、年代最早的植物残骸，包括了一百多种来自幼发拉底河河谷沼泽和森林的种子和果实。大量的动物骨骼残骸则表明，当时的人们实际上是依靠（尤其是对瞪羚的）狩猎维生。此外，阿布胡赖拉全年都有人居住——此地的居民不再是不断迁移的狩猎与采集者。他们永久居住在以村庄为中心、有明确界限的区域内。在新仙女木时期迎来千年的干燥寒冷时，有几百人居住在阿布胡赖拉。动植物资源因气候变迁而产生巨大变化，那些对干旱气候敏感的植物的果实和种子从当地人的饮食中消失了。曾经能够从附近林地采集的野生小扁豆和其他豆科植物也消失了。伴随着“伊甸园”的干涸，食物变得稀缺。

此地的居民为何不迁至他处？这或许是由于阿布胡赖拉已经是这一地区的最佳生存地点。周边地区经历了同样的气候与环境变化，甚至只能提供更少的生存资源。此外，周边的最佳地点大概已经被其他族群占据。骤减的食物供给，通常会令已定居者对新邻居充满敌意。也就是说，生活在阿布胡赖拉的人们确实无处可去。

由于没有其他选择，人们开始耕种能够抵抗寒冷干旱气候的黑麦和小麦的野生品种。在极端气候下幸存下来的植物中，只有谷物是可被种

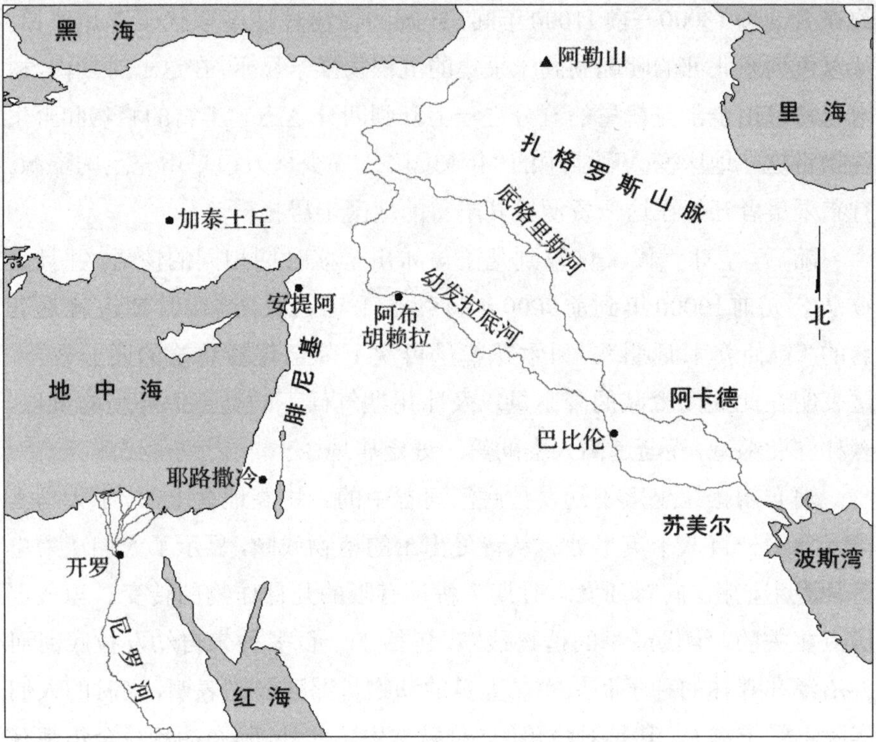

中东地图。

植并能被储藏以供全年之需的作物。随着干旱的加剧，那些在农田中常见的耐旱作物的种子反而在新仙女木时期内急剧增加。最初，野生谷物被种植在山坡上，形成了雨养农业。在几个世纪后，被驯化的黑麦品种，和扁豆这类豆科植物一样，出现在农田间。

向耕作生活方式的转变，意味着生产一卡路里热量的食物需要花费更多的时间和精力。农耕亦不可掉以轻心。生活在阿布胡赖拉的早期狩猎与采集者的定居模式，在气候变迁所带来的食物骤减的情况下会变得脆弱。一旦野生的食物来源被耗尽，在逐渐干旱的气候下发生的季节性食物短缺，便会威胁族群的生存。由于环境压力所造成的绝望困境，农业在新仙女木时期后气候逐渐改善的情况下开始进一步扩大，并包括
32 了对大麦、豌豆等其他作物的耕种。在温暖的环境中，阿布胡赖拉周边地区的人口迅速增加。逐步扩大的农业收获，使村庄的人口在几千年的

时间内上升至四千到六千人的规模。

新仙女木时期的气候转变，并非促进农业发展的唯一因素。在此之前的数千年间，人口的增长促成了狩猎采集者的定居生活方式，也因此使人类更加容易受到环境变迁的威胁。不过，阿布胡赖拉的饥民大概想不到的是，他们为适应逐渐干旱的环境所做出的努力，将会改变这个世界的面貌。

这种适应行为或许也发生在阿布胡赖拉的周边地区。中东大部分地区的文化与定居地分布模式的改变，正好发生在新仙女木时期终结之时。新仙女木时期过后产生的新石器时代定居点，位于那些拥有肥沃土
壤及丰富水资源的适耕地区。人们在大马士革、约旦西北部以及幼发拉 33
底河中游地区，均发现了距今已有一万年的被驯化小麦的炭化遗迹。被驯化的作物随后向南传播到了约旦河谷的耶利哥，向西北传播到了土耳其南部。

实行农业耕作的定居地，在中东地区出现的时间远远早于亚洲及美洲。近期研究却表明，在南美洲、墨西哥及中国，人类对作物的驯化实际上远远早于定居村庄的出现。中国长江沿岸一个叫作“吊桶环”的洞穴中的沉积物成分，为我们讲述了一个类似于在中东阿布胡赖拉发生的故事——野生稻被驯化的时间与新仙女木时期重合。或许，新仙女木时期突发的环境变化，推动着那些半定居的人类进行农耕尝试，以适应野生食物逐渐减少的状况。

一旦气候改善，那些适应了粮食种植的族群便显露优势。对被驯化的作物的依赖，逐渐在他们所在的地区传播开来。位于今以色列、黎巴嫩以及叙利亚境内，曾于公元前9000—前7500年间在地中海沿岸绽放的纳图夫文化，就是以采集野生谷物以及放牧山羊和羚羊为基础。在纳图夫文化初兴之时，没有任何植物及动物被完全驯化；然而在该文化的末期，狩猎只占到食物来源的一小部分。

对小麦和豆类的驯化带来了食物的增长，进而使该区域人口急速增加。在公元前7000年左右，这一地区已经布满小型农耕村庄。人们逐渐放弃了曾经散布于广阔区域的、每年迁移的狩猎营地；他们对一块较小

区域的集约开发，使聚集在农耕村庄的定居生活成为可能。到了大约公元前6500年，拥有几千人的村镇已极为常见。至此，追随资源进行季节性迁移的生活方式，在中东地区销声匿迹了。

能够从有限环境中获得更多食物的群体，在发生干旱或极端严寒的艰难时期，拥有更高的生存概率。在不可避免的极端环境中，命运眷顾那些懂得如何照料田地的族群——他们能摆脱困境，并在顺境中繁荣。同时，农耕也加大了文明发展的“赌注”：与狩猎采集相比，这一更加集约而有效的维系生存的方式，的确能够为更多人口提供食物；然而，为了维持一定数量的人口（且不提继续增加人口），农耕族群最终会依赖对自然生态系统的产能的加强。至此，早期的耕作者与某个地方是紧密相连
34 的，因为在移动的生活方式下，他们无法照料并收获作物。人类一旦踏上了农业之路，就无法回头了。

一旦人们在某一地区落户定居，他们便需要学会如何用最少的土地养活最多的人——在与外来觅食者展开的领土争夺战中，农耕族群通常能够集合起更大的队伍。当他们的人口足够多时，农耕者便可守住自己的地盘。一片田地接着另一片田地，农耕者运用时下的技术将领土最大限度地转变为农田。

大多数家畜大约是在公元前10000—前6000年间被驯化的。我最喜欢的一个例外，要属人对狗的驯养——那比前述的时间段还要早上两万年。我可以轻易想象这样的场景：年幼的狼崽或是被遗弃的小狗遵循人的命令，并加入了一群狩猎者的队伍。当我注视西雅图遛狗公园中奔跑的狗时，我能够想象狩猎者如何将狗训练为合作伙伴——尤其是那些习惯性地帮主人将“猎物”捡回来的狗。总之，人对狗的驯养并非出于直接食用的目的。没有任何证据能够表明，早期人类曾食用过他们的第一个动物盟友。相反，对狗的驯养提高了人类的狩猎效率，同时狗可能也担任了早期狩猎营地的哨兵（相比之下，人对猫的驯养则远晚于对狗的驯养。四千年前，猫被驯养并进入农耕聚居地，那也正是人类村镇与猫的活动范围开始发生重叠的时候。当人类在猫的栖息地定居时，它们面临简单的选择：饿死，移居他地，或是在人类居住的村镇寻找食物。毫

无疑问，人看中的并非猫的社交技能，而是它们抓捕偷吃人类储藏的谷物的小型哺乳动物的能力）。

人类对绵羊的驯化，是出于直接消费和提取经济价值的目的，这发生在公元前8000年左右——这比人对小麦和大麦的驯化早了几百年。人类对山羊的驯化出现在同一时期，它发生于今伊朗西部的扎格罗斯山区。早期人类对作物种子的收集，很有可能是出于为这些家畜提供饲料的目的。

人类对牛的驯化最早发生在大约公元前6000年的希腊或者巴尔干地区，并迅速蔓延至中东及欧洲各地。农耕与畜牧活动的革命性结合的开始的标志是，被驯养的牛出现在农业文明日益繁盛的美索不达米亚。伴随着犁的发展，牛被用于拉犁并为田地提供肥料。对畜力的运用，提高了农业产量并使人口大幅增长。同时，畜力使一部分原本进行农业耕作的人口从事其他职业成为可能。

粮食生产与畜牧活动同步发展并相互强化，两者都使生产更多食物成为可能。绵羊和牛将那些人类无法食用的植物转变为奶和肉。被 35
驯养的家畜不但通过贡献畜力使农作物产量增加，它们的粪便亦进入农田，不断补充作物所需的养分。一部分额外的作物被用来喂养更多的牲畜，进而产生更多的肥料，以维系人类生存所依赖的作物生产。对耕牛畜力的运用，使一个农民能获取足够养活全家且还有盈余的粮食产量。犁的发明使人类文明发生革命性的转变，并重塑了地球景观。

当欧洲的冰川消融之时，全球人口仅有四百万；在随后的五千年间，全球人口增加了一百万；而随着农耕社会的出现与发展，全球人口开始以每千年翻一番的速度增长，到了公元元年，全球人口已有两亿之多。公元2000年，全球数百万平方英里的耕地供养着六十五亿人口——这相当于有史以来全部人口总和的5%—10%，是末次冰川作用结束时人口的一千多倍。

种植小麦和大麦，以及驯养绵羊等家畜的全新生活方式，从中东蔓延至中亚及非洲的尼罗河河谷。该系统也传播到了欧洲。考古记录显示，在公元前6300—前4800年间，农业文明以每年一英里的速度稳步扩张，向西覆盖土耳其、希腊，再向北到达巴尔干地区。除了牛以外，构成欧洲农业基础的全部农业作物及家畜，都源于中东地区。

最早期的农民以雨养高地农业为生。这一方式如此成功，以至于大约在公元前5000年，中东几乎所有适合进行旱作农业的地区都被转变为旱田。然而，随着粮食增产，人口也不断增长，需要更多粮食的压力也不断加大。这也意味着，人类从有限土地上获得更多食物的需求不断加大。因此，在人类历史上的第一个农耕社区出现后不久，便出现了表土层流失以及土壤肥力衰退所带来的影响：过度的农耕及放牧导致土壤衰竭，使农作物的产量减少。一个位于约旦中部的村庄在公元前6000年左右被废弃，那正是由土壤衰竭和作物减产直接造成的。

伴随着扎格罗斯山脉高地的土壤侵蚀以及人口增长，农耕社区逐步向低地扩散。由于这里的降雨量满足不了作物生长的用水需求，在这些贫瘠的边缘地区进行农耕的迫切需要，引发了农耕方法的一次重大革命：灌溉。当农耕者迁移至底格里斯河和幼发拉底河之间的洪泛平原北部并开始灌溉田间作物时，他们获得了前所未有的丰收。在挖掘和维护
36 浇灌田地的运河的同时，人们的定居地沿着洪泛平原向南扩张，被夹在不适合农耕的阿拉伯沙漠与半干旱山区之间。随着人口逐步增加，小型村镇遍布该地，人们在广阔的洪泛平原上不断开垦出更多的田地。

人们在这一片狭长而肥沃的土地上耕作并取得丰收。然而，粮食盈余依赖于灌溉水渠系统的建造、维护及运营。水利系统持续的良性运转要依靠专业的技术知识以及强大的组织控制机构，由此“官僚”与“政府”这对密不可分的双胞胎诞生了。在公元前5000年左右，出现了一种比较常见的文化现象：监管食物生产与运输的宗教上层人物几乎遍布美索不达米亚这片“两河之间的土地”。

到了公元前4500年，美索不达米亚所有肥沃的土地都已被耕作。当农田扩展至海岸边，就没有进一步扩充的可能了。当新的土地被开垦殆尽之后，人们只能通过不断增加已有农田的粮食产量，以跟上人口增长的步伐。当两河平原已全部成为农田时，犁具便出现在靠近波斯湾的苏美尔人居住的平原地区。犁的出现，使已有农田的单位产量得到

提升。

村镇扩张，汇聚为城市。通过吸纳周边小村庄，苏美尔的乌鲁克（即《圣经·旧约》中的以力）在公元前3000年左右增长为拥有五万人的城镇。庞大寺庙建筑的建造，反映了这一地区宗教领袖对劳动力的指挥与控制能力。伴随这一最初的城市化过程，在美索不达米亚平原 37
南部的苏美尔出现了八个主要的城市国家。拥入农耕洪泛平原的人口，至此已在地区总人口中占据相当大的比例。与狩猎采集群体所遵循的“资源是共有资源”这一认知相比，这一全新的农业时代的来临，使得对土地和食物资源的不均等所有权出现；最早的非农业人员也出现了。

当并不是每个人都需要亲自在农田中耕作以获得食物时，阶级差别便开始发展。那些监管食品和资源分配的宗教和政治阶层的出现，使一个从农民阶层那里征收粮食，并将其重新分配给社会其他阶层的行政机构得到发展。伴随着社会阶级的出现，职业分工得到进一步发展，这最终催生了国家和政府。有了多余的食物，社会也能够供养祭司、士兵和管理者，并且最后也供养得起艺术家、音乐家和学者了。到了此时，社会中的非农部门的发展程度，取决于农民自我消费之外可提供给非农户的粮食剩余量。

以泥板为书画媒介的楔形文字是至今已知的最早文字，它来自苏美尔的乌鲁克。那些源自公元前3000年左右的泥板，有数千块记载着农业耕作和粮食分配问题，其中很多是关于食物配给问题的。自农业时代开端以来，人口便随粮食生产一起不断增长，而文字书写，使得逐渐分化的社会能够更好地管理其粮食生产和分配问题。

伴随着人口的增长，各城市之间的竞争也逐渐增加。民兵的组织和出现，反映出财富的集中如何使美索不达米亚的社会逐步军事化。耸立着防御塔的巨大城墙在各个城市的外围竖立起来。环绕整个乌鲁克的城墙长达六英里，厚达十五英尺。苏美尔各城邦国家之间的战争，使非宗教的军事统治者开始出现——他们将自己封为管理者。当宗教寺庙的土地被这些新的统治者所侵吞，当大型庄园被有影响力的家族和世袭统治者掌控,“私有财产”的概念便诞生了。

底格里斯河和幼发拉底河之间的那几百万英亩的土地,哺育着一个又一个的文明;肥沃的河谷将一个又一个的征服者,从游牧人转变为农人。帝国不断更换其统治者,而土壤始终为人所耕作。不同于农业兴起时所在的山坡地区,洪泛平原的肥沃土壤在农耕的清理和种植过程中不会受到冲蚀。大约在公元前1800年,苏美尔各城邦合并为巴比伦帝国,这标志着美索不达米亚地区的组织发展和权力达到顶峰。这次的城邦结合,巩固了一个等级制的文明——它已正式区分出贵族、教士、农民和
38 奴隶等阶级。

但是,滋养着美索不达米亚的灌溉系统,存在着隐藏的风险。半干旱地区的地下水,通常含有大量的溶解盐。在河谷和三角洲地区,地下水水位接近地表;地下水由于毛细作用上升到土壤层,并在蒸发后留下盐分。在蒸发速度很快的情况下,持续灌溉会使土壤中的盐分含量升高,最终毒害作物。尽管灌溉大大提高了农业产量,然而将原本被太阳炙烤的洪泛平原转变为肥沃的粮田,归根结底是以牺牲土地使用寿命的方式换取短期利益的增加。

在半干旱地区防止土壤盐分积累,可以通过适度灌溉或是实行周期性休耕的方式来实现。几个世纪以来,在美索不达米亚通过发展灌溉农田所带来的粮食高产,使人口密度增加,而这又进一步扩大了灌溉需求。最终,土壤中积累了过量的盐分,使得粮食增产的速度无法跟上人口增长的步伐。

苏美尔农业面临的关键问题,是河流丰水期与作物生长期不重合。在春季,来自北部山川的融雪汇入底格里斯河和幼发拉底河,使其进入丰水期;而河流流量最低的夏末初秋,却正值作物需水量最大的时候。集约农业需要通过蓄水以应对夏季飙升的气温。高温使大量灌溉入田的水还未来得及被作物吸收就已蒸发,而这又使更多的盐分在土壤中累积。

土壤盐渍化并非早期农业社会所面临的唯一难题。亚美尼亚丘陵地区的农耕活动造成土壤侵蚀,使大量泥沙流入底格里斯河和幼发拉底

河。因此，防止灌溉渠道被淤泥阻塞，便成了人们的首要任务。被征服的族群，如以色列人，承担了将重要水渠中的淤泥清理出去的工作。经历了一次次沦陷与重建的巴比伦，也是到了其灌溉工程不再能够满足农田的需求时，才最终被人们遗弃。在几千年后的今天，曾经从水渠中被清理出来的淤泥，仍堆积在渠道两边，高达三十多英尺。随着河流汇入波斯湾的大量淤泥，自苏美尔时代起，使海岸线以平均每年几百英尺的速度向外推移。那个曾经繁忙的海港，那个曾经位于两河注入波斯湾处的亚伯拉罕的故乡乌尔（Ur），如今已是一个距离海岸线一百五十英里的内陆遗迹。

随着苏美尔逐渐繁荣，休耕时间被缩短以满足逐渐增长的粮食需求。据粗略估算，在苏美尔的人口达到两千万的最高峰时，美索不达米亚三万五千平方英里的可耕地中，有近三分之二是灌溉农田。溶解盐含 39
量很高的灌溉用水，灌溉期的高温，以及耕作强度的逐渐增加——这三者的结合使得该地区土壤的含盐量越来越高。

苏美尔城邦的寺庙记录，在不经意间反映出该地区耕地盐渍化所导致的农业生产力的衰退。小麦，作为苏美尔的主要作物之一，对土壤中的盐分浓度非常敏感。最早的农耕收获记录可以追溯到约公元前3000年，当时小麦和大麦在该地区的收获量大致相当。然而随着时间的推移，小麦在地区作物总收获量中所占的比例出现了下降，大麦所占比例则有所上升。到了公元前2500年，小麦在总收获量中所占比例已不到五分之一。再经过五百年后，小麦已不再被种植于美索不达米亚南部。

小麦生产的终结，事实上发生在该地区全部可耕地都被用于食物生产后不久。苏美尔人在此之前曾经通过灌溉新耕地的方式，补偿耕地盐渍化造成的收成萎缩。当某一天不再有新的土地可供耕种，苏美尔人的农作物产量便急剧下降，盐渍化的加剧，意味着仍保持生产力的耕地面积在逐年衰减。到了公元前2000年，作物产量只有千年前的水平的一半。泥板上的楔形文字，描述了变白的大地——那是盐分已扩散到了土壤的表面。

苏美尔文明是随着其农业的不断衰落而衰亡的。下降的作物产量，

古埃及人耕作（惠特尼，1925年）。

意味着军队得不到足够供给，同时维护剩余粮食分配的官僚机构亦难以维系。军队力量的衰弱，使得大约在公元前2300年，伴随着作物产量的首次严重下滑，苏美尔人的城邦开始被美索不达米亚南部更年轻的阿卡德帝国（Akkadian Empire）同化。在接下来的五百年里，这一地区曾先后落入一系列不同的征服者手中。到了公元前1800年，该地作物产量已经下降到初始记录的三分之一，美索不达米亚南部变成了巴比伦帝国的穷乡僻壤。苏美尔城邦的土壤盐渍化向北蔓延，引发了美索不达米亚中部地区在公元前1300—前900年间的农业崩溃 。

美索不达米亚的农业实践沿地中海向西传播到了北非，特别是埃及。尼罗河河谷地区打破了“文明只有几百年繁荣期”的一般规律。尼罗河三角洲地区最早的农耕定居点，出现在大约公元前5000年。在后冰川时期，海平面的上升速度逐渐减缓，淤泥得以逐渐堆积；尼罗河所带来的淤泥逐渐堆积成一片会发生季节性泛滥的、极其肥沃的广阔三角洲，
40 这使得农业和牲畜放牧逐步取代了狩猎和采集。起初，埃及的农人在每年的洪水退去后，只需播撒种子，就能有相当于种子的两倍量的收获；而当洪水退去太快，导致农作物歉收时，会有成千上万的人死去。因此，农人开始建堤坝蓄水，迫使水渗入肥沃的泥土。伴随着人口的增长，水渠以及水车等创新技术使埃及人能够灌溉距离河流更远的高地，来满足更多人口的粮食需求。

尼罗河两岸的洪泛平原被证明非常适合进行可持续的农业耕作。

与苏美尔农业长期受土地盐渍化威胁的情况不同，埃及农业养育了七千年间的一代代的文明——从古埃及法老时代到罗马帝国时代，再到阿拉伯时代。尼罗河与两河流域的不同在于，尼罗河那孕育生命的洪水，为广阔的冲积平原持续而稳定地提供了大量新鲜淤泥而非盐分。

尼罗河两大支流的地理特性，共同造就了滋养作物的理想模式。青尼罗河通过对阿比西尼亚高原的冲蚀作用，每年能够为下游平原带来1/20英寸厚的淤泥；白尼罗河则从中非的沼泽丛林地区带来充足的腐殖质。新鲜的淤泥能够及时补充被农作物消耗的矿质营养，而涌入的新腐殖质则更新了在沙漠烈日下的土壤中快速衰减的有机物质。此外，每年六月由南部高地暴雨所带来的洪水，在九月到达尼罗河下游；而洪水消退的十一月正好是农作物种植期。这一切使得这一地区能够连年丰收。

埃及的灌溉利用自然过程将洪水分配至尼罗河河谷各处。灌溉农
田事实上并不需要精密的灌溉渠；相反，尼罗河的自然决堤过程能够直 41
接将水引至洪泛平原的特定地点。每年洪水过后，地下水位可下降至谷底表面以下十几英尺的地方，这防止了盐渍化的发生。与美索不达米亚农人所经历的粮食产量逐年下降相反，埃及的小麦收成逐年增加。埃及农业的持久繁盛，体现出的是一种利用自然洪水机制、进行最小干预的良性系统。

每年由洪水带来的新鲜泥土，意味着农田能够保持持久生产力且土壤肥力不减。然而，当地人口仍然受制于气候的反复无常。几个歉收的年份，或仅仅一个极度歉收的年份，都将产生灾难性的影响。长期的干旱严重降低了农作物产量；大约在公元前2250—前1950年间的一次农民起义，推翻了埃及古王国（Old Kingdom）。尽管如此，在通常情况下，稳定而可靠的尼罗河，使繁盛的埃及农业经久不衰。

与美索不达米亚的管理机制不同，尼罗河每年的洪水调配任务，仍然属于本地职责。这一地区始终没有建立一个集权化行政阶层的需要。直到向常年灌溉过渡以生产经济作物，埃及才出现了阶层分化以及劳动分工，并打破了传统的以农耕社区为中心的调配机制。也就是说，美索不达米亚专制政治的上层建筑，并非水利文明发展的必然结果。

但是，尼罗河流域的农业剩余，最终促成了行政和政治精英阶级的产生。大约在公元前3000年，埃及各城邦合并形成了一个统一的国家，发展成为一个可与美索不达米亚相媲美的古代超级大国。商业性农业的兴起，不但意味着人口的增长，同时还意味着这些人必须始终有事可做。有些人甚至认为，大金字塔是旨在遏制失业现象的公共工程项目。

埃及农业的繁盛持续了千百年，直到人们开始采取与尼罗河的自然节奏格格不入的新耕作方式时，它才开始衰落。19世纪初，对种植棉花以出口欧洲的渴望，使埃及人开始在尼罗河河谷实施长年灌溉的过度农耕。和几千年前美索不达米亚的情况一样，当过度灌溉的田地使得地下水位贴近地表，盐分开始在土壤中沉积。19世纪80年代，英国农业专家麦肯齐·华莱士这样描述覆盖着白色盐花的灌溉田："（盐花）覆盖着土壤，好似在太阳下晶莹闪耀的、未被践踏的雪地。"[1]灌溉造成的不利影响，促发了这一奇特景观的戏剧性出现；但若与在尼罗河筑坝所形成的影响相比，它便相形见绌了。

在过去的半个世纪里，文明终于掌握了能够削弱曾经几乎坚不可
42 摧的土地的工程学技能。经过四年的建造，埃及总统贾马勒·阿卜杜勒·纳赛尔和苏联总理尼基塔·赫鲁晓夫，在1964年5月共同见证了苏联工程师将尼罗河改道，以完成阿斯旺大坝的建造。横跨两英里半、比大金字塔大十六倍多的阿斯旺大坝，在尼罗河上游拦截河水，形成一个三百英里长、三十五英里宽的蓄水湖，蓄水量达尼罗河年径流量的两倍。

1952年的埃及"七月革命"将纳赛尔推上了总统的位置。在此之前一直控制埃及河流的英国水文学家们反对大坝的建造，因为巨大的蓄水湖会使水分大量蒸发。他们的担心是有根据的。在沙漠中的阳光的照射下，蓄水湖的湖面每年会因水分蒸发下降六英尺——这相当于超过十四立方千米、曾经会流向下游的水量。但更大的问题是，尼罗河平均每年从上游的埃塞俄比亚带来的一亿三千万吨泥沙，会在纳赛尔人工湖的底部沉积。

后冰川时期海平面逐步稳定的千年之后，由于高坝拦截使下游泥沙量减少，尼罗河三角洲开始被侵蚀。虽然大坝以及人工灌溉系统使得每

年获得两三次收成成为可能，但是灌溉水为农田提供的不再是淤泥而是盐分。十年前，盐渍化已经使得尼罗河三角洲的作物产量减少了十分之一。对尼罗河的驯服，破坏了地球上曾经最稳定的农业环境。

随着尼罗河三角洲曾经闻名于世的土地肥力开始下降，农作物产量只得靠施用价格高昂的化肥来维系，这使得本地贫农无法负担。尼罗河沿岸的现代农民，可算是世界上最早的化肥使用者，他们所使用的化肥产自新建的化肥工厂——他们是纳赛尔大坝所发电能的最大用户之一。至此，埃及——曾经最长久的人类花园之所在——在其七千年的历史中，首次依靠进口才获得大部分的食物。无论如何，埃及以其无与伦比的悠久历史，成为通常盛衰匆匆的众多古代文明中的一个重要特例。

中国农业的历史则提供了另一个例子，它展现了与美索不达米亚相似的情况，即伴随着人口的快速增长，旱地农民从高地向洪泛平原迁移。然而，与对土壤类型不加区分的苏美尔人不同，在四千年前圣君尧帝的时代（公元前2357—前2261年），中国就开始根据九种不同的土壤等级来确定赋税的等级。自公元前500年开始，中国人基于古老的土壤认知，进一步根据土壤的颜色、质地、湿度和肥力进行土壤分类。

今天，绝大部分的中国人口居住在冲积平原。诸条发源于青藏高原的大河，为平原地区带来大量泥沙。千百年来，泛滥频繁的洪水一直是黄河（也就是西方所熟知的“Yellow River”）所带来的主要问题。过度砍伐引起的河流上游的侵蚀，使河水因携带大量泥沙而颜色浑黄，并由 43
此得名“黄河”。在公元前340年第一个堤防系统被修建之前，这条大河曾经蜿蜒于广阔的洪泛平原之上。而在公元前2世纪，伴随着人们开始耕犁起河流源头极易受到侵蚀的粉沙壤土（黄土），河流的输沙量增加了九倍，河流的名字也因此从“大河”变为“黄河”。

黄河沿岸的最早居民，沿其支流两岸的高地而居。直到后来高地人口稠密，人们才从高地向洪泛平原迁移。用以保护沿河分布的农田和村镇的堤坝被大量建造，它们将洪水及其所携带的泥沙限制在堤坝之内。河流在流至平原时流速减缓，其所携带的泥沙便沉积下来，这使得河流携带的泥沙未能被分散至洪泛平原，而是积聚于河堤之间。随着河床以约每年一英尺的速度不断升高，人们必须不断加高堤坝，以防止河水淹没两岸低于河道的土地。

到了20世纪20年代，堤坝内河流的表面在高水位季节已高于洪泛平原达三十英尺。这意味着任何一次由决堤所造成的洪灾都将是毁灭性的。当洪水挣脱了堤坝的束缚，便向着洪泛平原咆哮而下，淹没农田和村镇，有时甚至是将整个城市浸没于临时的湖泊之下。公元1852年，黄河决口北流，引发的洪水在消停之前，淹没了方圆数百英里的城市和村庄，淹死数百万人。1887—1889年间，黄河决口南泛，洪水淹没河南，造成两百多万人被淹死，或因洪水过后的饥荒而死。由于河水在高于洪泛平原的河道流淌，决堤造成的后果总是灾难性的。

1920—1921年的严重旱灾，造成华北地区五十万人死亡。这一事件引起了国际社会对中国北部土壤侵蚀问题的关注。受旱灾影响的两千万人被迫以任何从土壤中生长的东西为食。在某些地区，饥民几乎将地表的一切植被吞食殆尽，仅留下一片裸露的土层。接踵而至的土壤侵蚀使可耕作的表土层被风吹耗蚀，这触发了中国的人口大规模迁移。但是，这绝非偶发的灾难事件。20世纪20年代展开的一项饥荒救济研究证实，在过去的两千年间，饥荒每年都会发生在中国的某些地区。

1922年，美国水土保持专家、罗德学者沃尔特·罗德民前往金陵大学任职，从事中国饥荒预防工作。在辗转中国各地考察时，他对“土壤滥用如何影响中国社会”进行了推论。在中国的所见所闻给罗德民留下深
44 刻印象，并使他意识到“土壤侵蚀能够削弱文明”这一事实。几年之后，也就是在游历了亚洲、中东和欧洲并对各地土壤进行了广泛研究之后，罗德民将其所从事的学科研究描述为阅读“农民、国家以及各个文明写于大地之上的记录”。[2]

罗德民描述了他在靠近1852年黄河决堤地点时所看到的景象：平原之上耸立着一座高达五十英尺的巨大平顶山，在地平线上十分显眼。罗德民和考察团爬上黄河外堤之内由淤积抬高的蓄洪区，又横穿七英里到达内堤，内堤之内才是河流本身。几千年来，数以百万计的农民手持装满泥土的篮筐，在黄河两侧筑起“高墙”，形成一条长达四百英里、高

于其洪泛平原和三角洲的“地上悬河”。罗德民望着浑浊发黄的河水意识到，黄河从上游高地带来的大量泥沙，在河面下降幅度降到每英里河段不到一英尺时，就会开始沉积。河床淤积抬高得越快，农民筑高河堤的速度就越快——这场比赛中，没有谁算得上赢家。

罗德民向黄河上游方向继续前进，决心要找到黄河中所含泥沙的源头。他来到山西——中国文明的摇篮——看到中国西北部冲沟纵横的景观。在土质疏松的陡坡上，人们在砍伐森林后进行集约的耕种活动，这使得大量的土壤被冲入河道。罗德民认为，森林砍伐这一单一因素并不会导致灾难性的土壤侵蚀——灌木丛和树木都容易快速长回原状。相反，农民在陡坡上耕作，会使失去自然植被保护的土壤在被夏季暴雨冲刷的过程中极易受到侵蚀。“茂密的原有森林遭到砍伐，只是该地区水土流失的间接原因；在坡地上进行农耕以生产粮食作物，才是造成水土流失的直接原因。”

正如罗德民所观察到的那样，是锄犁，而非斧头，改变了这一地区的命运。“人无法控制地形，也不能决定落到地面的降雨的类型。然而，他们却能够控制土壤层，并决定山区土壤层的状态。”[3] 罗德民推测了该省的早期居民是如何清除了易耕作的河谷底部的森林植被的。随着人口的增加，农田逐渐向山坡上部扩散；罗德民甚至在高山的顶部找到被废弃的耕地的遗迹。在观察到陡坡耕作对该地造成的影响时，罗德民指出，只需一二十年的时间，夏季暴雨就可以将这一地区肥沃的表土层从
被耕作的裸露坡地上剥除。在找到遍布整个地区的大量山坡荒田的证 45
据后，罗德民得出结论：这一地区确实在历史中的某一段时期实施过农耕。与如今稀疏的人口，以及遍布的被废弃的灌溉系统形成鲜明对比的，是曾经的繁盛岁月。

在一个位于汾河上游谷地的古代废城，罗德民第一次发现了早期居民对中国北方地区景观的影响。在对废城周边地区进行考察之后，他发现了这一地区最早的居民如何对待覆盖着肥沃土壤的森林地区的线索。随着人口增长，以及村镇变为城市，人们用滥砍滥伐的方式破坏坡地的森林植被，农田从肥沃的谷底向四周的坡地扩张。不断向山坡推进的新

垦农田的表土层不断流失。最后，人们在失去肥力的荒地上放牧山羊和绵羊，使山坡上仅剩的表层残土被完全剥蚀。水土流失就是这样削弱了农业生产力，使人们要么受饿，要么弃城迁移。

根据罗德民的估算，中国北方数亿英亩的土地平均失去了一英尺厚的表土层。在那些受到佛教寺庙保护、未被砍伐耕种的地区，罗德民发现土壤状况的特例：这里覆盖着格外肥沃的森林土，它富含腐殖质并呈深黑色。罗德民描述了农民曾经如何清除未受保护的森林，以在肥沃的土壤上耕种：他们用鹤嘴锄挖出树根，以进行耕作。最初，人们只是整平已开垦田地上新出现的细沟和冲沟；然而每隔几年，土壤侵蚀就迫使农民继续向森林推进，以寻找新的可耕作土壤。罗德民发现，在荒田之上，草本植物和灌木会迅速形成新的地表植被，因此该地区土壤发生严重侵蚀的根本原因，是过度耕种之后紧跟着过度放牧。罗德民得出结论：该地区的居民要为自己所陷入的贫困负责——只是土壤衰竭的速度太慢，使他们未能意识到自身行为将会造成的严重后果。

在接下来的三年里，罗德民测量了受保护的林地、农耕地以及因水土流失形成的废弃荒地各自的土壤侵蚀速度。他发现，农耕地与覆盖本地植被的林地相比，其水土流失速度是后者的数倍。在黄河上游地区开展农耕的农民，其行为增加了河流的自然输沙量，因而使下游的洪患加剧。

今天，“中国文明的摇篮”已成为缺乏肥沃表土层的穷乡僻壤，恰似美索不达米亚和扎格罗斯山脉的景象。这两个古老文明在诞生初期，都在容易发生土壤流失的坡地上耕种，继而在转向下游洪泛平原进行农耕后发展壮大。

农业社会之间的另一个共同点是，大多数人口依靠持续稳定的农耕
46 收获为生，却没有能够应对歉收情况的缓冲机制。纵观历史，逐渐增加的人口与农业生产相依相随。丰收会使人口增长；随后若发生歉收，则不可避免地会出现供给不足的情况。直到近代农业社会，这些因素的综合作用始终将整个社会置于饥饿的边缘。

在过去两百万年间超过99%的时间里，我们的祖先生活在小而灵活

的社会团体中。虽然某些食物并不能维持稳定的供应，但另一些食物却几乎始终容易获得。在狩猎和采集社会中，食物通常被认为是共有的：群体中的成员会即时分享所获食物，且不进行食物的存储或囤积——这种平等的行为表明，食物短缺的情况在当时是罕见的。当他们需要更多食物，便能够找到更多食物——他们有充足的时间来找寻。人类学家普遍认为，大部分的狩猎和采集社会的闲暇时间较多——这与今天的情况大为不同。

在早期的农业社会中，被限制在洪泛平原的农耕活动，确立了每年的耕收节奏。歉收的年份意味着社会中的一些人会死亡，而其余大多数人承受饥饿。今天，虽然对于大多数生活在发达国家的人来说，都不再直接依赖能够带来丰收的好天气，我们仍然容易受到缓慢积累的土壤退化的影响：人口的增长超过了洪泛平原的土地承载能力，农田向周边的坡地不断扩张，共同埋下了使曾经辉煌伟大的社会衰落的种子，启动了曾经葬送过一个又一个文明的土壤开发的循环。 47

4. 帝国的坟墓

治水必先治山。

大禹

19世纪40年代初，一位名叫约翰·罗伊德·史蒂芬斯的纽约律师（同时也是探险家和业余考古学家）在中美洲的丛林里找到了四十余座古城邦遗迹。在发掘了危地马拉边境的科潘遗址（Copan）之后，他继续北上来到了墨西哥被废弃的城市帕伦克（Pelenque），然后回到了北临墨西哥湾的尤卡坦（Yucatan）。这一路的所见让史蒂芬斯意识到，这些丛林里隐藏了一整个失落的古文明，而他的发现也震惊了整个北美。美洲本土的文明竟能与中东古文明相媲美，这与白人移民眼中的美洲——一个需要教化启蒙的原始大陆——相悖。

在史蒂芬斯发现古城邦废墟的一个半世纪以后，我站在雄伟的蒂卡尔（Tikal）金字塔塔顶，重温他当时发觉周围山丘其实是古建筑群时的情景。地形本身勾勒出了那个已被巨大树木所占领的失落之城，树根盘踞在一堆堆表面满是象形文字的瓦砾上。高出树冠的一个个神庙顶是这个古老的热带帝国唯一的标志。

蒂卡尔的故事在世界各地——中东、欧洲或是亚洲——被一次次重演，只是主角和社会背景不同。这些已逝的古文明曾经辉煌的首都，如今靠旅游为生。是土壤的退化导致了这些早期文明的毁灭吗？或许两者间并没有直接的关系，但是土壤问题，的确一次次让文明在面对不友善的邻邦、内部社会政治骚动，以及严冬或干旱时变得不堪一击。 49

虽有诸如古代美索不达米亚文明破坏环境直至灭亡的先例，“重拾已逝的古代土地管理方式之梦”依然是当代环保宣传的惯用辞藻。不可否认，古人与自然和谐相生的想法，一直深植于西方文明的神话，被铭刻在《圣经》的“伊甸园”意象和古希腊“黄金时代”的观念中。而事实上，古代社会不大懂得如何保护土壤——无论是在农田扩张遍布山野，或是在村庄融合为城镇的过程中，都未形成明文规定或口口相传的土地使用之道。在不同的地理和历史条件下，许多文明都为我们展示了相似的发展模式：先是经历缓慢而稳定的人口增长，紧接着便是出乎意料的社会衰落。

当代人往往过分相信“失落的乌托邦”的故事，古希腊正好为此提供了一个经典例子。赫西俄德（Hesiod），一位跟荷马同时代的诗人，于公元前800年写下了现存最早的描述古希腊农业的著作。那时，即使是希腊最大的庄园，也只能出产比养活奴隶主、奴隶及其各自家庭所需水平多一点的粮食作物。正如尤利西斯的父亲勒替斯（Laertes）那样，古希腊的早期领导者会亲自在自家的田地里劳作。

后来在公元前4世纪，色诺芬对希腊农业进行了更广泛而深入的论述。那时，富有的地主们开始雇用监工看管奴隶；即便如此，色诺芬仍然建议地主们要观察其土地的承载力。他说：“在开始耕作土壤之前，我们应该了解什么作物最适合生长在这里；我们甚至可以通过观察土里生长的杂草，来了解这片土壤最适合哪些作物生长。”[1]色诺芬还建议农民通过向田间施撒粪肥以及作物残茬焚烧后的灰烬来滋养土壤。

古希腊人知道粪肥和有机物堆肥的施用特性，但究竟有多少人真正实施了这一做法便不得而知了。即便如此，在欧洲文艺复兴、古典思想复苏之后的数百年间，历史学家都在颂扬古希腊人如何细心管理和使用他们的土地。但现今希腊的土壤状况，却为我们讲述着一个不同的故事——一个土壤侵蚀导致文明毁灭的故事。

大部分的希腊高地覆盖着薄薄的石质土，仅有五分之一的希腊土地适于农业耕作。土壤侵蚀对社会的不利影响自希腊古典时代便为人所知；希腊人通过补充土壤养分并在坡地上筑坝平土来延缓土壤侵蚀。尽管如此，雅典周围的山丘到了公元前590年已经变得光秃，如何养活这座
50 城市也成了问题。水土流失非常严重，以至于著名的政治家和宪法改革者梭伦（Solon）提出了禁止在陡坡耕作的禁令。到了伯罗奔尼撒战争期间（公元前431—前404年），希腊城邦所需的食物，有三分之一到四分之三都是由埃及和西西里岛供给。

古希腊地图。

帕特农神庙。蛋白相纸印像，威廉·詹姆斯·斯蒂尔曼制于1869年。

柏拉图（公元前427—前347年）把他的家乡阿提卡（Attica）的岩石坡地景观，归因于早期希腊森林砍伐造成的土壤侵蚀的后果。他还谈到土壤在塑造雅典社会中的关键作用，认为早期的土壤更为肥沃。柏拉图认为，雅典周围的土壤能够反映出这一地区从前的样貌，他引据表明，这些如今裸露的斜坡上，曾覆盖着郁葱的森林。“肥沃松软的土壤流失以后，剩下的只不过是大地的皮肤和骨骼。在侵蚀还未发生的年代，菲利斯（Phelleus）的岩石平原上曾经覆盖着肥沃的土壤，山顶上曾长满茂密的树林——今天，我们仍然能找到些许痕迹。”[2] 看到雅典如何运用其周边土地的自然肥力而成长为地域强邦，柏拉图指出，一座城市的财富之花根植于它的土壤。

亚里士多德（公元前384—前322年）赞同柏拉图所说的古希腊青铜时代不合理的土地利用导致了土壤生产力的减退。他的学生泰奥弗拉斯托斯（Theophrastus，公元前371—前286年）区分出了六种不同类型的土壤和它们的分层组成，包括心土层之上富含腐殖质、能为植物提供养分的表土层。泰奥弗拉斯托斯对肥沃的表土层与其下土层做了重要区分。

柏拉图和亚里士多德都注意到希腊青铜时代的土地使用导致其土壤退化的迹象。在经过了几个文明几千年的兴衰之后，考古学家、地质学家和古生态学家证实了亚里士多德对各个时间段的推测：在大约公元前5000年，农民来到这一地区；公元前3000年，数十个农耕聚居地分布在整个地区；农耕活动变得密集的时期，正好与亚里士多德指出的发生第一次严重的水土流失的时间相重合。但是，这些知识并没能阻止希腊古典时代的人们重蹈历史的覆辙。

在过去的几十年中，对整个希腊地区——从阿其夫平原（Argive Plain）和伯罗奔尼撒半岛的阿格利斯（Argolid）南部，到色萨利（Thessaly）和马其顿东部——的土壤的研究表明，即使是末次冰川作用末期的剧烈气候变化，都未能造成这一地区土壤侵蚀的增加。相反，伴随着冰川期后的气候回暖，橡树林取代了草原，在希腊乡村繁茂生长，形成了深厚而肥沃的森林土。在这一变化的作用下，根据各地的不同条件，希腊的土壤在几千年间增加了半英尺到几英尺的厚度。直至耕犁的出现，土壤侵蚀的速度才超过了土壤增长的速度。

希腊的第一个小村落，位于附近有可靠水源供应且土壤优良的山谷
51 地区。当人口增加遍布山谷时，农人便开始开垦更为陡峭且生产力较低的山坡。广泛的耕作和放牧将土壤从山坡上剥离，被反复耕作的厚土层在山谷中堆积。如今，在这一地区植被稀少、岩石裸露的山坡上，仍然可以找到古时的农耕文物。

谷底的沉积物和山坡上残存的土块，记录着整个希腊土壤形成与侵蚀的循环过程。山谷最底层的沉积物，可以追溯至过去二十五万年冰川期与间冰期气候交替变化的时期。再往上的沉积层则反映出更近期的
52 山坡土壤侵蚀期，以及穿插其间的土壤形成期。在后冰川时期被反复耕种的山坡土壤的沉积层，最早出现于希腊青铜时代农业萌发的时期。沉

积层反映出，当农耕活动遍布山谷并扩散至山坡时，细节不同但大致相似的土壤侵蚀期在古希腊反复出现。

比如，阿格利斯南部的土壤，记录着后冰川时期因土地集约使用造成的四个主要的土壤侵蚀期。第一个侵蚀期大约发生在公元前4500—前3500年，当时深厚肥沃的林地土壤开始被早期农民广泛耕犁。大约在公元前2300—前1600年，犁具的使用和在陡峭坡地的耕种，导致了又一次大规模的土壤流失。在希腊文化达到全盛的古典时代到来之前的黑暗时代，山坡土壤得到休养恢复。之后，该地区又经历了罗马时代后期的人口大量增长，以及公元7世纪的人口缩减。据估算，自青铜时代农业开端以来，大约十五英寸厚的土壤从阿格利斯高地流失。而在低地山坡，更有近三英尺厚的土壤可能被剥蚀。 53

伯罗奔尼撒半岛东北部阿其夫平原的山谷底部的沉积物，也证实了在过去五千年间有四个土壤大量流失的时期。今天，厚厚的红棕色土壤只能在没被溪流冲蚀的山洞和山脚发现。残留的山坡土壤和考古遗迹显示，自希腊青铜时代以来，曾有过数个长达百年的，以人口高度聚居、土地集约使用和土壤侵蚀加速为特征的时期，其间穿插着长达千年的、拥有低密度人口的土壤再生形成期。

亚历山大大帝的家乡，希腊东部的马其顿，也经历了类似的土壤侵蚀期，同时还伴随着后冰川时期的溪流回涨，随后是一段景观稳定期；到了青铜时代晚期，土壤侵蚀的速度翻了一番，然后在公元前3世纪到7世纪的时间里再次翻番；新一轮的土壤侵蚀发生在15世纪以后——马其顿土壤的变迁，与希腊其他地区一样，大致是以千年为周期。

区域性的气候变化不能解释在古希腊人口聚居的“繁荣—衰退”的模式，因为各个地区人口聚居与土壤侵蚀的时间段都有所不同。现代地质考古的调查表明，土壤侵蚀阶段性地破坏当地文化，迫使人们移居，引发农业耕作的变化，甚至是周期性地造成对整个地区的遗弃。

一个古老的地缘政治奇景，为我们提供了进一步表明人们是如何摧毁希腊土壤的证据。帕尼斯山（Parnes）的北坡划定了维奥蒂亚（Boeotia）和阿提卡两个城邦之间的边界。奇怪的是，该地区属于阿提卡，但只能从维奥蒂亚进入。由于雅典人无法接近这一区域，而维奥蒂亚人不能使用它，所以该地区始终是森林。虽然这两个城邦的中心地区都遭受了严重的土壤侵蚀，但这片位于边境的无人地带却仍保留了植被和深厚肥沃的森林土。

青铜时代大规模的土壤侵蚀，与农耕方式发生变化以适应人口的大幅增加的时间段相重合。随着靠木棍挖掘、溪流灌溉的高度本地化的农业，转变为以修整和耕犁大片土地为基础的雨养农业，聚居地开始扩张。最初，伴随着农业的蔓延，原本极低的坡地土壤侵蚀速度缓慢增加；直到青铜时代，土壤侵蚀速度增加了九倍。随后，侵蚀速度一度又回落至接近自然侵蚀的状态，然后在希腊古典时代和罗马时代再增加了九倍。

到了希腊古典时代，几乎全境的土地都已被耕种。沉积在河谷最底
54 部的大量泥土，记载着最早期的农垦活动如何使坡地的森林广泛出现土壤侵蚀。在一些地区，后期发生的土壤侵蚀，看起来反而不如农业初次到来时严重，这是因为持续的耕种和放牧已经使深厚的土壤层无法再次形成。即便如此，一系列针对土壤侵蚀所展开的控制措施，比如在山坡上建造梯田，以及为减缓冲沟扩大趋势而建起的拦沙坝，也都提供了人类努力拯救土壤的直接证据。

从新石器时代遗址出土的多种作物，显示出希腊在青铜时代前的农业是高度多样化的。绵羊、山羊、牛和猪被饲养在被集约耕种的小型农场上，其上还种植着多样化的作物。其后，依靠牛力拉动耕犁的农业的遗迹，记录着从多样化的小规模农场向大型种植园的渐进转变。到了希腊青铜时代晚期，大面积的土地由擅长谷物种植的大宅所控制。当小型农场进一步扩张到易发生水土流失的边缘地区，橄榄和葡萄便变得越来越重要。这不是巧合——这些作物在薄薄的岩石土壤上生长良好。

赫西俄德、荷马和色诺芬都描述过被称为“二圃耕作制”的农地轮休模式。当时常见的情况，无论是休耕田还是耕作田，都要进行一年三次的翻犁——春季一次，夏季一次，秋播前再犁一次。不断的翻犁使土壤逐渐向山下流失，田地裸露而易受侵蚀。赫西俄德曾建议，要使用经验丰富的犁地人，因为他们在任何状况的土地上都能犁出直沟；然而到

了希腊古典时代，农地已经从平地蔓延至山坡，人们通过建造梯田，来试图阻止水土流失，并延长坡面耕地的生产力。

现代的例子显示了希腊的土壤能如何迅速地被侵蚀。在一些过度放牧的山坡上，有五十年树龄的橡木灌木丛，挺立在1.5英尺高、周围已被侵蚀的残余土块上——这表明现代土壤的侵蚀速度达到了每年0.25英寸以上。根茎突出地面多达2.5英尺的活树显示出，过去几十年间土壤年平均侵蚀速度在0.5英尺左右。当土壤直接暴露在雨水的影响下时，其流失速度更加明显，连普通的观察者也能轻易看出来。

公元前776年，希腊人举办了第一届奥运会；六百多年后，到了公元前146年，罗马人攻克摧毁了科林斯，把希腊并入罗马帝国的疆域。至此，在经历了第二次严重的土壤侵蚀后，希腊已不再是主要强邦。一些重要的地质考察工作已经显示，罗马人是如何像希腊人一样，也因加剧土壤侵蚀而阻碍了社会发展。

20世纪60年代中期，英国剑桥大学的研究生克劳迪奥·维塔—芬兹，在利比亚河岸从曾被认为是来自冰川时代的沉积物中捡到了古罗马的陶器残片。由于不明白为何这里有如此多的近期河流沉积的泥沙，维塔—芬兹观察了周边散布的古代水坝、蓄水池和毁坏的城邑，进而发现 55
了大量关于历史上土壤侵蚀以及洪泛平原沉积的证据。出于好奇，他开始试图确认，这些历史上的地质变化，究竟是与气候变化相关，还是与土地滥用相关。

从摩洛哥北行至西班牙，然后向东横贯北非到达约旦，维塔—芬兹找到了地中海周边地区发生严重山坡侵蚀和山谷沉积的两个时期的证据。他所称的“旧沉积物”(Older Fill)是在冰川期末期形成的。维塔—芬兹相信，那些曾被认为是利比亚特有的侵蚀现象，其实是更为广泛的区域侵蚀的一部分。维塔—芬兹把较晚形成的谷底沉积物，归因于罗马时代晚期日益严重的干旱所造成的河流下游输沙量的增加。

与对待其他新理论时一样，人们往往试图将更广泛的观察融入简单的理论框架之中，从而呈现出一幅更为复杂的历史图景。土壤侵蚀和山谷沉积发生的时间段在区域各处有所不同。因此，维塔—芬兹所提出的作用于整个区域的干旱期，如何解释“各个地区土壤的侵蚀和沉积发生在不同时间段”这一事实？又如何解释在有些地方，这一过程曾反复发生？有证据表明，与古希腊的情况相似，罗马帝国的中心地带，以及在北非和中东的罗马各省份，均发生过人为作用加速水土流失的情况。即便如此，在“气候作用”和“人为影响”两者之间做出简单的选择，这本身就是一种误导。事实是，人类的农业实践使裸露的土壤变得脆弱，干旱和强风则周期性地加剧了土壤侵蚀。

与欧洲南部其他旧石器时代的狩猎文化一样，伴随着冰川消退、森林回归，意大利中部原本几乎完全依靠狩猎大型动物为生的生活方式，被更为复杂的狩猎、捕鱼和采集等生活方式所替代。数千年之后，也就是在公元前5000—前4000年间的某个时候，来自东部的移民向意大利

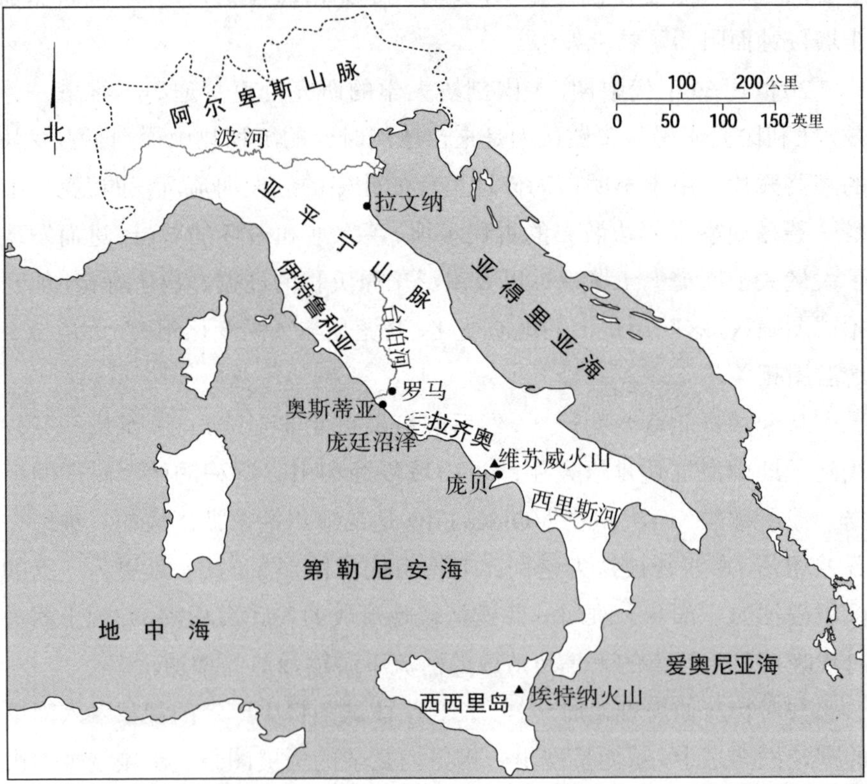

古罗马时期的意大利地图。

半岛引进了农业。考古发现的绵羊、山羊和猪的遗骨，以及小麦、大麦种子和磨石，显示了这些最早的农民依靠混合谷物种植以及畜牧业为生。他们居住在拥有易耕且排水良好的土壤的山脊上，依靠一个结合了谷物种植和畜牧活动的综合系统为生——这与几千年之后罗马农学家所描述的传统小农农业类似。在公元前3000—前1000年的时间里，农耕聚居点在整个意大利蔓延。

从新石器时代早期至青铜时代结束，意大利的农业也从最初的核心
农田扩展到渐趋边缘的土地。在这一农业扩张期内，混合了畜牧活动和
作物多样种植的小规模农场，仍极度稳定——青铜时代的农民依旧遵循 56
着新石器时代的祖先的做法。然而，在大约公元前4000—前1000年，农
业用地开始从早期农民的宜耕田，蔓延到了陡峭的坡地以及不宜耕作的
谷底黏土地。

在公元前500年左右，铁开始得到广泛使用。在此之前，只有富人和军人才能接触到金属工具。与青铜相比，铁更便宜且产量充裕，同时坚硬耐用，并且易于塑造成各种形状，以贴合木质部件。农民开始给木质的犁与铲装上铁片，这种新工具能够穿透表土层，深入到密实的心土层。在公元前300年，意大利的大部分地区还覆盖着茂密的森林；但是伴随着新的金属工具的出现，森林在之后的几个世纪中遭到过度的砍伐。

大约公元前750年，罗慕路斯（Romulus）建立了罗马，并将这个新国
家的土地进行划分，每个单元为两英亩——这是其追随者可以自己耕作
的面积。公元前508年罗马共和国成立时，意大利中部的土壤以其富饶 57
多产而闻名。一般农田的面积仍然为一到五英亩（半公顷到两公顷），刚
好是足够养活一家人的土地面积。许多著名的罗马姓氏均来自他们的
祖先所擅长种植的蔬菜的名字。在罗马共和国，“好农夫”是对一个人极
高的评价。公元前458年，当辛西内塔斯被召唤成为掌权者的时候，他就
正在耕犁自己的田地。

种植着多样作物的早期罗马农场需要繁重的劳动：锄地、手工除草以及仔细的施肥。最早的罗马农户实行一种被称为“混合种植”的耕作方式，即将冠高不同的作物（比如橄榄、葡萄、谷物和饲料作物）进行间

植。这种方法能够遏制杂草滋生，节省劳动，并使耕地因全年有植被覆盖而减少了土壤侵蚀。不同作物的根部达到不同的深度，所以不会相互竞争。相反，多种作物混合耕作的系统，提高了土壤温度，并延长了作物生长期。在罗马共和国早期，一个家庭在普通的田地进行人力耕作，便可养活全家（这种基于大量劳动力的农耕方式，适合在小规模的农地进行）。使用牛耕虽然能节省劳动力，但是需要耕种两倍的土地才能养活一家人。当牛耕逐渐普及时，对土地需求的增长比人口的增加更快。

土壤侵蚀的速度也迅速加快。由于在罗马的坎帕尼亚*的过度砍伐和耕犁增加了坡面侵蚀，人们开始建造防止土壤流失的截流沟来稳固山坡农地。尽管有这一系列努力，当人们开始在坡耕地使用耕犁时，从坡面剥离的土壤淤积并堵塞了河道，把谷底变成了积水的沼泽。在公元前200年左右，伴随着沼泽的扩张，疟疾成了一个严重的问题：从上游农地流失的泥土堵塞了台伯河，几个世纪前还支持着十几个镇子进行农业种植的台伯河河谷，因泥沙淤积而变成了臭名昭著的庞廷沼泽。大面积光秃的丘陵和新形成的沼泽河谷，意味着曾经的种植区变成了除放牧外别无他用的草场。牧场无法像农地一样养活那么多人口，因而曾一度繁荣的城镇逐渐变成了空城。

罗马人深知土地是他们财富的来源；毕竟，是他们创造了“大地母亲”(mather terra) 一词。正如在他们之前的希腊人一样，古罗马哲学家意识到了土壤侵蚀和肥力流失所产生的严重后果。然而与古希腊的亚里士多德和柏拉图不同——他们仅仅陈述了历史上土壤侵蚀发生的证据，古罗马哲学家对于“人类智慧可以解决任何问题”这一观点深信不疑。古罗马的政治家、哲学家西塞罗，曾干脆将罗马农业的目标概括为“打造自然世界中的第二世界”。然而，即使罗马农民使用深犁工具并
58 种植适于在裸露的山坡上生长的作物，防止罗马中心地带的土壤流失还是变得愈加艰难。随着罗马帝国的壮大，罗马农业也不断扩张至新的区域，以满足食物之需。

* Roman Campagna，古罗马地名，迦太基名将汉尼拔于公元前217年进入坎帕尼亚，并烧毁了它的农田。——译注

意大利中部有四种主要的土壤类型：在被耕作时易受侵蚀的黏质土壤（clay-rich soil）；包括经石灰石风化而成的古老红土（Terra Rossa）在内的石灰岩土壤（limestone soil）；肥沃且排水性良好的火山灰土壤（volcanic soil）；还有谷底的冲积土壤（alluvial soil）。农业耕作使得覆盖在高地的黏质土壤以及石灰岩土壤流失严重。在某些地方，原始的森林土壤已被过度蚕食，以至于农民现在能够耕犁的只剩下被风化的岩石。在许多高地，石灰岩土壤已经被蚕食到只剩少量残余的小土块。经历了数百年的农耕和放牧以后，意大利中部的许多地区如今遍布着只剩下一层薄土的光秃的山坡。

古罗马的农民根据土壤的质地（沙土或黏土的含量）、结构（土壤颗粒能否聚集成屑或块状）以及吸水能力对其进行分类。他们根据自然生长的植被，或是土壤的颜色、味道和气味，来评估土壤的质量。不同的土壤或贫瘠或肥沃，或松软或僵硬，或潮湿或干燥。最好的土壤都带着浓郁的黑色，很容易吸收水分，并在干燥时易碎。良好的泥土不会在耕犁后使犁生锈或吸引乌鸦；在休耕期，健康的草皮会迅速地覆盖它。和古希腊的色诺芬一样，古罗马的农学家们明白，不同的作物适合生长于不同的土壤；葡萄适合沙质土壤，而橄榄树则在岩质地面上生长良好。

马尔库斯·波尔基乌斯·加图（公元前234—前149年）写了迄今保存下来的最古老的罗马农业著作《农业志》。加图专门研究了葡萄、橄榄和水果的种植，区分出九种耕作土类型，再根据最适宜种植的作物，将其进一步细分为二十一个子类别。他将农民称为“理想的公民”，并指出其北非强敌迦太基的农业实力直接威胁到罗马帝国的利益。那时已是一个农业强国的迦太基，很有可能成为罗马的军事强敌。加图把迦太基种植的饱满的无花果带到罗马元老院，以强调他那“迦太基必须被摧毁”的观点——这也许是已知最早的政治炒作。不管加图当时发言的主题是什么，他演讲中的这句极具煽动性的口号触发了第三次布匿战争（Third Punic War，公元前149—前146年）。迦太基城被焚毁，居民被屠杀，而它的土地也被用于供养罗马世界。

加图以务实态度对待农耕的做法，似乎是为崛起的罗马种植园主量身定制的——让他们在实现葡萄酒和橄榄油产量最大化的同时，保证成本最小化。加图所描述的“农业企业”（agrarian enterprise）——一种殖民时代和现代种植园农业的低技术版本——成为需要大量资本投资
59 的专业化经营。奴隶以及粮食作物价格的下跌，迫使佃农离开自己的土地，并促进了使用奴隶劳动的大型经济作物种植园的发展。

下一部流传至今的古罗马农业著作，大约诞生于一个世纪之后。出生在意大利乡村农场的马尔库斯·特伦提乌斯·沃罗（公元前116—前27年），在那个大型种植园遍布罗马中心地区的时代，写出了《论农业》一书。沃罗自己所拥有的种植园，坐落于维苏威火山的山坡上。沃罗能够识别近百种土壤，并主张应使用适应土壤类型的农具和耕作方法。“对每一种类型的土壤所适宜生长的作物及耕作方式做出解释，也是一门学问，它能够使土地保持高产。”[3] 和诸多古罗马农业作家一样，沃罗强调通过集约农业获得尽可能高的产量。

虽然谷物最适宜在冲积平原生长，但在沃罗生活的时代，意大利的低地森林已经被清除并转变为耕地。人口的不断增加，亦迫使谷物种植向高地扩展。沃罗指出，罗马农民把谷物种植到了意大利各地——无论是谷地、平原、丘陵还是山地。“你们都曾在各地旅行；你们是否看到过任何一个比意大利更充分耕作其土地的国家？”[4] 沃罗还指出，伴随着大范围的农地向牧场的转化，意大利的粮食进口需求也开始增加。

卢修斯·朱尼厄斯·莫德拉特斯·科鲁迈拉于公元1世纪写道，最好的土壤需要以最低限度的劳作产生最大的收益。在他看来，适于进行粮食种植的肥沃表层土壤，至少应有两英尺厚。谷物最适于在山谷底部的土壤生长，而葡萄和橄榄则能在山坡的薄土上生长。意大利河谷肥沃且易耕作的土壤，使谷物成为沿河谷种植的主要经济作物。同他的前辈一样，科鲁迈拉追求农业生产最大化，并责备那些让田地休耕过久的大地主。

科鲁迈拉描述了两种检测土壤质量的简单方法。最简单的方法是取一小块土，洒上少量水，然后来回搓动。好的土壤会黏在手指上，将土团扔到地上也不会碎掉。另一个相对费力的检测方法，则需要挖洞并回

填土壤以进行观察：很难被全部回填进洞的土壤，富含淤泥和黏土，适合谷物生长；而能够被轻易回填的沙质土壤，更适合葡萄园或牧场。虽然我们对科鲁迈拉本人知之甚少，但我在加州大学伯克利分校读研究生期间，仍然学习了他的第一种土质测试方法。

罗马的农学家认识到了轮作的重要性：即使是最好的土壤，也不能一直种植同一种作物。农民会周期性地让田地休耕，在其上种植豆类 60
作物，或种植适合当地土壤的覆盖作物。一般情况下，种植谷物的田地每隔一年便休耕一次。关于植物的营养需求，罗马人懂得作物是从土壤中吸收养分，并且认识到了粪肥使产量最大化并防止土壤营养枯竭的作用。与加图所提出的应在农地堆起“大粪堆”的建议一致，古罗马的农民收集并储存牛、马、绵羊、山羊、猪甚至鸽子的粪便，用于田地施肥。他们使用泥灰土（碎石灰石）以及草木灰来让田地更加肥沃。沃罗建议，牛粪应成堆施用，而鸟粪应零散施用；加图建议，在其他动物粪便不可得时，亦可使用人类的粪便；科鲁迈拉甚至提醒人们，应为坡地施用更多肥料，因为光秃的坡地土壤在径流冲刷的作用下极易流失，他还建议进行深层施肥，以防止肥料在阳光下被晒干。

最重要的是，古罗马的农学家们强调了耕犁的重要性。每年反复的耕犁，使土壤通气性能良好，且抑制了杂草的生长。沃罗建议每年进行三次耕犁，而科鲁迈拉则建议四次。播种前应多次耕犁僵硬的土壤，使其松软。到了罗马帝国的鼎盛时期，罗马农民在易耕作的田地使用轻巧的木犁，而在土壤致密的田地则使用沉重的铁犁。大多数的农民还是沿直线耕犁，形成等宽的垄沟。正如在古希腊那样，这些耕犁活动慢慢地把土壤推下坡面，并加速了侵蚀。每一次暴雨冲刷所造成的影响既缓慢又迅速——在人生的时间轴上，累积几十年的侵蚀不易察觉；而在历史的时间轴上，累积几个世纪的侵蚀却不容小觑。

古罗马的农民通过种植羽扇豆和其他豆类，来恢复土壤中腐殖质的含量并维持土壤质地。科鲁迈拉写道，在耕种谷物之后轮作能够大幅提升土壤肥力的豆类，就能保持土地的生产力。他特别指出奴隶劳动对土地造成的破坏。“无论是对哪种类型的土地，由自由的农人耕种，都比由被看管的奴隶耕种好。特别是对于种植粮食的土地，这点尤为重要，因为佃农不会对这类土地造成大的伤害……而奴隶则会对其造成巨大的破坏。”[5] 科鲁迈拉认为，大型种植园不充分的农耕活动，威胁着罗马农业的基础。

加伊乌斯·普林尼·塞坤杜斯，即人们所熟知的“老普林尼”（公元23—79年），认为罗马农业衰落的原因是，长期居住在城市里的大庄园主们，把大片的农田留给了管理奴隶劳动的监工在照看。老普林尼还谴责为获得最大利润而进行的经济作物种植，它使人们放弃了好的农耕方
61 式。他断言，这种做法会使罗马帝国走向灭亡。

一些当代学者支持如下观点：尽管罗马人有丰富的耕种实践知识，他们利用土地的方式还是大大加速了土壤流失。老普林尼描述了对坡地森林的过度砍伐，使得雨水无法再渗入土里，从而产生了毁灭性的洪流。到了公元2世纪，鲍桑尼亚比较了希腊的两个流域：一个是土地被高度耕种的门德雷斯河流域（Maeander），另一个是因居民被罗马人赶走而使土地被长期闲置的阿克洛奥斯河流域（Achelous）。结果表明，人口稠密且土地被高度耕种的门德雷斯河流域产生了更多的沉积物，使得河口三角洲不断推进，将岛屿变成了半岛。但是，农业究竟使古罗马和意大利的土壤侵蚀速度增加了多少呢？

20世纪60年代，美国普林斯顿大学的地质学家谢尔顿·贾德森研究了古罗马周边的土壤流失情况。他看到了一个大约建于公元150年的罗马别墅的蓄水池，其地基露出地面二十到五十一英寸，这表明自其建造完成起，平均每百年就有一英寸多厚的土壤被侵蚀。他还指出，一条自罗马西行的主要道路——普雷内斯蒂纳路（Via Prenestina）——也显示出相似的土壤侵蚀速度。到了20世纪60年代，这条在建造时与山脊表面齐平的道路，其玄武岩的铺面石已高出周围易被侵蚀的火山土坡面耕地数英尺。罗马周边的其他地方的证据也显示，自罗马建城以来，每个世纪有四分之三英寸到四英寸厚的土壤受到侵蚀。

位于乡村的火山湖中的沉积物，也证实了土壤侵蚀的剧烈程度。从蒙泰罗西湖（Lago di Monterosi）——一个位于罗马北部二十五英里处的

小湖——取得的样本显示，在自罗马向北修建的卡斯亚路（Via Cassia）于公元前2世纪穿越这一地区以前，土地侵蚀速度大约是每千年一英寸；道路建成后，由于农场和种植园开始种植适销作物，土壤侵蚀速度也随之上升到差不多百年一英寸。从巴卡诺河流域（Baccano）一个已干涸的湖床——位于自罗马沿卡斯亚路北行约二十英里处——取得的样本也显示，在公元前2世纪罗马人围湖造田之前的五千多年间，土壤侵蚀速度大约是每千年一英寸。沿罗马北部溪流分布的厚重沉积物，是因山坡侵蚀而沉积于谷底，这进一步显示出罗马帝国末期严重的土壤侵蚀。

维塔—芬兹的发现加上来自各方面的证据表明，罗马农业所造成的土壤侵蚀急剧增加。不足一英寸的年净增量似乎很少，以至于很难被发现；如果表土层最初的厚度介于六英寸到一英尺之间，那么将罗马中 62
心地带的表土层侵蚀，需要至少几个世纪的时间——但是，最多超不过一千年。当移居城市的大庄园主们不再亲自看管自家的田地，就更少会有人注意到土壤究竟发生着怎样的变化。

在主要河流的下游地区，更容易观察到水土流失的证据：从山坡被剥离的土壤顺流而下，泥沙沉积使海岸线不断向海洋推进，渐渐把下游的港口变成内陆城镇。古罗马的海港奥斯蒂亚（Ostia）被台伯河的泥沙淹没，如今位于距海岸线数英里的内陆。其他城镇，比如拉文纳（Ravenna），由于失去了临海优势而逐渐衰落。位于意大利南端的锡巴里斯镇（Sybaris），则因被克拉蒂河（Crathis River）的沉积物掩埋而消失。

历史学家们还在争论着罗马帝国崩溃背后的原因，他们重点关注的是帝国政治、外部压力以及环境退化等方面。实际上，罗马并非突然崩溃，而是自身逐步消耗殆尽。虽然将罗马帝国衰败归因于土壤侵蚀的观点把历史过于简单化，但不可否认，逐渐退化的土地面临着养活不断增加的人口的压力，这加速了帝国的瓦解。更何况，这种关系实际是双向的：一方面，土壤侵蚀影响了罗马社会；另一方面，政治和经济的力量塑造了罗马人对待其土地的方式。

当迦太基名将汉尼拔在第二次布匿战争（公元前218—前201年）中把意大利的乡村夷为平地时，成千上万失去了田地和房屋的罗马农民拥入城市。汉尼拔兵败之后，空置的农地对于有钱人来说，是极具吸引力的投资。同时，战争中被遗弃的土地被罗马政府用来向富裕公民偿还战争贷款。约二十五万被带回意大利的奴隶，则成为现成的劳动力。也就是说，在第二次布匿战争后，罗马具备了农业生产所需的三种主要资源——土地、劳动力和资金——它们便宜且现成可用。

战后，被称为“大地产”（latifundia）的种植经济作物的大型种植园的发展壮大，最大限度地利用了这些资源来提高葡萄酒和橄榄油的产量。到了公元前2世纪中叶，这种以奴隶为劳动力的大型种植园在罗马农业中占有重要地位。“拥有土地的佃农”成为一个过时的理念，但也成为格拉古兄弟（Gracchi brothers）在公元前131年所领导的土地改革的标志。他们修改法律，重新赋予每位农民一块几英亩大的国有租用地；然而，其中很多人已无法依靠土地耕作为生。他们将土地出售给大地产所有者，回到罗马城，依靠政府的救济为生。在格拉古兄弟被暗杀不到两
63 个世纪后，大地产几乎成为罗马周边所有耕地的主要形式。虽然罗马法律禁止元老院议员经商，但是许多富有的元老院议员通过将其种植园以商业农地的形式经营，得以规避法律。自给农业向农业种植园的转变，使罗马的总种植面积继续扩大，并重塑了意大利的乡村。

在这些庞大种植园耕作下的土地表现不佳。在公元后的第一个十年间，历史学家提图斯·利维乌斯对“意大利中部的田地究竟如何得以在几个世纪以前支持那支抵抗罗马扩张的军队”表示不解——肥力衰竭、生产力低下的土地状态，使人不得不开始怀疑罗马旧敌对历史的陈述。两个世纪后，当罗马皇帝佩蒂纳克斯制定了将意大利中部的农田无偿提供给任何愿意耕种两年的人的政策时，竟然没有多少人接受这一“恩惠”。一个世纪之后，罗马皇帝戴克里先不得不将自由农民和奴隶强留在他们曾经耕种的土地上。一代人之后，君士坦丁大帝将“农民之子离开养育他长大的农田”这种行为定为犯罪。在那时，意大利中部的土地状况，使农民几乎无法养活自己，更别说为城市人口提供粮食了。到

了公元395年，罗马城四周平原的荒田面积，几乎相当于罗马共和国早期七万五千个农场的面积总和。

在公元前3世纪以前，罗马周边的乡村供养着人口不断增长的大都市。过了公元元年，仅靠罗马周围土地的产粮已经不足以供养城市。为了满足百万人口的粮食之需，罗马开始每年从埃及和北非通过海运进口十万多吨粮食。罗马皇帝提比略曾向元老院表明自己的担忧：“罗马人的日常生存之本，如今竟不得不任凭海上无常的风浪所摆布。”[6] 至此，罗马必须依靠从外地进口的食物来满足首都的需求，从而防止难以控制的饥民暴乱的发生。粮食被运到最接近罗马的港口奥斯蒂亚。任何延迟或干扰粮食交付的人，都可能会被处决。

出于政治上的考虑，北非行省不得不为罗马的人口提供免费的粮食，因而持续面临着尽可能多地产粮的压力。利比亚的沿海地带原是粮食高产区，直到后来土壤的侵蚀和退化，使得南面的沙漠开始北侵。罗马人在公元前146年血洗迦太基，并通过在其农田里撒盐来防止它复兴，这段历史已广为人知。在罗马控制了整个地中海世界之后，其对粮食日益增长的需求，使北非行省被迫加强耕作强度，并因此造成长远影响，这段历史则鲜为人知。

罗马元老院花钱请人翻译了从迦太基废城抢救出的玛戈（Mago）的二十八卷迦太基农业手册。待撒在迦太基田地里的盐分被水冲走后，饥饿的罗马人立刻把北非的沿海地带转变成了集约种植的橄榄农 64
场——然而农场只维持了一阵子。大多数橄榄农场都分布在于公元1世纪发明的橄榄油压榨工坊的周边。负责粮食生产的罗马执政官，在北非部署了高达二十万人的军队，来防止游牧民的劫掠。在长达数百年的时间里，他们虽然成功击退了野蛮人的干扰，却无法击退土壤的侵蚀——在政治稳定的罗马和平时期（pax romana），为了最大限度地提高农作物的年产量，人们提倡不休耕的耕作方式。当来自西班牙的汪达尔人（Vandal）入侵非洲，并在公元439年攻陷迦太基时，罗马帝国已毫无抵抗能力，以至于对方凭借区区一万五千人就征服了整个北非。罗马人投降后，游牧民族继续在这片土地上过度放牧，使土壤的复原化为泡影。

今天，我们已很难想象北非曾是古代世界的粮仓。然而，北非的粮食的确在公元前330年缓解了希腊饥荒，而罗马征服迦太基，也部分地是出于保护其耕地的目的。公元前75年，罗马元老院决定将一直以来作为独立殖民城市的昔兰尼加（Cyrenaica）——位于迦太基和埃及之间的北非沿海地区——并入其领土。此时正值罗马在西班牙进行战争以及高卢地区发生粮食歉收，这意味着，当时北部省份的产粮几乎无法养活自己，更不用说为首都供粮。正是罗马饥饿的暴徒，使罗马元老院决定将有能力生产粮食的昔兰尼加并入其领土。

一系列能够证实古罗马土壤流失的证据，对如下观点提出了质疑：气候突变导致后罗马时代北非灌溉农业被荒废。尽管大部分受控于罗马的北非土地属于边缘农地，然而联合国教科文组织在80年代中期的调查报告却证实，最初一批来到北非的罗马殖民者是进行自给农业的个体农户。在接下来的几个世纪中，当小农场合并为致力于持续增加粮食和橄榄产量以供出口的大型种植园时，灌溉农业才逐渐在北非扩大规模。

第一个用拉丁文写作的基督徒昆塔斯·塞普蒂米乌斯·弗罗伦斯·德尔图良努斯（现通常简称为德尔图良），在公元200年左右生活在迦太基。在描述罗马的北非边疆的崩溃时，他便对过度开发环境的行径发出过警告："如今，各个地方都已畅通无阻，世人皆知，通商自由。令人愉悦的农田已将大地之上那一切令人生厌的无用之物铲除；耕地取代了林地……人类令世界拥挤不堪。地球资源难以满足我们的需求——我们的欲望越来越大，我们的要求也更加强烈，而大自然已无法再忍受我们。"[7]

联合国教科文组织的考古调查，为我们提供了有助于解释德尔图
65 良的忧虑的证据。人口密度的增加，导致了溪谷两侧洪泛平原边缘的坡地的大范围土壤侵蚀。在保卫水和土壤资源有限的北非边疆的压力下，罗马在利比亚的农业聚居地，逐渐转变为大量沿山谷分布、相隔几百英尺的由围墙防御的农地。在公元7世纪，当阿拉伯穆斯林将领阿慕尔·本·阿绥（Amr ibn al-As）占领拜占庭的残余殖民地时，该地区已不

再是繁荣的农业中心。

1916年，美国哥伦比亚大学教授弗拉基米尔·西姆霍维奇指出，土壤匮乏是造成罗马帝国衰落的原因。在帝国晚期，土壤的衰竭和侵蚀使罗马郊区人口减少；他指出，从罗马建国到恺撒大帝时期，每况愈下的土壤，使维持一个罗马农民生计所需的土地数量，从最初配给的小块农田，扩展至原有份额十倍之多的面积。西姆霍维奇教授指出，古罗马哲学家卢克莱修曾在他的史诗《物性论》中提到“大地母亲”生产力每况愈下的情况，这正呼应了当代学者的观点。

罗马腹地土壤肥力普遍下降的事实，究竟是特殊国情还是普世规律？这很难说。大约在公元60年，科鲁迈拉在其为《论农业》所写的序言中便谈到这个问题:“我常听我们国家最杰出的人对于土地生产力的下降表示担忧，他们说这是由贫瘠的土壤和无常的天气造成的。还有人指出，这些担忧有着极具历史规律性的背景，在罗马之前的各个时代，均发生过耕作使土壤衰竭、土地肥力下降的情况。”[8]

科鲁迈拉继续写道，虽然以前农业作家的大多数作品没有流传下来，但他们均表示过对土壤衰竭的担忧。但是，土壤并非年久便一定退化，久耕就一定贫瘠。相反，科鲁迈拉指出，上帝已赋予土壤以永久肥沃的潜力，因此认为土壤会退化衰竭的想法有违上帝之意。不过，科鲁迈拉还是为这一论断提出了先决条件——给予土壤适当关照并经常施肥，它将一直保持肥沃。

科鲁迈拉为何在给农民的实用指南中如此开篇？他是为了指出，罗马农业问题的根源在于其自身利用土地的方式，而非普世性的土壤退化的规律——罗马人是自酿苦果。早在公元前2世纪，沃罗就提到拉齐奥(Latium)的荒田的例子：这片在几个世纪前还能养活数户家庭的土地， 66
后来变得极度贫瘠，稀疏的叶子和干枯的藤蔓在其上艰难生长着。几个世纪以后，科鲁迈拉认同了沃罗的观点，认为若没有依靠首都获取进口的食物，拉齐奥的居民早就饿死了。

一些历史学家认为，罗马农民日益增长的债务催生了帝国内部的动乱。农民的债务可能来自借款购买耕作所需的工具，或者因为农耕收入不能满足家庭的需要。罗马农业的低资本需求表明，在共和国时期耕种传统小型农场的农民已经很难养活自己。大型种植园主正是利用这点，大量买下这些贫穷小农的土地。与“叛乱和战争使罗马农村人口减少”这一传统观点相反，小型农场的消失事实上发生在一个前所未有的和平时期。为了避免乡村的土地无人耕种，罗马颁布了禁止农奴离开其耕种的土地的法律。而随着问题的进一步升级，自由佃农也被命令与其耕种的土地——还有土地的所有者——捆绑在一起。在罗马帝国崩溃之后的很长一段时间里，这种为法律所塑造和制约的农民（农奴）与地主贵族之间的社会关系持续了很长时间（许多历史学家认为，这为中世纪农奴制的出现打下了基础）。

至此，我们还未对这一问题做出解释：深知农畜业、轮作和施肥知识的罗马人，怎么会使意大利的土壤衰竭？事实是，这些土壤维护所需的花费，都需要由小农来承担；若是最大限度地榨取土地的眼前利益，“花费”的则是土壤肥力。此外，当农民陷入债务或饥饿的时候，必然会尽可能多地榨取能够从土地——甚至是肥力衰退的土地——获得的利益。

罗马领土的快速扩张，在一定程度上是由保障日益增长的人口的粮食的需求所推动。在这一背景下，意大利中部地区的粮食减产，促进了集约农业在罗马新征服的各个行省的开展。在这种农作方式下，土壤侵蚀首先使罗马腹地的土地退化，继而蔓延至罗马的各个行省——埃及是一个例外。然而在公元前30年克娄巴特拉死后，埃及便成了被不断剥削以供养罗马的殖民地。

在尼罗河那赋予生命的洪水的滋养下，埃及未受集约农业的影响。埃及作为罗马皇帝私有财产的地位，便是尼罗河对罗马帝国的重要性的明证。公元1世纪，奥古斯都大帝禁止元老院议员或罗马贵族在未经他允许的情况下进入埃及。“无论是谁成为亚历山大城的主人……都可以毫不费力地……（通过对这一港口城市的控制）使整个意大利半岛陷入
67 饥荒。”[9]在罗马帝国的末期，是尼罗河的土壤养育了罗马。土壤侵蚀并非导致罗马灭亡的唯一原因，但是现代意大利以及前罗马殖民地的土壤

情况，已经足够说明一些问题。

在古罗马灭亡的千余年后，一个游历广泛的新英格兰律师展开了关于土壤侵蚀对古代社会的影响的研究。1801年出生于佛蒙特州伍德斯托克郊区的乔治·珀金斯·马尔什，广泛游历过“旧世界”（欧、亚、非三大洲），并在1864年出版了环保主义的奠基之作《人与自然》。马尔什酷爱读书，他于1843年放弃律师职业并竞选国会议员，并于五年后被任命为美国驻土耳其公使。由于工作清闲并有充裕时间旅行，在1851年回到美国之前，马尔什远游至埃及和巴勒斯坦进行探险考察，并在此过程中为美国史密森学会（Smithsonian Institution）收集动植物标本。十年后，马尔什被林肯总统任命为驻意大利大使。在结束了对阿尔卑斯山脉地区的考察后，他继续前行并目睹了“旧世界”由于忽视土壤而导致其退化的情况，一如当年他亲眼看到家乡佛蒙特州的森林被转化为麦田和牧场。

> 在过去的几个世纪里，那片比整个欧洲更大、更肥沃的领土养育的人口，不会少于当今整个基督教世界的人口；而如今，这片土地已完全不再被人使用或是人烟稀少……小亚细亚、北非、希腊甚至欧洲阿尔卑斯山脉的某些地方，在人为作用下，其地表已变得几乎像月球一般荒凉——而事实上，在那段被我们称为“历史时期”的短暂间隔期里，这片土地上覆盖着繁茂的树林、青翠的牧场和茂盛的草地。[10]

马尔什的话具有双重含义：第一，土地被滥用后不一定能够恢复；第二，人们在追求短期目标时，不知不觉破坏了大自然的平衡。他提醒人们，人类自身活动曾在不经意间削弱了土地支持社会发展的能力，但他相信，美国可以避免重蹈旧世界的覆辙。

马尔什认为，只要还有土壤可被耕种，农业技术就能跟上世界人口不断上升的步伐。但他指出，人类对土地造成破坏的能力，也会随技术的成熟而增强。他通过向人们普及森林砍伐和土壤侵蚀如何毁掉中东

文明，挑战了美国当时所盛行的“资源不会穷尽”的观念。他的著作立
68 即成为经典并三次再版。马尔什对这一著作不断进行着修订，直至生命的最后一天。

半个世纪后，在第二次世界大战前夕，美国农业部派出知名土壤专家沃尔特·罗德民前往中东、北非和欧洲，开展关于“土地使用对土壤侵蚀的影响”的调查。希特勒对波兰的入侵，使罗德民无法继续前行至中欧和巴尔干地区。但和马尔什先前的观察一样，罗德民在欧洲和亚洲的所见足以使他坚信，土壤问题是“旧世界”帝国的坟墓。

罗德民考察了位于非洲北部海岸的突尼斯和阿尔及利亚的古罗马农业殖民地，发现了一种在古罗马政治家加图看来很难视其为威胁的景观。“在这片作为古罗马粮仓的地区，我们发现泥土已被剥蚀，基岩层露了出来，而过度放牧则使丘陵冲沟纵横。谷底仍遍布耕地，但是从光秃山坡席卷而下的径流正在地表刻下冲沟。”[11]在奎库尔城（Cuicul），昔日大城市的遗迹被埋在三英尺厚的泥土下面，这些泥土来自曾经被橄榄种植园所覆盖而如今只剩下裸露岩石的山坡。坡地基岩层之上仅一两英尺厚的土壤，支持着少量残余的树丛。

古代城市提姆加德给罗德民留下更为深刻的印象。在罗马政权鼎盛时期，由图拉真（Trajan）于公元1世纪建造的这座城市，拥有一个大型公共图书馆，一个能够容纳两千五百人的剧场，十几间公共浴场，以及配有大理石抽水马桶的公共浴室。罗德民发现，这个城市的几百户居民，如今都住在用古城残石搭建的房子里。被遗弃了一千多年的巨型橄榄油压榨工坊，如今立在寸草不生的光秃山坡上，诉说着往日的风采。

在突尼斯，罗德民望着曾经规模仅次于古罗马竞技场、可容纳六万人的户外圆形剧场的遗迹，陷入了沉思。据他估计，周边地区如今的人口数量，还不及露天剧场所能容纳人数的十分之一。是逐渐干燥的气候迫使人们放弃田地并任其荒芜吗？罗德民怀疑这种传统的推测。提姆加德的考古发掘的指挥者，曾尝试在山谷中一处未开挖的地块用古罗马的方法种植橄榄。蓬勃生长的橄榄表明，气候的改变并未达到使该地区农业衰退的程度。

建于公元1世纪的古罗马提姆加德城遗迹，北非（罗德民，1953年，第17页，图9）。

在突尼斯的苏塞（Sousse），罗德民发现了已有一千五百年历史的橄榄树，再次证实了干燥的气候并非造成北非农业崩溃的原因。在曾经满是橄榄树的山坡上，将附近山坡径流引入田间的古老梯田和土墙的做 69
法，使山坡上仍有部分土壤残留。同时，在没有被过度放牧破坏的山坡上，仍覆盖着一层长着草地和零星树木的土层。罗德民观察到山坡上其他地方的土壤已被剥蚀，他认为，是过度放牧使这一地区的土壤发生严重侵蚀，以至于失去了供养该地居民的能力。

继续东行，罗德民一行到达了摩西带领以色列人走出沙漠进入约旦河谷的地区。在杰里科（Jericho）停留时，他发现一半以上的丘陵地区的红土已被剥蚀。在已被冲沟深深侵蚀的谷底，残余的土块仍在被耕种。在陡坡上，超过四分之三的古村落被抛弃；在谷底，十分之九的村落仍有人居住，被遗弃的村庄矗立在土壤已被剥蚀的荒地之上。在坡地上那些幸存至今的固土石墙内，仍有可供耕种的厚土。

佩特拉古城曾是纳巴泰文明的首都，该文明是在公元前200年左右 70

于阿拉伯沙漠边缘处的基岩上开辟出来的。在这座城市，罗德民看见了更多遍布着废弃梯田的裸露石坡。关于流失的梯田土的去处，罗德民指出，佩特拉城的居民曾经在附近的坡地上种植作物，而伴随着游牧民族的入侵，坡地水土保持的措施也遭到破坏。如今，少量的游客徘徊在曾经可容纳几千人的露天剧场中。

进入叙利亚境内，罗德民参观了罗马古城杰拉什的遗迹。这个在《圣经》时代有着二十五万人口的古城，如今被埋在从周围坡地冲蚀下来的十几英尺厚的土层下。与当时盛行的考古学观点不同，罗德民没有发现任何能够证明杰拉什供水系统失败的证据。正如在佩特拉和杰里科所观察到的情形一样，坡地上原先以石块为埂、固土防蚀的梯田，如今已被剥蚀得露出基石层。而曾经覆盖坡地的土壤，如今只能在谷底找到。这个曾供养着将一船船粮食运到罗马的种植园的地区，到了20世纪30年代仅剩几千人居住。

继续北上，罗德民到达了安提阿（Antioch）——使徒保罗就是在这里给该地区最多的潜在皈依人传授福音。在被罗马占领时期，百余个乡镇包围着这个古叙利亚最大也是最富有的城市。而到了18世纪70年代，只有七个村庄仍有人居住。罗马时代的竭力耕种，使坡地土壤被冲蚀而下，积于谷底形成淤泥沼泽，淹没了另外二十八个曾经繁盛的村庄。直至考古学家挖掘到地表下二十八英尺处，部分被淤泥掩埋的古城才得以重见天日。

考古学家还找到了关于将村庄淹没的土壤来源的线索。最有说服力的景象出现在安提阿以北的高地上：那些本不应露出地表、粗糙且未完成的地基，还有那些没阶梯的门槛，它们伸出仅剩基岩层的地面三到六英尺。这个曾经以出口谷物和橄榄油而闻名的地方，在早已失去土壤的今天，只能供养一些半游牧族群。罗德民如此描述这一早已荒败之地：赤裸的石质骨架高悬于荒漠之中那岩石裸露的山坡上；正是生活于此的居民在不经意间造就了荒漠，留给这片曾经丰饶的土地永久的贫瘠。不管这里还发生过什么，叙利亚的高地土壤都已经消失了。

黎巴嫩的土壤也有着同样的命运。大约在四千五百年前，腓尼基人自沙漠西行来到地中海的东岸，并把美索不达米亚的农业实践带到了新的家园。最初，他们在狭长的沿海平原耕作，杉树林间仅有少量平地可供种植。在耕犁了狭窄的沿海平原后，腓尼基人开始砍伐坡地上的树木，将木材卖给林地稀少的邻邦——美索不达米亚和埃及。无论大规模 71
砍伐杉树林的主要原因是为了取得木材还是农田，两种活动都得到了实施，而农田也扩张到了山坡。

冬雨重击着山坡，造成土壤迅速流失。腓尼基人通过调整其农耕方式来应对这一新问题，他们建造梯田，以固土防蚀。罗德民描述了这些古老梯田的残破墙围如何遍布整个地区。没有什么农耕方式比梯田耕作需要投入更大的劳动量了，特别是在陡峭的坡地上的梯田。若其结构能得到良好维护，梯田能有效地减缓水土流失；而缺乏维护的梯田，则会迅速失去作用。

但是黎巴嫩最陡的坡地，也只有一小部分被转变成了梯田。一次次风暴的侵蚀，使大部分坡地土壤被剥蚀流失。到了公元前9世纪，腓尼基人的移民在北非和地中海西部开展殖民活动，通过出口制成品换取食物。到公元前322年亚历山大大帝征服黎巴嫩时，腓尼基的黄金时代也结束了。由于来自殖民地的补给被切断，本国大部分的表土层也已流失，腓尼基文明从此一蹶不振。

古代腓尼基的土地上曾覆盖着两千平方英里的茂密杉树林，到罗德民造访时，仅剩下四小片。看到这些残林成片生长在谷底那些无法牧羊的地块的土壤上，罗德民越来越相信，森林的消失并非气候变化所致。一旦土壤消失，大树便无法复生，而这一地区的过度放牧阻碍了土壤的恢复。

1979年夏天，对加利利海（亦称基内雷特湖）沉积物岩心进行的放射性碳测年研究表明，在公元前1000年左右，该地区周边土壤的侵蚀速度骤增一倍多。这与以色列人到来后将聚居地与耕地扩张至山区的时间相吻合。湖泊中各层沉积物保存的花粉则表明，从以色列王国建立到古罗马灭亡的约一千三百年时间里，橄榄和葡萄取代了这里原生的橡树林。

当摩西带领以色列人走出沙漠进入迦南，他们似乎到达了农业的天堂。“因为耶和华你神领你进入美地，那地有河、有泉、有源，从山谷中流出水来。那地有小麦、大麦、葡萄树、无花果树、石榴树、橄榄树和蜜。”
72 （《申命记》8：7—8）然而唯一不便的是，最好的谷底已经被他人占据了。

当摩西和随行之人到达时，迦南聚集着一系列已被埃及强兵征服的城邦。戒备森严的迦南城市控制着农业低地。于是，这些不气馁的新移民开始耕种高处的空地。“山地也要归你。虽是树林你也可以砍伐，靠近之地必归你。”（《约书亚记》17：18）新移民建起小村庄，他们清除了森林并在坡地上开辟梯田，以立足于这“应许之地”。

在新开垦的坡地上，以色列人采纳了传统的迦南农业，种植和邻居一样的作物。但是他们也实行轮作和休耕，并设计了收集雨水以灌溉梯田的系统。随着铁具的出现，更大的丰收带来余粮，可以用以支持更大的聚居点。每七年一次的休耕成为强制性规定，农民还通过混合秸秆和动物粪便来生产有机肥。[12]土地被视为是上帝委托给以色列人保管的财产。在犹大高地（Judean highlands），罗德民注意到，即使被耕种了几千年，那些得到良好维护并留存至今的固土石墙内，仍有可耕种的土壤。

该地后来在罗马帝国的统治下，农业极度扩张，以至于到公元1世纪时，帝国中东各行省的森林已被砍伐殆尽。在地形太陡以致无法进行农耕的地方，牧场取代了森林。成群的山羊和绵羊渐渐把整个地区的植被啃得仅剩残桩。陡峭山坡上的过度放牧，引发了灾难性的水土流失。经过几千年积累起来的森林土壤就这样消失了。一旦失去土壤，森林也荡然无存。

1939年6月，在耶路撒冷的一次广播讲话中，沃尔特·罗德民提到，如果摩西能预见到后来发生在“应许之地”的一切，他可能会增加“第十一诫”：“你要作为一个忠实的管理者继承这神圣的土地，节约资源和生产力，以代代相传。你要照管你的土地，以防土壤流失……你要保护你的山丘，使其不被牲畜过度啃噬，你的后裔才可永久衣食无忧。你若未能管理好这片土地……你的后裔必将减少，且生活在贫困之中，甚至从地球的表面消失。”[13]

与马尔什表达过的担忧一样，罗德民也担心，他在中东之所见，会在未来的某一天在美洲重演。他们都在“旧世界”看到给“新世界”的经验教训；然而，他们都未意识到，自己所担心的情况那时已经在美洲发 73
生了。玛雅文明是一个已被充分研究的案例，但绝非唯一一个因土壤退化导致灭亡的美洲社会。最早的玛雅聚居点源于尤卡坦半岛的低地丛林中，后来慢慢合并为日益复杂的聚居点。到了公元前2世纪，像蒂卡尔（Tikal）这样的大型仪式和贸易中心，逐渐成长为有着共同的语言、文化和建筑，拥有复杂等级制度的城邦，其规模可与苏美尔城邦相媲美。在鼎盛时期，蒂卡尔曾有约三万到五万居民。

在玉米于约公元前2000年被驯化之后，第一批落户中美洲的社区日益成长为该地区的重要聚居地。在接下来的一千多年里，小村庄开始种植玉米，以作为对狩猎和村庄间野地里的食物采集的补充。为获得农地所进行的小规模的森林砍伐逐步扩大，玉米也成为中美洲饮食中越来越重要的组成部分。就像在美索不达米亚那样，网状散布的聚居点逐渐发展成为拥有祭司、工匠以及监管剩余食物分配的官员的宗礼中心和城镇。

起初，驯化的玉米的出产能力，与那些很容易被收集的野生品种很像。拇指大小的小玉米棒很容易咀嚼。当高产的玉米品种使人们得以发展永久定居点后，人们开始把玉米磨成粉。该地区一直供养着散布的农村人口，直到公元前350—公元250年间，大型城镇开始涌现。那时，玛雅地区的一些地方已出现严重土壤流失，但是许多地区出现的大范围土壤侵蚀，以及人们采取措施护土防蚀的证据，大概可以推算至公元600—900年之间。已发掘的该时间段之后的文物数量极少，其原因被解释为，玛雅社会至此逐步瓦解，其人口迅速减少（或扩散），而丛林开始再次侵入蒂卡尔以及那些与它竞争的玛雅城邦。

玛雅人口从公元前600年的不到二十万，增长到公元250年的一百余万。在五百年后玛雅文明的鼎盛时期，人口达到至少三百万，甚至可能多达六百万。而在接下来的两百年间，人口却降至不足五十万。当约翰·史蒂芬斯发现玛雅古城遗迹时，整个地区除了丛林边缘都人烟稀少。即使这一地区如今快速发展，其人口密度仍低于辉煌的古代城邦。究竟发生了什么？

玛雅人最初采取的是一种被称为“刀耕火种”的农业种植方式：在
74 雨林中，他们先用石斧将一块林地清除。被砍伐的植物留在地面上干枯几个星期后，玛雅人会赶在种植玉米和大豆的雨期来临前将其放火烧尽。焚烧得到的草木灰是极佳的肥料，可保证作物在随后几年间生长良好；此后，原本营养贫乏的热带雨林土壤的肥力会迅速下降。因此，被清除的林间空地在被耕种一段时间后，就会被废弃，回归丛林以恢复其土壤肥力。在这种轮作方式下，即使仅保持几块可种耕地，都意味着大片丛林需要被清除。与古希腊和意大利的情况一样，最早发生大范围水土流失的时间，与最早的农业耕种出现的时间是吻合的。

刀耕火种这种农耕方式，在人口密度较低、有足够可伐林地供农民每隔几年就换田时，运作良好。当伟大的玛雅城邦在丛林中兴起时，其居民仍像祖先那样不断伐林耕作，只是他们不再换田休耕。尤卡坦半岛的热带土壤薄且易蚀。在持续的农耕作用下，通过砍伐及焚烧林木获得的高产量迅速下降。除此之外，缺乏驯养的动物就意味着没有粪肥可被用于补充土壤营养。与希腊和罗马的情况一样，食品需求的增加，以及土地生产力的下降，迫使人们将目光投向更加边缘的土地。

大约在公元前300年后，该地区的人口增长，导致人们开始耕种排水不畅的谷底，以及覆盖着薄且易蚀的土层的石灰岩坡地。在低湿地区，人们挖掘网格状的排水沟，并利用挖出的淤泥来垒高沟渠间的地表，从而形成高出水位的农田。在一些地区，大规模开辟梯田的活动始于公元200年左右，并在其后人口不断增加的六百五十年间，蔓延至整个地区。玛雅农民通过筑坝平土，将坡地转变为梯田，从而减缓地表径流侵蚀，并将其引入田间进行灌溉。然而，在像蒂卡尔和科潘等主要地区，很少有证据表明人们开展了保持水土的工作。即使他们曾试图控制土壤侵蚀，从周围坡地被冲蚀而下的土壤，逐渐沉积在河谷底部，也破坏了其中的湿地农业。

玛雅文明腹地的湖泊沉积物岩心表明，是农业集约化加剧了土壤侵蚀。从公元前250年到公元9世纪，湖底沉积速度骤升。虽然不一定是导致玛雅社会瓦解的唯一原因，但是土壤侵蚀大约在公元700年玛雅文明瓦解之前不久达到顶峰，这也使维持社会等级结构的剩余粮食消失了。一些玛雅城邦在被遗弃时，还有建筑物正处于建造过程中。

在20世纪90年代，地理学家在研究伯利兹（Belize）西北部玛雅遗址周边被称为“巴吉斯”（bajos）的小洼地时，发现被耕种的湿地中，充满 75
了来自周围森林被伐的山坡所流失的土壤。散布于尤卡坦半岛南部的洼地所形成的天然湿地，在玛雅文明的鼎盛时期亦被广泛耕种。洼地中的土样显示，其来源可追溯至曾覆盖于周边坡地之上的两英尺半到六英尺厚的土层，该土层在前玛雅时期经历了两次严重侵蚀——第一次发生在早期农民从山谷向周边山坡扩张，清除森林的时候；第二次发生在玛雅文明终结前的农业集约化过程中。其后，当森林得以再次“侵占”农田和湿地时，土壤才开始恢复。

研究人员还发现了能够证明玛雅低地山坡的过度砍伐加速了水土流失的证据。在玛雅梯田仍保存完好的地方，其上所覆盖的土壤比相邻的山坡耕地要多两三倍。侵蚀控制方法的发展，使玛雅文明的腹地得以供养大量人口；然而，人口的增长，实则依赖在易受侵蚀的坡地以及在沉积物易聚的谷底湿地所进行的集约耕作。最终，玛雅文明达到了其农业生产方式再也无法供养其人口的临界点。

在土壤经过了一千年的恢复期后，在今危地马拉的佩滕发生的现代伐林活动，又一次启动了土壤侵蚀的循环。自20世纪80年代初期，没有土地的农民，已经把该地区大部分的森林转变成了被称为“密勒巴斯”（milpas）的玛雅传统小型农田。在1964—1997年间，这一地区的人口增加了十九倍，同时曾经几乎不间断的森林带呈现出被砍伐殆尽的景象。

该地区大部分坡地土壤的有机质层的下面，是直接覆在弱风化石灰石基岩层之上的薄薄的矿质土壤层。一项研究发现，在该地区仅存的原始森林下，坡地土壤大约有十到二十英寸厚；与之相比，现代坡耕地已经失去三到七英寸的表土层——大部分有机质层（O层）和腐殖质层（A

层）。在一些地方，由现代伐林活动及耕种方式所引发的土壤快速侵蚀，已把表土层完全剥蚀直至露出基岩层。另一项关于伯利兹中部由现代伐林活动所带来的土壤侵蚀的研究表明，按照耕种两三年后休耕一年的玉米和木薯的种植方式，一个十年长的密勒巴斯周期会造成一到四英寸表土层的流失——也就是说，将土壤完全剥蚀，只需要四个密勒巴斯周期。来自尤卡坦半岛北部一个更为惊人的例子显示，在一个名为阿瓜达·卡罗莱纳（Aguada Carolina）的天坑周围的高地上，原本厚达八英寸的土壤在重新被耕种的十年内，已被侵蚀得露出基岩层。同样，那些在
76 佩滕调查土壤侵蚀的研究人员也注意到，在坡地森林被砍伐后不到十年的时间里，土壤就被侵蚀得露出基岩层。

中美洲丛林的土壤生成速度，远低于玛雅农业造成的土壤侵蚀速度。该地区石灰石基岩的风化速度约为每千年半英寸到五英寸。一千多年前被遗弃的玛雅建筑上平均大约三英寸的覆土表明，土壤生成速度与基岩受到地质侵蚀的速度相近——两者都只有坡耕地的土壤侵蚀速度的大约百分之一。

玛雅文明腹地不是美洲本土文明受到土壤影响的唯一地区。墨西哥中部的土壤，也为我们讲述着相似的故事——陡峭山坡上土壤的过度侵蚀，使农业走向衰亡。

20世纪40年代末，加州大学伯克利分校教授舍伯恩·库克驱车前去考察墨西哥中部高原并指出，在被西班牙征服前曾供养最多人口的土地，如今反而最为贫瘠。覆盖着厚土和草皮的未被开垦的地区，与被剥蚀了表土层的土壤剖面与被侵蚀得露出了基岩层的坡地，以及与曾覆盖人口稠密的山坡、现在积于谷底且埋藏着诸多文物的沉积物，都形成了鲜明对比。库克观察到历史上发生严重土壤侵蚀的两个时期的证据：第一个是距今已久的土壤从山坡上被剥离的时期；第二个是山谷底部在侵蚀作用下变得满是冲沟的较近时期。“显然，整个山坡曾被早期农人伐林为田；在田地被废弃后，新生林木得以生长；最后，山坡低处的林地被再次砍伐。”[14] 虽然库克描述了这两个主要的土壤侵蚀期，但其发生的具体时间段，直到20世纪50年代通过放射性碳测年技术才得以确定。

对墨西哥城东边的米却肯州的帕茨夸罗湖的沉积物岩心进行的研究分析，显示了发生快速水土流失的三个主要时期的证据：第一个侵蚀期伴随着大规模的林地砍伐，发生在大约三千五百年前，也就是这一地区刚开始玉米种植后不久；第二个侵蚀期发生在两千五百年到一千两百多年前，即前古典时代的晚期；第三个侵蚀期发生在西班牙征服阿兹特克（今墨西哥）的前夕，当时有近十万人居住在湖边。尽管耕犁被引入阿兹特克，但是由于西班牙人带来的疾病在这一地区迅速传播，造成人口剧减，因此在第三个侵蚀期过后，土壤侵蚀速度反而开始下降。

与古希腊和地中海周边地区的情况一样，严重的土壤侵蚀在墨西哥中部各个地区发生的时间段不同，因此气候变化并非其主要驱动力。例如，在墨西哥中部高原的普埃布拉—特拉斯卡拉（Puebla-Tlaxcala）地区， 77
坡地土壤侵蚀的加剧发生在公元前700年左右，该时间段与聚居点的快速扩张期相吻合。其后，在经过了自公元100年前后开始的一个土壤形成和文化停滞期后，紧接着就是在阿兹特克被西班牙征服前发生的第二个土壤快速流失期以及聚居点的快速扩张。在该地区山坡进行的地理考古调查显示，与古希腊的情况一样，农田被荒废的主要原因，是沿着山坡自上而下逐渐发生的土壤流失。

和研究人员在玛雅丛林中的小洼地见到的情形一样，墨西哥中部的莱尔马河流域（Lerma Basin）上游谷底沼泽的沉积物岩心显示，在公元前1100年左右，从周围山坡被剥蚀而下的土壤开始增加。随后，自公元600年开始，从古典时代晚期持续至后古典时代早期的水土流失，伴随着聚居点的扩张而进一步加剧。十四个世纪之后，库克教授在考察中发现，这一地区在被西班牙征服前，人口密度达到顶峰，而这亦是该地区土壤衰竭最严重的时期。

位于墨西哥城东南部约一百英里的特瓦坎山谷，被称为墨西哥的“玉米的摇篮”。这一地区的土壤也见证了前哥伦布时期严重的水土流失。在20世纪90年代初，围绕米特桑德拉镇展开的土壤调查发现，已被耕作地区和未被耕作地区的土壤状况之间有着天壤之别。被集约耕种的山坡土壤流失严重，如今仅剩一层薄土覆于风化岩石之上。暴露于地表的心土层记录了农地的土壤侵蚀，而今唯一有迹可循的“土壤”，不过是薄薄的一层被风化的岩石碎屑。与之形成鲜明对比的是，在没有迹象表明曾被耕作过的地方，其风化岩石之上覆盖着厚达一英尺半的成熟土壤。被长期耕作和未被耕作地区的土层厚度差异表明，一英尺半厚的土壤已从农地被剥蚀。

大约在一千三百到一千七百年前，为了供养不断增长的人口，灌溉农业从谷底扩张至周围的山坡，进而引发导致该地区贫困至今的大范围土壤侵蚀。如今，这一地区的坡地农业仅能为小镇提供其玉米和豆类需求量的四分之一左右。米特桑德拉镇的居民以手工陶瓷制作或到其他城镇当雇佣劳工为生。在这一土壤生成速度缓慢的半干旱地区，其居民所在意的首要环境问题，是如何获得供家用以及烧制陶瓷用的木柴；而他们对其土壤的逝去并不知情——土壤消失的速度慢得让人难以察觉。

农业造成的土壤流失，还导致中美洲南部的部分地区被遗弃。研究人员从巴拿马中部拉耶瓜达（Le Yeguada）的一个小湖湖底，挖出了沉积物的一条长岩心，其中保存的花粉显示，热带雨林在七千到四千年前被
78 刀耕火种的农业模式所清除。考古记录表明，人们在这一时期内通过伐林为田，集约耕种小湖集水区内的土地，促成可观的人口增长。到了公元元年，随着山脚和高地的土壤侵蚀的加剧，人们放弃继续在集水区内进行农耕。这一地区缓慢的森林重生速度表明，其土壤已经衰竭，并且，其后的农业聚居点转移到了未曾有人居住的洪泛平原和沿海谷地。长岩心最上层的沉积物成分显示，这一地区对原始热带雨林砍伐的减少，事实上可以追溯至被西班牙征服后的时期——那时，土著居民被西班牙人带来的疾病击垮，人口密度急剧下降。

散布于美国西南部弗德台地（Mesa Verde）、查科峡谷（Chaco Canyon）以及谢伊峡谷（Canyon de Chelly）的壮阔的原住民文化遗迹——在第一批欧洲人来到美洲很久之前就被遗弃的古代聚居地——早已引起了考古学家的好奇心。大约在公元1250—1400年间，普韦布洛（Pueblo）印第安文化从美国西南部消失了。战争、疾病、干旱、森林砍伐

等常见的假设，都曾被用于解释该文化的神秘消失。

保存于查科峡谷谷底各层沉积物中的花粉表明，在普韦布洛人到达前的数千年间，这一地区的植被群落几乎没有任何变化。在林鼠洞穴地面发现的尿液结晶中的植物残余物，显示出该地区的原生植被为北美矮松（pinyon-juniper），并且当地植被在普韦布洛人落户于此之后发生了巨大变化。这些落户于查科峡谷的居民，在公元1000—1200年间砍伐了成千上万的黄松树（ponderosa pine）用于建造活动。此外，还有不计其数的树木被当作燃料。如今，谷底的原生植物只剩下沙漠灌木和干草。但是当你走近峡谷，仍然能看到荒野之中散布的古树桩。

许多人认为，是干旱导致了查科峡谷被遗弃。虽然干旱可能促成了普韦布洛文化的衰落，但是这一地区在过去一千年间的气候浮动，仍处于过去六千年的气候变化范围内。更合乎情理的解释似乎是，当田地盐渍化和土壤侵蚀使不断增长的人口不得不开始依赖周边地区以获得基本生活资源时，农业的寿命便受到了制约。因为在这种情况下，不可预知的干旱造成的农业歉收，将对当地居民产生毁灭性影响。

驯化的玉米大约是在公元前1500年被引入查科峡谷的。最初，人们将玉米种植在季节性河流或淡水沼泽附近。然而，随着农业生产规模的扩大，玉米种植逐渐开始转向洪泛平原的灌溉农作。大约在公元800—
1000年间，西南地区所有合适的地方都开始实行雨养农业。农业聚居点 79
的大小不一，从几十人的小社区到数百居民的村庄。采集仍是当地人食物来源的重要组成部分，尤其是在旱季。

起初，人们会在一个地方居住几十年，待土壤肥力下降便迁移到新的地点进行农耕。但到了公元1150年左右，本地农业歉收的同时，也找不到未被耕作的新地可供移居。在这荒漠之中，农地已尽，降雨无常，土壤衰竭。和几个世纪以前“旧世界”上的情况一样，由于已无新地可垦，曾经不断移动的聚居点逐渐固定，其居民开始大量建设农业基础设施，并放弃了每隔几年便进行休耕的传统。大约从公元1130年开始，当所有可耕地都已被开垦时，该地区发生了持续两个世纪的干旱和无规律降雨。当城邦周边地区发生农业歉收时，农民便移居到了该地区中心的定居点——然而，周边的土地已经不足以供养城邦的人口了。

通过对比美国新墨西哥和秘鲁两地的古老农业土壤和未开垦地的土壤，我们可以看到，农业耕作并非一定导致社会衰亡。吉拉国家森林公园（Gila National Forest）的土壤，是典型的美国西南部史前农业遗址的土壤，大约在普韦布洛文化的高峰期（公元1100—1150年）被耕种，随后被遗弃。被普韦布洛人耕种过的土壤是浅色的，其碳氮磷含量只有未开垦土壤的三分之一到二分之一。此外，被耕种过的土地冲沟遍布，有些沟壑深达三尺多。即使在今天，古老的农田仍植被稀少。即使在农耕停止八百年以后，这一地区的原生植被都无法再复生于已退化的土壤之上。

与之形成鲜明对比的是，如今生活在秘鲁科尔卡峡谷中的现代农民，仍然在使用已被耕作超过十五个世纪的古老梯田。如同其印加祖先一样，他们仍然实行间作、包括豆类作物的轮作、周期性休耕等种植模式，并施用粪便和草木灰以保持土壤肥力。他们广泛奉行适合家庭种植模式的土壤分类体系，同时在种植前不进行土壤耕犁；相反，他们使用一种形似凿子的极小农具将种子嵌进地里，以尽量减少对土壤的破坏。这些被长期耕种的土壤的矿质土壤层（A层），竟然比附近未开垦的土壤的A层还要厚一到四英尺。被耕种过的秘鲁土壤中含有大量的蚯蚓，以及比天然土壤更高的碳、氮和磷含量。与新墨西哥的例子相反，在传统的土壤管理
80 方式下，这些土壤养育了秘鲁人超过一千五百年。

普韦布洛人和印加人对待土地的不同方式，不过是一部关于土壤的历史巨著中的又一章节：农业的出现，掀起了一场试图找到能够不断增加作物产量以养活不断增长的人口的永久比赛。有时，一些文化找到了不会牺牲土壤生产力的解决之道；但是在大多数情况下，人们无法解开这一谜题。

无论是在"新世界"还是"旧世界"，纵观各个古代帝国的兴衰，我们可以得出一个普世的教训：即使有创新的适应方式，如果缺少肥沃的土壤，也无法实现生产力的增长。人类只有爱护他们的土地，土地才可以维系人类的生存。相反，人类长久以来对土壤基本健康状况的忽视，

使土壤出现侵蚀和衰竭，这迫使西方社会自美索不达米亚开始，一步步向希腊、罗马甚至更远的地方推进，以寻求生存之地，但最终只是加速了一个又一个文明的衰亡。

众所周知，为了满足当今全球粮食需求，人们已试图展开一场文化的革命，一场新农业技术的革命，或是一场重新分配土地给自耕农的政治革命。一段并不广为人知的历史是，在农业衰退了几百年之后的前工业化时代，那场在西欧仍然肥沃的、再次复兴的农地上展开的农业改革，如何为殖民主义的出现以及当今世界格局的形成，提供了一个社会、文化、政治的舞台。 81

5. 噬去的殖民地

没有新的,只有被遗忘的。

玛丽·安托瓦内特

危地马拉人种植的咖啡豆在世界上是数一数二的,但大部分当地人却不能在自己的国家买到。游客也买不到。记得上一次去危地马拉的时候,我不得不靠着通过冷冻干燥保存的、产自墨西哥的雀巢咖啡清醒起来——而我在西雅图离家两个街区的地方,就能买到新鲜焙烤的危地马拉咖啡。人们只知道欧洲人在世界各地开疆拓土的事迹。然而很少有人知道,正是欧洲人对待其土壤的方式,成了他们开辟新航线、创造"新世界"历史的推动力。当今的全球化农业——把本地产品运往海外更富有的市场——正反映了通过建立海外种植园以供养欧洲城市的殖民传统。

正如很多古老的农业文明一样,欧洲人也是直到土壤肥力下降、未开垦土地减少的时候,才试图改善他们的土地状况。幸运的是,与有着会加速裸露土壤侵蚀春夏季强降雨的地中海气候不同,西欧温和的夏雨以及冬春季的积雪,限制了土壤的侵蚀,哪怕是被耕作后极易流失的黄土。此外,通过及时重拾土壤管理技术,西欧人得以在建立起有着充足的海外可开垦新地的殖民帝国以前，控制并阻止了本地土壤进一步的退化和侵蚀。

农耕活动在七八千年前从中东传入希腊和巴尔干地区。传播至中欧易耕种的黄土区域之后，农业继续稳健地往西部和北部发展，并于三千年前左右到达斯堪的纳维亚。农业在其传播过程中消耗着欧洲的 83
森林资源，也一次次开启了文明的“繁荣—衰退”循环：先是新石器时代和青铜时代，随后是铁器时代、古罗马文明，再到更近的中世纪文明。到了近代文明时期，殖民帝国开始开采土壤资源，并把农产品和利润一同送回欧洲，以供养伴随工业革命出现的新的社会阶层——越来越多因失去土地而移居城市的农民。

大约在公元前5300年，中东的农业知识传播到了欧洲的门户地区——今保加利亚南部，并催生了欧洲最早的农业聚落。起初，农民们在几座木屋周围的小块田里种植小麦和大麦。农业随后扩张到相对边缘的地区，并持续了大概两千年，直到该地区的可耕地已全部被开垦，而在同一地块上的持续耕作则开始使土壤枯竭。在没有气候变化证据的情况下，随着农业聚落扩张到整个地区，当地人口先是持续增长，随后开始减少。新石器时代晚期出现严重土壤流失的证据表明，农业从位于谷地的小面积宜耕土壤，逐渐扩张到陡坡之上易侵蚀的林地土壤。最终，整个地区布满了几百人规模的小聚落，各自耕种着聚落方圆约一英里内的土地。

在这些早期的欧洲聚落中，人口往往先缓慢增长，而后极速下降——有些聚落被荒废了五百到一千年，直到青铜时代才再次出现文化的踪迹。这种规律为我们展现了一种农业发展的根本模式：社会繁荣首先会增加土地供养人口的能力，继而更多的人口会开垦更多的土地；随后，边缘地带的土壤在被耕作后受到侵蚀，人口急剧减少，直到土壤在经过一段人口密度很低的时期后得到恢复。

在诸多不同的文化和地区背景下，这种过山车式的周期循环，是人口与食物之间关系的共同特点。这是因为，土地的承载力不是一成不变的，技术和土壤状况都能影响产粮量。虽然人类可以通过改良农耕方式，做到用更少的土地养活更多的人口，但是土壤的健康状况，才是决定其承载能力的核心因素。洪泛平原可以不断地从周期性的洪水中获取养料，但是其他大部分地区的土地，都不能在没有大量施肥的情况下持续保持高产。所以一个开始就依赖山地农业的社会，可以先在某一时期开垦坡地上的一小块土地，随后逐渐扩大耕作面积，并不断发展新技术，应对土壤肥力消失所带来的问题；否则，山地农业将不得不面对土壤肥
84 力衰竭或是土壤流失所造成的农业衰退。

随着农业进一步向北部和西部扩张，欧洲人第一次在原始森林中开垦出了可持续耕种数年的小块农田。植物燃烧后的灰烬使新垦的林间耕地变得肥沃，确保了耕作初期的粮食产量；等到该地块上的养料消耗殆尽，人们便不得不再去开垦新的土地。周期性休耕的土地，给了植物再生的机会——首先是草本植物，而后是灌木，最终恢复到次生林。被耕种了几年的土地随后休耕几十年，在此期间，次生林土壤的养分逐渐得到恢复，使地块得以在数十年后再次被用于农耕。

湖泊沉淀物、洪泛平原沉积物以及土壤，它们记录着后冰川时代欧洲景观的变迁。公元前7000—前5500年间，欧洲的环境条件稳定，且几乎没有留下任何人类影响的证据。湖床沉淀物中保留的花粉显示，随着农业从巴尔干半岛向北发展，新石器时代的农民开始在密林中清出空地用以耕作。土壤层和沉积物岩心中保留的花粉显示，谷物在公元前5500年出现于中欧。湖泊沉淀物岩心为我们提供了第一个能够证明人类对中欧景观所造成的影响的有力证据：岩心含有能够表明该地区土壤流失加速的大量木炭以及增多的沉积物。岩心提供的信息，与谷物花粉为我们展现的历史图景不谋而合——公元前4300年左右，也就是后冰川时代中最温暖的一段时期，出现了大规模的森林砍伐和谷物种植。

农民到来了，但那时的欧洲依然是蛮荒之地。狮子和河马聚居在泰晤士河和莱茵河沿岸。当人们在欧洲的河岸、湖岸和海岸边四散觅食时，肥沃的土壤正在负责稳固黄土斜坡的巨大橡树、榆树和榉树下悄然生成。

德国最早的农民，是被莱茵河和多瑙河之间覆于淤泥层之上的森林土壤吸引而来——冰川时代的寒风将土壤吹至此处。几个世纪后，在欧洲北部一片从俄罗斯延伸至法国的广袤地带，第二批农人居住了下来。农民们很快便在该地区肥沃的黄土上种植了小麦、大麦、豌豆和扁豆。狩猎和采集则在黄土带之外蓬勃发展。

新石器时代的农民们驯养牲畜，居住在靠近农田、临水而建的狭长大屋中。他们在这些房屋中居住了几十年，并持续耕种着周围的农地。当一栋栋孤立的长屋渐渐汇聚成小村落，其耕作的范围也就慢慢超出了黄土区。人们不断开垦更多的处女地，并在每一地块上更为持久地耕作。到公元前3400年，以狩猎为生的生活方式在中欧消失了。

德国的土壤记载了数次土壤“侵蚀—恢复”周期：农业导致山坡土壤流失，紧随其后的是五百到一千年的土壤恢复期。德国南部黑森林的 85
土壤层和泥沙冲积物，记载着几次与人口膨胀相关的土壤流失。在新石器时代断土层中的文物显示，首次土壤流失发生于公元前4000年农业被引入之后；到了公元前2000年，大规模水土流失达到顶峰；其后便是以人口低密度为特征的一千年，在此期间，谷物花粉减少，土壤重新生成；直到公元1世纪的古罗马时代，这一地区才再次兴起了一轮土壤侵蚀。紧接着的，是第二轮的农业衰退、土壤重生和森林扩张；直到中世纪，新的人口增长开启了第三轮的循环周期。

在德国东南部的弗劳恩贝格的土壤，记录着自青铜时代起，这个新石器时代遗址几乎失去其整个土壤层的过程。该遗址位于多瑙河一个内弯侧的三百多英尺高的山丘上。这里曾经覆盖着易耕的黄土以及一览无余的景致，它们将史前农民吸引而来。考古发掘得到的原始土壤剩余，记录了三次不同的人类居住期，其对应代表分别是青铜时代的农地、古罗马时代的堡垒，以及中世纪的修道院。对土层中挖掘出的木炭进行的放射性碳测年研究表明，在冰川消融后的很长一段时间里，该地区都未出现土壤侵蚀——直到青铜时代，几乎整个黄土层都被侵蚀殆尽，富含黏土质的心土层暴露于地表。一旦不易蚀的心土层露出地面，侵蚀也随之减缓。虽然如今这里覆盖着次生林，但是土地的农业潜力仍极其有限。

从德国各地的土壤、洪泛平原以及湖泊沉积物中获得的证据表明，自末次冰川作用结束后，人类成为景观变化的最主要驱动力。水土流失和人类定居相伴而生，但这并不具有像气候驱动事件那样的区域模式。与古希腊和地中海地区的情况一样，中欧也经历了一次次从农业开垦到土壤流失的周期循环，以及与之相对应的人口增长被人口迁徙和衰退所取代，继而进入土地重生期的循环模式。

对莱茵河沿岸八百多个地址的坡地土壤断层的调查显示，后罗马时代的农业剥去了通过砍伐原生森林得到的坡耕地上数英尺厚的土壤。自公元600年以来，光秃的坡耕地的水土流失速度，是森林未被砍伐前水平的十倍左右。在卢森堡进行的一项类似的土壤调查显示，该地区的土壤层的平均流失厚度为二十二英寸，同时有超过90%的土地正经历着逐渐加速的土壤侵蚀。虽然新石器时代的农业耕作更多是在中欧的山坡
86 上发生，但如今该地区大多数的现代农地都位于谷底——那里沉积着从山坡上被剥蚀而下的、曾被耕作过的土壤。

新石器时代，法国南部的居住点几乎全部集中在石灰岩高地之上；那里如今是白色的坡地，其上覆盖着薄薄的岩石质土壤和稀疏的植被。当史前农民到达此地时，高地上覆盖着肥厚的棕色土壤，比覆盖谷底的黏质土壤更易于耕作；如今，不再适于耕种且被认为是毫无生机之地的蒙彼利埃（Montpellier）附近的石灰岩高地，主要被用于放牧。在希腊殖民者于公元前600年建立城市后不久，马赛附近的海港就开始累积泥沙。农民开始在村庄附近的陡坡上开垦耕种后，海港中的沉积物骤增至原有水平的三十倍。

在罗马人入侵之前很久，英国早期的森林砍伐就已造成了严重的水土流失。那时，逐渐增加的人口慢慢将森林植被清除以进行农耕；到了罗马时代，高密度的人口进一步加剧了土壤流失。究其原因，部分是因为更先进的犁具使耕作范围更大且更频繁。罗马帝国土崩瓦解以后，人口急剧下降，大约过了一千年才回到相似的水平。

塞文河（River Severn）支流涟漪溪（Ripple Brook）沿岸的洪泛平原，

是典型的不列颠低地景观。该平原的沉积物记录的是，在青铜时代晚期到铁器时代早期，沉积物的沉积速度急剧增加——这也说明山坡土壤流失的速度急剧增加。河谷沉积物中含有的大量树种花粉显示，在两千九百到两千五百年前，繁茂的森林被人们砍伐，并被集约耕种。增加了四倍的洪泛平原沉积物，讲述着山坡急剧增加的土壤侵蚀。

在英格兰和威尔士，森林被开垦以后有平均三到六英寸的土壤净流失量。有些流域甚至已经失去了八英寸厚的表土层。虽然大部分流失发生在青铜时代或古罗马时代，但也有一些地方在中世纪之后发生严重的水土流失。在诺丁汉郡著名的舍伍德森林（Sherwood Forest）被开垦为农田后仅两百年，原始的森林土壤就已经变为一层附在岩石上的褐色薄沙土。正如黎巴嫩的古杉森林那样，如今，大部分表土层已从罗宾汉劫富济贫的舍伍德森林里消失了。

科学家从苏格兰边境的阿伯丁以西的一个小湖中，提取出了沉积物岩心。对该岩心进行的放射性碳测年研究，为我们提供了在过去一万年间从周围山坡被冲刷流失的土壤的连续记录。在有着后冰川期灌木林和桦树林覆盖土壤的五千年时间里，湖泊中沉积物增加的速度，亦即周围山坡的土壤流失的速度，是很低的。随着农业的到来，农作物和杂草 87
花粉增加，泥沙沉积速度也增加了两倍。在青铜时代和铁器时代过后近两千年的时间里，随着原生植物在广袤的废弃景观上再生，水土流失速度也持续大幅下降——直到近代，侵蚀速度才再次回升。

从瑞典南部的一些小型湖泊里提取的相似沉积物岩心，亦记录了从前农业时代侵蚀现象几近于无，到耕作普遍化后土壤流失速度明显提高的转变。来自巴斯沃斯鸠湖的沉积物岩心显示，公元前7250—前750年间森林统领着当地的景观；直到森林遭到砍伐，水土流失才开始加速，并在16—17世纪农业集约化后进一步加剧。从哈弗格斯鸠湖（Havgårdssjön）中取出的沉积物岩心记录了一千年间植被和土壤侵蚀的情况。对该湖周边地区的考古记录中，没有出现青铜或铁器时代的文物。直到公元1100年农业聚落出现后，湖底沉积物的沉积速度是之前的四到十倍。对于生活在横跨斯堪的纳维亚、苏格兰和爱尔兰的，曾受冰蚀作用的地区的农民，需要等到足够长的冰释期过后，土壤恢复到可供耕作的状态，才能在该地区开展农耕。

简而言之，欧洲的史前历史涉及农业民族的逐步迁移，紧随其后的土壤加速侵蚀，以及之后在古罗马或现代文明到来前的人口低密度期。与希腊和罗马一样，中欧和西欧为我们讲述了一个相似的故事：早期的森林砍伐和农业发展，造成了严重的水土流失，随后人口开始衰减，但最终又出现反弹。

随着罗马帝国的崩溃，其文明的重心转向北方。公元300年，罗马皇帝戴克里先放弃了首都罗马，并迁都至米兰。当狄奥多里克大帝在罗马帝国的废墟上建立起意大利的哥特王国时，他选择了维罗纳（Verona）作为其在北方的新首都。即便如此，许多意大利北部的农田依旧被废弃了数百年，直到一个11世纪的土地复垦计划将其再次变为耕地。经过几百年的持续努力，意大利北部的大部分可耕地被再次耕作，这支持了那些孕育文艺复兴繁华的中世纪城市。

随着意大利北部人口的反弹，土地的集约利用增加了该地区河流的淤泥负荷量。这引起了莱昂纳多·达·芬奇的重视，并再次振兴了古罗马水利和防洪工程的技艺。大规模的丘陵耕地一直蔓延到了阿尔卑斯山地区——这对波河（Po River）造成的影响，类似于古罗马土地利用对
88 台伯河造成的影响。最终，在历经八个世纪的重新耕作后，连意大利北部的土壤也开始衰退。20世纪30年代，墨索里尼的法西斯政府投入约五亿美元用于水土保持。

由于主要依靠引进北非、埃及和中东生产的粮食，古罗马对波河流域、高卢地区（法国）、不列颠和日耳曼各省份土壤的需求较低。古罗马在西欧各省份的农耕多限于河谷，因此那些在青铜时代曾被耕种的山坡在中世纪时树木丛生。在古罗马帝国灭亡几个世纪之后，这些意大利的北方省份能够供养从废墟中诞生的西欧文明，这绝非巧合。

帝国灭亡后，阿尔卑斯山脉北部和西部的许多古罗马农地恢复成森林或草地。在11世纪，这一地区的耕种面积不及英国耕种面积的五分之一。每年只有约5%的土地得到耕种，并且实行的是半牧半农、隔年休耕

的农畜混合模式 。在中世纪，德国、荷兰和比利时每年只有不到10%的土地被耕种。即使是在人口最稠密的法国南部，每年被耕种的土地也不超过15%。

在中世纪早期，村镇控制着由所有村民共有的一定面积的土地。每户每季度可分到一部分公地用于耕种，之后田地被收回公用。一般的规则是，先种植小麦，然后是豆类，接着是休耕季节。收获过后，牛啃食田间残茬，并将其转化为肉、奶和粪便。

美国哥伦比亚大学教授弗拉基米尔・西姆霍维奇把中世纪的村庄结构，看作是为了耕种已退化的土壤而产生的适应性模式。他指出，遍布欧洲的很多古老村落，都实行类似的土地使用和所有权模式；那时，农民还没有将自己所持有的土地围起来。谷仓、马厩和菜园总是离家很近，而各户农民所持有的田地是大田中划分出的条形地块；每个农民可能拥有从三块不同的大田里分出的十多块不连续的条形地。农户们共同管理大田，先是种植小麦或黑麦，然后种燕麦、大麦或豆类，最后休耕放牧。

在公地模式下，农民对自己田里轮作种植的作物类型以及耕犁方式没有决定权，且其所持有的各块田地常常相距较远。西姆霍维奇认为，这种看似不便利的模式能够在整个欧洲大陆广泛实行，一定有其道理。他不认为这种模式是从古罗马农庄继承而来，或是由封建制度强行决 89
定。西姆霍维奇猜想，这或许是由于，一个农民可能没有足够的牛来提供所需肥料，但村里的牲畜可以一起为公地施肥，以减缓土壤退化。他认为，正是土地已经退化的状态使人们合作以谋求生存——这与认为集体农地引起了土地退化的“公地悲剧”的看法相反。

西姆霍维奇指出，古代社会因未能保护好土壤而走向衰败。“去古老而富饶的小亚细亚、北非或其他文明的遗迹走走吧。看看那些无人谷，那些逝去的和被埋葬的城市……那实际上是一个拥有巨大尺度的废弃农田的故事。不断的耕作耗尽了土壤中的腐殖质，当大地再也无法奖赏那些辛勤劳作以维持生计的人时，人们便将其遗弃。”[1]西姆霍维奇断定，是紫花苜蓿和三叶草的引进帮助欧洲农业恢复了土壤肥力。他指出，在

来自16世纪早期中古英语诗《神助尔犁》(*God Spede ye Plough*)手稿的缩图（原件保存于大英博物馆）。

16世纪之前，欧洲没有任何干草田；通过圈占公地，人们才能够在足够的土地上种植牧草，饲养能够提供粪肥的牛羊以提高土地肥力，从而增加作物产量。

关于中世纪农业作物产量低的传统解释是：缺乏足够的牧场，来畜养能够为耕地提供粪肥、维持土壤肥力的牲畜。直到最近，历史学家仍普遍认为，低产农作反映了农人对粪便维持土壤肥力的价值的无知。而
90 事实告诉我们，中世纪的农民懂得，将部分土地留作牧场，能恢复土壤肥力；但是，欠缺耐心以及经济考量，最终使农民们觉得这种维护土壤的投资没有吸引力——他们以“最大限度地提高当年的收成”为终极目标。

在后罗马时代的农业方法和实践限制了作物产量的几个世纪之后，中世纪一段较长的气候适宜期使作物产量增加，并促进了人口的加速增长。人口增长继而带来对作物产量增长的迫切需求，这再次引发了对欧洲剩余森林的砍伐。新的重型耕犁的出现，使农民能够耕种树木根系盘绕的低地，以及覆盖着硬厚的黏质土壤的河谷。在11—13世纪，整个西欧的耕地量翻了一番。农业扩张带动了村镇和城市的发展，使其逐渐取代封建庄园和修道院成为西方文明的基石。到了公元1200年左右，欧洲最好的土壤之上的森林已被砍伐殆尽。到了13世纪

末期，新的定居点开始耕种贫瘠而陡峭的边缘土地，田地的扩张使人口不断地增加。到了公元1300年，欧洲人口在两个世纪中翻了一番，达到八千万。

强大的城邦在农耕最密集的地方诞生了，尤其是比利时和荷兰的肥沃低地及其周边地区。到了14世纪中叶，农民已开垦了西欧绝大部分黄土地，以养活迅速增长的社会和新兴中产阶级。在被强大邻国包围的弗拉芒和荷兰，当地农民采用了与现代相似的轮作。

公元1311—1317年欧洲灾难性的饥荒，为我们提供了一个戏剧性的例子：当人口达到农业系统承载力的极限，恶劣天气的出现将造成怎样的后果。1315年全年都是潮湿的，涝田断送了春播。作物产量只是往年的一半，收得的少量干草潮湿并腐烂于谷仓。到了1316年初，普遍的粮食短缺，让人们不得不吃掉为下一年准备的作物种子。当潮湿的天气贯串整个夏天，农作物再次歉收，小麦的价格也增加了两倍。穷人买不起食物，而那些有钱人——甚至是国王——也不是总能买到食物。一些饥饿的农民转向了抢劫；饥荒灾区甚至有过人吃人的现象。

营养不良和饥饿的乌云开始笼罩整个西欧。自诺曼底人于1066年入侵后，英格兰和威尔士的人口增长缓慢但稳定，直到1348年黑死病爆
发。几次大饥荒进一步雪上加霜。英格兰和威尔士的人口从13世纪初 91
的约四百万下降到了14世纪初的约两百万。整个欧洲的人口下降了四分之一。

在黑死病爆发以后，农村人口大幅下降，为了换取微薄的租金，地主竞相给予佃农其所耕种土地的终身使用权甚至继承权，以让他们继续留在土地上。随着人口之后的反弹，在16世纪初出现了该地区农业的最后一次扩张，农田布满大地。自12世纪后期开始，为了从价格急剧上升的土地中获得更高的租金，地主们开始圈占以前用于共同放牧的土地。已经没有足够土地而又被强大邻国包围的荷兰人，展开了雄心勃勃的从海上获取土地的计划。

约翰·菲茨赫伯特写于1523年的《测绘书》，是第一部以英文出版的农业作品。书中指出，提高一个村镇价值的方式，是实行农业整

合——将农民使用公地和牧场的权利，转变为在每户农家旁边圈出单独的田地。在接下来的几个世纪中，这个给每个农户分配三亩地一头牛的公地整合策略，演变为把英国乡村改造成一个个大农庄的运动；农庄可部分租给佃农以盈利。除了在地里干活的农民，多数人认为公地私有化对大家都有好处，而且对增加农业产量有利无弊。

在动荡的16和17世纪，英格兰的大部分农地在亨利八世反对天主教会的战争、王位争夺战以及英国内战中易主。不受保护的农地使用权，削减了人们对于投资土地改良的热情。到了17世纪下半叶，有人提出，英国应该采取弗拉芒人的农田租赁传统：如果四个公正的评判人——其中两个由地主选出，另外两个由佃户选出——认为一块农地在租期结束后其土壤质量得到改善，地主就应向佃户支付一定数额的钱。

当欧洲的气候从中世纪暖期进入小冰河时代（大约从公元1430年一直持续到1850年）时，一年中的寒冷期延长，意味着作物的生长季缩短、产量下降，可耕地亦相对减少。常年生活在食物需求不足的边缘的底层人民，在歉收后的粮食严重短缺时期非常脆弱。这时，政府监控着面包价格，以衡量社会不稳定的潜在风险。

农民们对土地改革的渴望，在粮产不稳定和供应短缺的进一步推动
92 下，助长并触发了宗教改革。由于教会很少拒绝信徒们捐赠的土地，因而经过数百年的累积，教堂所持有的土地量已远远超出神职人员开垦和耕作的能力。因而，主教和修道院院长将“上帝的土地”租给贫穷而缺乏土地的农民。到了15世纪，教堂在部分地区所持有的土地量高达五分之四，它超过贵族阶级成了欧洲最大的地主。试图抢回教会所占土地的贵族及其盟友，借机利用了佃农的广泛不满。民众对宗教改革的广泛支持，不仅是为寻求宗教自由的承诺，也是为寻求更多的土地。

对农作物需求的不断增加，意味着牧场减少，动物越冬饲料不足，以及肥料短缺难以维持土壤的肥力。随着人口不断上升，集约耕作的土地迅速丧失了生产能力，因而需要不断开垦更多的边缘地区的土地。同时，新耕地的短缺鼓励了人们重新采用轮作、施肥和堆肥等古罗马农业

实践方式。

对自然世界的好奇心的复兴，也刺激了农业实验。16世纪，伯纳德·帕利西认为，草木灰是好的肥料，因为其成分与植物从土壤中所提取的营养是一样的，所以可以被重复使用以促进新植物的生长。17世纪初，比利时哲学家扬·巴普蒂斯塔·范海尔蒙特试图解答“植物是由土、气、火还是水组成”的问题。他在两百磅重的土壤中种植了树苗并实施了防尘措施，在仅添加水的情况下让其生长五年。他发现，树的重量增加了一百七十磅，而土壤只失去了微不足道的两盎司。范海尔蒙特因此得出结论：树增加的重量来源于其生长过程中唯一添加的物质——水。鉴于土壤失去的重量仅占树增加重量的极小一部分，他否认了土壤对树生长做出贡献的可能性。我怀疑，他也未认真考虑过空气或许是树所增加的重量的主要来源——在范海尔蒙特之后，人们花了几个世纪才发现二氧化碳并理解植物的光合作用。

与此同时，在17世纪农田布满大地的情况下，农地“改良者”开始崭露头角。荷兰大部分的低丘和浅谷覆盖着不适合农业耕作的、富含石英的沙质土壤。为了供养不断增长的人口，荷兰人开始在自然贫瘠的泥土里混合粪肥、落叶及其他有机废料。由于在相对平坦的土地上耕作不会造成水土流失，随着时间的推移，荷兰累积起厚达三英尺的、富含有机质的黝黑土壤——缺乏足够的土地令其找寻造土之法。像荷兰一样，
丹麦人通过采用包括豆类作物的轮作，以及施撒粪肥，改善了自然的沙 93
质土壤，并使作物收成翻番。换句话说，他们重拾了古罗马农业的关键要素。

土壤改良理论传播到了英国，那里也在人口增长的压力下探寻农业创新以提高作物产量。17世纪的农学家扩大了饲料作物的范围，发展出更为复杂的轮作。他们通过种植豆类提高土壤肥力，也通过施撒更多粪肥以保持土壤肥力。此外，他们引入了弗拉芒人种植三叶草和萝卜作为地被植物以及冬用饲料的方法，改变了动物与土地的比例，增加了可用的动物粪便量。英国的农地改良者推广种植三叶草以修复农田的方法，提高了农作物产量：三叶草根部具有固氮根瘤菌，直接增加了土壤中的

氮含量；同时它可以作为牛的饲料，间接提高粪肥量。

在1550—1700年间，尽管有着寒冷的冬季、潮湿的夏季和较短的作物生长季，英国的农业亩产还是不断增加，这一时期后被称为“自耕农的农业革命”。在17世纪初，有三分之一到一半的英国农地掌握在自耕农手中，即那些拥有小块地产或长期承租自营地的农民或佃户。痴迷于给土地施肥的农民，开始把石灰、粪便和几乎其他任何可得的有机废料翻犁进他们的田里。农民也开始转变在固定地块农牧的做法，开始实行耕种三四年后休耕，将该地块用于长达四五年的畜牧后再被重新耕种的模式。这种“循环农牧”的新做法带来了更高的作物产量，并吸引更多人来开垦曾被用于放牧的“公地”。

新兴的土地改良者亦率先发展出对湿地进行排水以用来耕种的系统。他们尝试设计耕犁，以及各种提高土壤肥力的方法。上层地主阶级主张圈出牧场，并种植饲料作物（尤其是大头菜）作为牛的越冬饲料，从而增加粪肥量。他们的主张建立在如今被称为“公地悲剧”——公地会使土地退化——的论点上。农业改良者认为，为了提高农业产量，必须将分散的公地圈起来，合并为大庄园。于是，由土地所有人和律师组成的议会，通过了把已使用数世纪的公地圈为私有地的数条法律。圈地的确增加了作物产量，为大地主创造了巨大的财富。然而，因圈地合法化而被隔在围栏之外的农民——其父辈依靠自己的劳动吃到肉、奶酪和蔬
94 菜——只能靠吃面包和土豆为生。

对土壤实施管理，开始被看作是高产和盈利的农业的关键。首位用英语（而非拉丁语）写作的农学作家杰维斯·马卡姆把土壤描述为各种黏土、沙子和砾石的混合物。土壤良好状态的保持，取决于当地的气候、土壤自身的性质和状况，以及当地的植物（作物）。“把黏土、沙子和碎石混在一起便是土壤；它抑或是可提高作物产量的优良土壤，抑或是（使作物）全部……荒芜的土壤。”了解土壤本身，是理解何种作物能够在其上生长良好的关键，也是保持一片农地生产力的重点。“因此，要真正懂你的土地的性质和状况……不仅需要了解开垦和清理土地的方法……更需要了解使土壤状况提高与改善的方式。”[2]

马卡姆提出改善英国农田土壤的步骤，并推荐使用适合所耕土地的耕犁。他建议将河沙以及碾碎并焚烧过的石灰石混进土壤，然后再加入可获得的最好的粪肥——最好是公牛、奶牛或马的粪便。在描述如何改善贫瘠土壤的手段时，马卡姆主张，应在田间种植两年小麦或黑麦，然后牧羊一年并积累粪肥。牧羊后，可以耕种几轮大麦，到了第七年改种豌豆或蚕豆，而后几年休耕放牧。经过这个农牧周期的田地，其种植谷物的能力将大大改善。保持土壤肥力的关键是，要在同一块土地交替进行家畜养殖与作物种植。

另一个同等重要但较少受到关注的关键点是，要防止土壤侵蚀。马卡姆指出，春耕时需要小心避免水流积聚在侵蚀留下的冲沟里。好土壤是好农地的关键，即使是在英格兰和缓起伏的山丘地区，依然需要给田地以特殊照顾，才能够防止土壤流失。

近半个世纪后，约翰·伊夫林于1675年4月29日在英国皇家学会(Royal Society，全称为“伦敦皇家自然知识促进学会”)进行了题为“关于泥土、沃土和土壤的探讨”的演讲。在演讲中，他恳请皇家学会的会员们将目光从天体起源这类“高尚”的问题，转向脚下的这片土地——土壤的问题，伊夫林认为，并不是不值得在座诸位聪明绝顶之士过目的“粗鄙”问题。他呼吁会员们思考土壤是如何形成的，以及王国的长期繁荣是如何依赖其土壤状况的改善。

伊夫林描述了性质各异的表土层和心土层是如何由深处的岩石层转化而来。“位于表层的、对人类最有用的那部分土壤或泥土……是天然的草垫下的土(请允许我这样称呼它)，通常还有其下其他部分——在各 95
地层(strata)或土层(layers)中——直到最下方贫瘠且坚硬的岩石。”在八九种基本的土壤类型中，最好的一种是由矿物质与植被混合而成的肥沃表层土壤。

> 我就从掀开草坪后最先呈现在我们眼前的这部分说起；如果它从未被铲损或混入外来之物，我们就将它称为“处女土”(Virgin Earth)…… 我们看到，在我们的田野里，这部分土壤大约有一英尺

> 深，它与更深的土层有明显的颜色和质地区别。表层土壤不断被空气、露水、雨水和大气环境所滋养，因而是最好的，最富营养的。

理想的表层土壤是一种富含矿物质和有机质的混合物，其形成源自“其上所生长的……青草、植物、树叶、树枝［和］苔藓持续不断的腐烂”。[3]

伊夫林向他的听众讲述古罗马农学家的著作，描述着如何通过粪肥、覆被作物和轮作来改良土壤。像古罗马人一样，伊夫林以气味、味道（甜或苦）、触觉（湿滑或粗糙）和视觉（颜色）为标准来评估土壤。他描述了不同类型的粪肥及其对土壤肥力的影响，还讲述了种植豆类以改善土壤的经验。

伊夫林重申古希腊史学家色诺芬的观点，他指出，只有了解土壤，才能知道其上能种什么。人们可以通过观察在地里自然生长的植被，来判断何种作物最宜生长于此。“我们知道，植物是被土壤中的成分——它们亦是形成土壤的材料——所滋养的。所以这些物质具有无与伦比的重要性，需要我们仔细阅读土壤和肥料的经验之书加以认知。”土壤厚度的增加，是通过来自上方的有机质与来自下方的碎石混合而成的结果，因此若要维持好的收成，就需要保持最宜耕的富含有机质的表土层。富含矿物质的心土层生产力较低，但伊夫林认为，含氮盐类能改良哪怕是最贫瘠的土地。“我坚信，如果能够获得足够的硝石，我们将不再需要其他肥料就能改良我们的农田。”[4] 伊夫林的思想远远超越了他的时代——他预言了化肥对于支撑和推动农业生产的价值。

到了18世纪初期，人们认为改良耕地的唯一方法，是通过圈地来获得足够大的私有化牧场，用来饲养能为农地供应粪肥的禽畜——家牛在
96 公地上留下的粪便作用不大。对粪肥的需要决定了高产农场的规模：过小的农场在持续耕作时容易降低土壤肥力；虽然实施大农场耕作的最终结果还是对土壤本身的严重消耗，但在当时土壤侵蚀还不明显——古罗马在这方面的惨痛教训早已被人遗忘。对于个体农户而言，圈地被视为确保其施用粪肥改善土壤肥力的投资得到回报的方法。

The Whole ART OF HUSBANDRY;

Or, The Way of *Managing* and *Improving* OF

LAND.

BEING

A full COLLECTION of what hath been Writ, either by ancient or modern Authors: With many Additions of new Experiments and Improvements not treated of by any others.

AS ALSO,

An ACCOUNT of the particular Sorts of *Husbandry* used in several *Counties*; with Proposals for its farther Improvement.

To which is added,

The Country-man's Kalendar, what he is to do every Month in the Year.

By *J. Mortimer*, Esq; *F. R. S.*

The Second Edition, Corrected.

LONDON,

Printed by *J. H.* for *H. Mortlock* at the *Phœnix*, and *J. Robinson* at the *Golden Lion* in St. *Paul's* Church-Yard, M DCC VIII.

1708年出版的《耕作技艺大全》一书的扉页。

农业作家认为，获得好收成的关键是保持充足的肥料供应。这意味着，需要保持每个农场——或者在越来越多的情况下是通过圈地形成的大庄园——中牧场与耕地的正确比例。“可耕地量必须与牧场形成的粪便量成正比，因为适量的粪肥是保证耕地收益的基础。”[5]通过将饲养牲畜的牧场与种植谷物的耕地整合并置，从而顺利利用粪肥补充耕地肥力，这种模式被视为提高农业产能的关键。

不过，土地间亦存在差异；人们需要根据土壤的性质对改良方法进行调整。英国有三种基本农田类型：不受洪水困扰的山地，沿河流和湿地分布的低地，还有易被海水淹没的土地。这些土地有各自不同的弱点。

山坡上那约一英尺厚的薄薄的表土层，是好的农业所不可或缺的；这些土地天然易蚀，且容易受到不恰当的农耕方式的破坏。覆盖于低地的土壤，不断由因为高地侵蚀而聚集到低坡的细小沉积物所补充。“对于河流附近的土地而言，土壤的改良来自携卷着高地土壤而来的洪水，因此这些土地除了不断的除草以外，不需要施用其他的土壤改良方法。”[6]

长期的集约耕作会降低土壤肥力，而坡地格外脆弱。“当田地位于山坡之上……更需要避免过度翻犁。”[7]认识到这一点后，大部分地主强制要求佃户每三年休耕一次，或是在没有粪肥的情况下每两年休耕一次。当围圈起的私有农场面积足够大时，修复被损毁的土地的做法，被证明是非常有利可图的。在农业改良的旗帜下，议会不断将圈地运动合法化，以公地为代价建立大庄园——这使得乡绅更富有，而农民则更贫穷。

英国农民逐渐使每英亩产粮量增至略高于中世纪水平，即收获量为播种量的两倍，但这并不比早期埃及作物产量要高。历史学家曾把从中
98 世纪到工业革命期间粮产总量的增加，归功于在18和19世纪把三叶草等固氮植物引入轮作的做法。事实上，18世纪初的亩产量并不比中世纪高很多，这意味着这段时间内增加的粮产总量，要归功于总耕地面积的扩大而非改良的农业生产方式。与中世纪十到十二斗的小麦亩产量

相比，18世纪小麦亩产量仅增加了一斗半。到了1810年，小麦亩产量翻番；到了1860年，小麦亩产量也仅为每英亩二十五到二十八斗。

收割一亩作物所需要的劳动力的增加，可用以证明作物亩产量在相应的一段时间内有所提升。从1600年左右到18世纪初，每天收割一亩小麦所需的劳动力从2人增加到2.5人左右；到了1860年，这个数字超过了3。尽管农作物亩产量有所增长——在1200—1800年的六百年里，亩产量增加了一倍半——然而，九倍的人口增长量说明，粮食总产量的大幅增加应主要归因于扩大的种植总面积。

在同一时期，英格兰约四分之一的耕地从开放的公地被圈为庄园；到了18世纪末，公地几乎从英国的大地上消失了。失去公地，使农村人口分化为“自由农”和“特贫农”——他们原本拥有一头在公地上放养的牛。无依无靠、失去土地的农民，因为没有工作只得靠公共救济为生。看到英国乡村转型所产生的经济影响，时任英国农业部部长的阿瑟·扬将圈地运动视为破坏乡村自给自足模式的危险趋势。但是，圈地以及公地私有化，却在无形之中推动着这批新生的无地农民去寻找新的工作——劳动力正为经历工业化过程的英国城市所急需。

到了19世纪初，英国的农场已经发展成为农牧并置的混合系统。对农耕与畜牧活动的同等重视，使庄园有充足的可用以补充土壤养分的粪肥，以及三叶草和豆类等覆盖作物。英国人口的增长反映了从黑死病到工业革命期间的农产总量的增长。在1750—1850年，英国的谷物产量和人口均翻了一番。究竟是不断增长的人口带动了农产品需求？还是增加的农产量使得人口更为快速地增长？无论我们如何看待其中的因果关系，人口与粮产量都是并行增长。

然而随着人口的增长，欧洲的饮食水平却下降了。当几乎所有可耕
地都已被耕种，欧洲人逐渐变为以蔬菜、燕麦粥和面包为食。在不再有 99
余粮能为牲畜提供冬季饲料，继而又失去了可牧牛的公地的情况下，吃肉便成了上流社会的特权。1688年在伦敦出版的一本无名小册子，将欧洲的高失业率归因于“人太多”，并奉劝国民成批移民到美国。19世纪初，大多数欧洲人每天依靠不到两千卡路里的食物生存——这大约相当

于当今印度的平均水准，低于拉丁美洲和北非的平均水平。终日在田间劳作的欧洲农民，其摄入的食物量还不如每周仅工作三天的卡拉哈里沙漠里的布须曼人。

尽管农产量增加，在16—17世纪的英格兰和法国却出现粮食价格的大幅上涨。1690—1710年间，饥荒持续蔓延，粮食产量无法满足人口的粮食需求。尽管经历了启蒙运动的欧洲生活在饥饿的边缘，英国却躲过了引发法国大革命的农民动荡——这在很大程度上是因为英国从爱尔兰进口了大量粮食。

除了对帝国发展和宗教自由的渴求，由粮食不足所带来的真正的饥饿，推动着欧洲向“新世界”前进。人口密布、有着西欧被耕种得最久的耕地的西班牙，首先以最具侵略性的方式，展开了对“新世界”的殖民扩张。早在古罗马人到来之前，腓尼基人和希腊人就聚居在西班牙的东海岸，但直到古罗马人开展集约耕种以前，伊比利亚半岛的农业基本保持着原始的状态。在罗马帝国灭亡几个世纪之后，摩尔人将集约灌溉技术引入西班牙。持续了超过五百年的摩尔式农业，使西班牙的土壤被进一步破坏。到了15世纪，对于那些耕种着西班牙受到侵蚀并衰竭的土壤的人来说，“新世界”的土壤可谓极度肥沃。在几代人的时间里，西班牙和葡萄牙的农民就取代了找寻黄金的征服者，成为中美洲和南美洲的主要移民。

相比之下，在哥伦布发现新大陆后又过了一个多世纪，北欧农民才开始向西寻找宗教与政治的自由——以及可耕作的土地。此时，英国和法国的农民仍在清整和改良本国的土地；而德国农民则忙着开垦从教会手中新收回的土地。德国人直到19世纪50年代才开始建立海外殖民地，北欧人也直到19世纪末期才赶到美国。从西北欧移民到美国的人较少，因为他们的家乡仍有十分肥沃的土壤。

当农场已遍布欧洲大陆较为平坦的土地时，农民开始向山坡进发，
100 开垦农地，这便埋下了危机的种子——一旦土壤从坡地流失，就再也无法供养饥饿的人口。当18世纪的农民开垦法国阿尔卑斯山脉的陡峭坡地时，他们引发了剥蚀并卷走土壤的山体滑坡，并使谷底农田被沙石掩

埋。到了18世纪后期，陡坡地的森林砍伐及其后的土壤侵蚀，造成了灾
难性的影响，阿尔卑斯山脉部分地区人口锐减。19世纪的地理学家让—
雅克—埃利塞·何克律估计，从哥伦布发现美洲大陆到法国大革命期 101
间，法国阿尔卑斯山脉地区因水土流失而失去了三分之一到一半以上
的耕地。至此，大量拥入城市寻找工作的人们，既无法种田，又买不起
食物。

18世纪中期的农业景观（狄德罗编写的《百科全书》，巴黎，1751—1780年）。

持续了十年的饥饿使巴黎无家可归的人口增加了两倍，这也为法国大革命奠定了基础。据沙特尔的主教描述，农村和城市的情况一样糟糕："人们像羊一样吃草，像苍蝇一样死去。"人们排长队购买面包店高价出售的、沾满尘土的苦面包——这助长了革命的热情。稀缺食物的高昂价格，以及认为食物被扣缴而未能进入市场的观点，激起了法国大革命关键时期的民众暴乱。

贵族大庄园的瓦解，使农民得以抢夺树木丛生的高地。清垦陡坡，使山洪和泥石流从高地席卷而下，把洪泛平原的耕地掩埋在沙土和砾石之下。上普罗旺斯地区（upper Provence）的大部分农田被遗弃。在1842—1852年间，山体滑坡和水土流失使阿尔卑斯山脉地区的低坡的耕地面积减少了四分之一。

19世纪40年代初，法国公路工程师亚历山大·叙雷尔曾制定应对上阿尔卑斯山脉地区（Hautes-Alpes）山体滑坡的办法。他指出，耕地被引入山区带来了灾难性的后果。泥石流将坡地的土壤剥蚀，并将农田、村庄和居民掩埋。森林被砍伐的地方都出现了山体滑坡；森林依然存在的地方则没有发生灾害。叙雷尔将这些线索串联起来，得出了树木能够帮助陡坡固土的结论。"当树木扎根于土壤之中，它的根部有上千条纤维将土壤抓牢；它的枝杈也像帐篷一样，使土壤免受突发暴雨的冲蚀。"[8]

认识到森林砍伐和破坏性山洪之间的联系后，叙雷尔倡导通过积极植树造林来保障该地区居民的生命安全。耕种陡峭的坡地，从本质上讲就是一种短期的行为。"在伐林造田后，起初几年能有好的收成，这是因为森林留下了一层肥厚的腐殖质。但是这层宝贵的肥料，肥沃却不稳固；在斜坡上待不了多久，几次突如其来的阵雨就会将它冲散。下面一层光秃的土壤裸露出来，很快便消失了。"[9]保护森林和土壤的措施往往难以实行，因为清除植被后耕种更有利可图——就算是被砍伐的山坡无
102 法长久耕种。

当叙雷尔在为如何恢复山地森林而焦虑时，乔治·珀金斯·马尔什在他作为美国驻意大利大使期间游览了法国。马尔什目睹了砍伐森林

对陡坡土地以及谷底农田造成的长期影响——土壤遭到剥蚀的光秃山坡不宜居住，且再也无法吸收雨水；雨水径流席卷而下，其携带的泥沙将山谷之中的田地淹没。

马尔什是一名细心的游客，一路上的所见所闻令他为“新世界”正在重复“旧世界”的错误而担忧。

> 人类对阿尔卑斯山脉、亚平宁山脉、比利牛斯山脉以及中南欧其他山脉的侧坡造成了破坏性的改变，其历史证据如此确凿；自然的退化如此之快，以至于某些地方在短短一代人的时间里就见证了这一悲哀的变迁……可以肯定的是，吞没了诸多曾经美丽富饶的欧洲地区的贫瘠与荒芜，正等待着重现于美国部分重要地区，以及其他已被欧洲文明所影响的年轻的国家。[10]

马尔什把他在欧洲与美国纽约州的所见进行了对比。他发现，纽约哈得孙河的上游，由于农民伐林为田，已被灌满泥沙。他认为，拥有平缓坡地且四季雨量均匀的地区，在合理耕种的模式下，可以永久耕作。爱尔兰、英格兰以及广袤的密西西比河流域便符合这种条件。相比之下，若在地势险峻的地方耕种，过不了多久就会触发重度的水土流失，特别是在会发生滂沱大雨或极度干旱的地区。

法国的毁林高峰发生在19世纪初。1860年，米拉波侯爵估计，法国有一半的森林在之前的一百年间被砍伐。法国森林督察官琼斯·德·丰塔尼埃对阿尔卑斯山脉的评论，也呼应了叙雷尔的悲观展望。“土地的耕种者……终将被迫……放弃他们祖祖辈辈生活的地方；这完全是由他们对土地的破坏造成的。土地在支持了数代人的生存之后，慢慢被贫瘠的岩石所取代。”[11]

1859年，法国当局开始通过一系列法律来保护和修复公共的和私人的林地。不过，欧洲森林的砍伐量随后出现过短暂的增长——在美国南北战争期间，有两万八千棵核桃树被欧洲供应商砍伐，用于制造枪托。 103
尽管出现了这一追逐暴利的情况，截至1868年，将近二十万英亩的阿尔卑斯山脉地区的高地已经补植了树木或恢复了草甸。

在第二次世界大战前夕，沃尔特·罗德民参观法国南部时发现，陡峭的山坡和平缓的谷底同时进行着集约耕作。一些农民保留了类似古代腓尼基人的坡地梯田。令罗德民惊叹的是，在梯田耕作本不常见的法国东部，农民将土壤从最低处的犁沟收集起来装入小推车，运上斜坡并倾倒在最上面的犁沟。早在几个世纪前，当梯田耕作开始在这一地区出现时，农民就已经知道，农耕破坏了土壤侵蚀与形成之间的平衡，并会使其后生活在这片土地上的人饱尝恶果。他们可能没有意识到，自己在很大程度上比欧洲的科学家们更超前地了解了土壤的性质。

在1887年5月5日的爱丁堡地质协会会议上，副主席詹姆斯·梅尔文宣读了一份由苏格兰现代地质学奠基人詹姆斯·赫顿所撰写的未发表手稿的内容。这个被重新发现的研究，揭示了赫顿对植物、土壤以及其下岩石之间关系的观察、思考和所形成的地质学见解。梅尔文特别指出，赫顿于一百年前记录下的思考，与当时刚出版的达尔文的《蚯蚓》一书有着异曲同工之妙。

在赫顿看来，蚯蚓通过将动物尸体与落叶和矿物质混合，造就了生命之源——土壤。他认为，坡面土壤来自深处的岩石层，而谷底的土壤则是由从上游而来的泥土混合再造而成。土壤是由其下方破碎的岩石和上方有机物质混合而成，因而不同的岩石和植被，能够搭配出独特的土壤。森林通常能培育出优良的土壤："[一座森林]可以让大量的动物尸体返回土壤；其次，森林中每年的落叶，在一定程度上对土壤的肥力有所贡献；最后，被动植物尸体所滋养着的土壤进一步为蚯蚓提供了丰富的养料——它们穿梭在土壤间，它们的繁衍让土壤更为肥沃。"[12] 赫顿不仅在达尔文之前发现蚯蚓对于保持土壤肥力的作用，他也了解植被对土壤性质的决定性作用。这位极富远见的地质学家，将土壤看作是连接岩石和生命之间的桥梁，它依靠不断将有机物质返还土壤来维系自身。

早在梅尔文重新发现赫顿遗失的手稿之前，赫顿曾于18世纪末与瑞士侨民让·安德烈·德·吕克在关于土地侵蚀对塑造景观的作用的

20世纪30年代末，法国农民成车装载最低处的犁沟中的土壤，往坡上运送（罗德民，1953年，第22页，图12）。

认识上各执一词。德·吕克认为，被侵蚀的土地一旦被植被覆盖，侵蚀作用就会停止，景观亦随之凝固。二人争执不下的问题的关键在于，地形是否是诺亚时代的洪水（意指大自然）形成的最终产物。赫顿质疑德·吕克的观点，他指出，浑浊的洪水就是导致山体不断下降的土地侵蚀的证据，“看看那些泛滥的河流——如果它们是清澈的，那么这位哲学家（德·吕克）的推断就是正确的，而我也就输掉了这场争论。我们最清澈的河流，在洪水泛滥的时候也是浑浊的。因此，只要有水流过，导致山体下降的主要作用力就永远存在；虽然随着山脉高度的降低，其下降的速度可能会放缓。”[13] 也就是说，尽管陡坡的侵蚀速度相对较快，但侵蚀的确发生在所有的土地之上。 104

几年后，赫顿的弟子、地质学家和数学家约翰·普莱费尔描述了风化作用如何形成新的土壤——其形成速度与侵蚀作用下土壤的消耗速

度相同。他认为，地形是水和岩石之间持续进行的斗争的产物。“水是坚
105 硬物质最活跃的敌人；水无论处于哪种物态——从透明的蒸汽到坚冰，从最小的溪到最大的河——都在攻击着任何位于海平面之上的东西，不断努力将其带回深海。”[14]

普莱费尔采纳了赫顿激进的地质时间概念，他意识到侵蚀是如何逐渐消磨任何敢于超出海平面的土地。然而，在这场永恒的战斗中，土壤始终覆于大地之上。

> 因此，（必有）其他原因促成土壤的累积……而且，这种累积显然是依靠岩石持续而缓慢的分解实现的，除此之外别无他法。因此，这层始终覆于地表的腐殖土，为我们提供了岩石不断解体的实证；我们不得不欣赏，在这一复杂过程之中，诸多化学和机械力量所运用的高超技艺是如此精妙——它们使土壤的形成量与消耗量之间形成完美的平衡。[15]

即使侵蚀不断重塑着土地，土壤始终保持均匀的厚度。

就在赫顿和普莱费尔试图使欧洲的精英阶层理解地质时间下土壤的动态特征时，有关控制与稳定人口的论点也正处于酝酿之中。欧洲开始质疑“更多人口会带来进一步繁荣”的观点：在这片日益拥挤的大陆上，限制人口增长变得愈加实际。

托马斯·马尔萨斯牧师在其1798年撰写的《人口论》中，提出了著名的人口繁荣与萧条的周期性特征。时任海尔伯里大学政治经济学教授的马尔萨斯认为，以指数方式增长的人口数量超过了食物供给增加的速度。他认为，人口增长会使人类陷入一个死循环：人口数量超过土地承载力；饥荒和疾病通过削减人口来恢复平衡。英国经济学家大卫·李嘉图对马尔萨斯的人口论提出了异议，他认为，人口将持续增长，直至与粮食供给平衡，并保持在被可用土地量与时下技术进步所制约的水平。其他学者也提出过不同观点，比如孔多塞侯爵认为，需求激励创新，农业生产能够通过技术进步跟上人口的增长。

马尔萨斯在其备受争议的文章中，忽略了创新能提高作物产量，以及粮食产量的提高会带来更大的人口压力的事实。这些缺陷使许多人对马尔萨斯的观点产生疑问，因为他把粮食生产和粮食需求当成独立的 106
因素在看待。他还忽略了对农业加速侵蚀使表土层被剥蚀，或是集约农耕耗尽土壤肥力所需要的时间的考量。尽管随着英格兰人口持续增长，马尔萨斯的观点似乎愈显幼稚；但其观点却迎合了试图将资产阶级对欧洲新生工人阶级的剥削合理化的政治考量，因而受到支持。

马尔萨斯的观点挑战了关于人类对自然（特别是土壤）的影响的普遍观点。在马尔萨斯撰写《人口论》五年之前，威廉·戈德温在其出版的《政治正义论》一书中，抓住了“人必将进步并最终统治自然”的流行观点：“地球上四分之三的可居之地仍未被开垦。我们能够通过种植作物改变这一现状，而通过农业生产所能达到的对地球更高程度的利用，不为任何计算方式所限制。在过去成千上万年里不断增加的人口，终有逝去的一天；而大地将永远富足并供养其居民。”[16]戈德温认为，科学进步能带来无尽的繁荣和物质福利的不断进步。直至今日，马尔萨斯式的悲观主义与戈德温式的乐观主义的主要观点，仍提供了关于人口数量、农业技术和政治制度之间关系的讨论框架。

发表于工业革命早期的马尔萨斯人口论，被那些试图认定“贫困是穷人自己造成的问题，而不是由圈地运动和工业发展造成”的人所采纳。从表面上看，马尔萨斯的观点支持了“处在经济阶梯顶层的人不应对底层人民负责”的立场。与此相反，戈德温的物质进步理论则与那些支持废除私有产权的运动相关。显然，对于由富有地主组成的议会而言，马尔萨斯的理论更有吸引力。

当知识分子辩论着土壤生产粮食的能力时，工人阶级则继续生活在饥饿的边缘。欧洲农业几乎无法跟上城市快速发展的脚步，这使得粮食歉收一直持续到19世纪。拿破仑战争期间的高粮价，进一步加快了整个英国的圈地运动。1815年，伴随着印尼汤波若火山（Tomboro volcano）的喷发，欧洲出现了有史以来最冷的夏天，这导致了灾难性的农作物歉收。当饥饿的工人面对疯涨的面包价格时，“粮食骚乱”在英国和法国出

现，并继而席卷了整个欧洲大陆。单条面包的价格是工人阶级抗议的中
107 心，而激进者和革命者也在城市贫民的不满情绪中孕育而生。

在1844—1845年，那场经美国传入欧洲的土豆晚疫病，显示了食品生产有多么缺乏保障。当土豆晚疫病菌毁掉了爱尔兰在1845年夏天和第二年的土豆收成时，买不起由冷漠的英国政府规定市场价格的食物的穷人无以果腹。完全以土豆为食的爱尔兰人口锐减。大约一百万人因饥饿或相关疾病死去，另有一百万人在饥荒期间移民。在之后的五十年间，有三百万人移民至他国——其中大多数人移民到了美国。到1900年，爱尔兰的人口仅比19世纪40年代时的一半略多。为什么爱尔兰变得如此依赖单一作物，特别是一种一个世纪前才从南美洲引进的作物？

乍看之下，答案似乎是支持马尔萨斯的：在1500—1846年间，爱尔兰的人口增加了九倍，达到八百五十万。伴随着人口的增长，人均土地拥有量减少至0.2公顷（半英亩）左右，因此只有种植土豆才能提供一家人所需口粮。到了1840年，爱尔兰有一半的人口几乎只吃土豆而很少吃其他食物。在几乎所有可用的土地上持续了一个世纪的土豆集约种植，使爱尔兰人长期生活在饥饿的边缘。然而，仔细看来，这绝非一个人口增长超越了土豆种植能力的简单故事。

事实上，在土豆作为爱尔兰主粮作物的地位愈发重要的同时，越来越多的其他农作物从爱尔兰出口至英国及其加勒比地区殖民地。1649年，在奥利弗·克伦威尔的领导下，英国入侵爱尔兰，并将其土地划分为一片片种植园，用以偿还内战时期英国议会向投机商人所借的债务。这些爱尔兰的新地主看到了出口农作物以换取加勒比地区的蔗糖和烟草的利益。随后，随着英国工业化城市对食物需求的不断增加，爱尔兰的作物出口重新转向邻近市场：在1760年，几乎没有爱尔兰牛肉出口至英国；而到了1800年，爱尔兰人送到市场的牛，有五分之四最终上了英国人的餐桌。英国城市人口的增长，创造了大量食品需求，而爱尔兰的地主也乐于满足这些需求。即使是在1801年被正式并入英国版图后，爱尔兰也继续扮演着农业殖民地的角色。

当越来越多的土地被用以生产出口作物时，土豆便成为爱尔兰农民的主要食物。为了将最优质的土地投入经济作物的生产，地主把农民赶到了只能种植土豆的贫瘠土地上。亚当·斯密在《国富论》中主张以土豆作为提高地主利润的途径，因为佃户可以在一小块土地上只靠种植土
豆为食就能存活。到了1805年，爱尔兰人几乎不吃肉了。当爱尔兰大部 108
分的牛肉、猪肉和农产品被运到了英国，穷人在土豆出现歉收的情况下，就真的没有任何可吃的东西了。

饥荒期间不但没有实施任何救助行为，而且爱尔兰对英国的出口量还在这一时期有所增加。当1846年饥荒达到高峰时，英军出面协助爱尔兰地主，依照出口合同将近五十万头爱尔兰的猪运往英格兰——这类便利政策在当时并不罕见。在欧洲数次饥荒期间，可供应的食物量，实际上比农作物歉收时毫无储备的农民所能获得的粮食多得多——只是贫穷的自耕农买不起市场上出售的食物。随着城市里贫民数量的增多，他们不但同样负担不起饥荒期间价格陡增的食物，而且没有能够养活自己的土地。因此，当1848年出现土豆晚疫病和谷物歉收时，食品骚乱便席卷了整个欧洲。

农业经济开始促成激进思想的形成。19世纪40年代早期，在弗里德里希·恩格斯遇到卡尔·马克思之前，他便对马尔萨斯的理论提出异议。恩格斯认为，劳动和科学发展的速度与人口增长的速度一样快，因此农业创新能与不断增长的人口保持同步。

而马克思则认为，农业的商品化会让社会和土壤变得糟糕。“资本主义农业的任何进步，都是掠夺劳动者的技巧的进步，而且是掠夺土地的技巧的进步；在一定时期内提高土地肥力的任何进步，同时也是破坏土地肥力的持久源泉的进步。”[17]（讽刺的是，在1917年俄国革命爆发前的十年间，沙皇尼古拉二世推行土地改革，并开始允许农民把村社份地确认为私有财产。因此，与马克思所料想的农民将领导俄国革命的情况不同，城市贫民首先团结在了列宁所承诺的“面包、和平和土地”的口号周围，农民较晚才加入这场革命。）

政府在饥荒期间持续出口粮食，这种情况一直延续至20世纪。20

世纪30年代，由于苏联中央政府把本应属于农民的收成拨给城市，或是销往国外市场，换取现金以资助工业，继而造成农民因饥荒而死。大多数的饥荒，都是因为社会制度不公或粮食分配不公导致了饥饿，以及绝对的食物短缺。

为应对中世纪后的欧洲人口增长，人们最初的做法是，开垦渐趋贫瘠的边缘土地用于农业生产。这些新农地的亩产量可能比传统农田低，但是其所增加的食物量能够帮助维持人口增长。自18世纪起，欧洲列强通过驾驭其海外殖民地的农业潜力，为本国提供了廉价的进口食品。当
109 进口产品从糖、咖啡、茶这样的奢侈食品，转为谷物、肉类和奶制品等基本食品时，欧洲农业自力更生的时代就结束了。到19世纪末，欧洲许多国家都依赖进口食物来养活本国人口。

随着西方帝国的足迹遍布全球，殖民经济也取代了适合本地的农业系统。通常情况下，引进欧洲的种植方式，意味着殖民地原有的多种作物逐渐被用以出口的经济作物所取代，如咖啡、糖、香蕉、烟草或茶。在许多地区，持续种植单一作物使土壤肥力迅速降低。此外，由于引入了适合被冬雪覆盖、被温和夏雨浇灌的欧洲北部平坦农地的种植方法，有着强烈热带降雨的殖民地坡耕地，发生了严重的土壤侵蚀。

欧洲通过进口食品和人口外输解决了常年的饥荒问题。在1820—1930年的移民浪潮中，大约有五千万人离开了欧洲；如今，在前海外殖民地生活的欧洲人后裔，比在欧洲本地生活的后裔更多。倾向于发展种植园农业的殖民地的经济和政策，以非正式的形式促进了土壤的破坏，以及对处女地无节制的开垦。荒谬的是，欧洲建立海外殖民地的原初驱动力，正是欧洲高地的土壤退化，以及圈占公地形成的大庄园所造成的耕地短缺。

凭借海外殖民地生产的大量廉价食品，欧洲人从营养不良和饥饿威胁的阴云中挣脱出来。这时，欧洲人将食物生产外包，转而建立工业经济。在1875—1885年间，英国有一百万英亩的麦田被转作其他用途。随着工业经济的壮大和农业用地的萎缩，英国人愈发依赖进口食物。到1900年，英国有五分之四的粮食、四分之三的奶制品和几乎一半的肉类

是依靠进口获得。不断涌入欧洲的进口食品，消耗着遥远大陆的土壤肥力，促进着欧洲工业化经济的发展。

在第二次世界大战结束、欧洲的殖民帝国瓦解后，联合国粮农组织执行委员会主席若苏埃·德·卡斯特罗指出，饥饿不仅酝酿了史上最大规模的瘟疫，也一直是历史上引发战争的最常见原因。他认为中国革命的成功，是由佃农对实行土地改革的强烈愿望所推动——在革命以前，他们被迫从极少的田地的微薄收成中，拿出一半上交给大地主。毛泽东最强大的盟友是对于饥荒的恐惧。这位主席最狂热的拥护者，是五千万 110
他许予土地的农民。

第三世界对于土地改革的躁动，奠定了20世纪的后殖民时代地缘政治格局的基调。特别是新独立的国家的自耕农，希望获得大片原先用于种植出口作物的土地的使用权。然而从那时起，西方政府和前殖民者开始强调通过技术手段提高农产量，并抵制土地改革。总的来说，这意味着他们倾向于规模化种植出口作物，而非发展自给农业。有时，这也意味着政权的交替。

1954年6月，在美国的策动下，危地马拉军队发动政变推翻了阿本斯政府。在1952年凭借63%的选票当选总统的雅各布·阿本斯组成了联合政府，其拥有五十六名成员的众议院中，有四名共产党人。持有危地马拉大片沿海低地长期使用租约的美国联合果品公司，担心其利益受到威胁，于是挑起了一轮对“新上任的危地马拉政府受到俄国人控制”这一观点的广泛宣传。事实上，众议院中少数的几个共产党人，对政府决策并不会产生多大的影响力；令美国联合果品公司恐惧的，实际上是阿本斯大力推行的土地改革。

早在19世纪末期，危地马拉政府就已经占用了印第安人的公地，以促进遍布高地的商业咖啡种植园的扩张。同一时期，美国香蕉公司开始征得大片沿海低地，同时建造可将产品运至海岸的铁路。出口作物种植园迅速占用了危地马拉最肥沃的土地，而越来越多的土著人口则被迫去耕种陡峭的坡地。到了20世纪50年代，许多农民家庭只有很少的土地供其耕作——有些家庭甚至没有土地；而像美国联合果品公司这样的企业，则只耕种了其所持有土地的五分之一还不到的部分。

上台后不久，阿本斯试图从大地主手中买下大型种植园中的闲置农地，并为农民提供土地和信贷以促进自给农业。与美国联合果品公司的说法相反，阿本斯事实上并没有寻求废除私有财产；然而，他的确希望重新征得果品公司所承租的超过十万公顷的闲置农地，以分配给小农户，从而促进微资本主义（microcapitalism）的发展。阿本斯不走运的原因之一在于，那份给予美国香蕉公司九十九年租赁权限的大手笔合同，是由时任美国国务卿的约翰·福斯特·杜勒斯于1936年亲自起草的。有杜勒斯站在美国联合果品公司的一方，即使是虚假的“共产党影
111 响力”这种说法，也足以让美国中央情报局在冷战初期策动危地马拉的政变。

在阿本斯政府被推翻后，外国投资的进入使得危地马拉更多的土地被开垦，用于种植经济作物和饲养牲畜。国际援助和开发银行的贷款推动了以出口市场为主要目标的大型农业项目。1956—1980年间，大规模的单作项目获得了占全部农业信贷五分之四的借款。这时，专门用于棉花种植和放牧的土地面积增加至原有水平的二十多倍，种植产糖作物的土地面积翻了两番，咖啡种植园面积增加了一半以上。危地马拉的农民从最肥沃的土地被驱赶到山坡之上，或进入丛林。1954年政变的四十年后，不到总人口的2%的大地主控制着危地马拉三分之二的农田。随着农业种植园规模的增长，小农场的平均规模下降至不足一公顷，其产量还不够养活一个家庭。

在危地马拉所发生的一切，就如同是爱尔兰故事在拉丁美洲的翻版。危地马拉是一个有着陡峭坡地、常年被雨水浸润的热带国度。就像爱尔兰的肉类食品一样，危地马拉的咖啡也被出口至他国销售。如同其被运往他国的咖啡，危地马拉的土壤也在流失——在雨林中被砍掉植被的陡坡上采用欧洲的耕作方式种植作物，这种做法引发了严重的水土流失。经济作物的单作，与被迫在天然贫瘠的边缘土地上进行的集约耕作，使危地马拉发生灾难性的土壤侵蚀；就连最不用心的观察者，都能看出这一地区侵蚀的严重程度。

1998年10月的最后一个星期，“米奇”飓风把相当于往年一年的雨量倾泻至中美洲。山体滑坡和洪水造成一万多人死亡，三百万人流离失所或无家可归，并造成该地区超过五十亿美元的农业经济损失。尽管“米奇”飓风带来了巨大的降雨量，但毁灭性的灾难并非完全由自然造成。

“米奇”飓风并非第一场在中美洲造成如此巨大的降雨的飓风，但它却是该地区的热带雨林被转化为空旷农地后，第一场直接袭击着无植被陡坡的飓风。随着人口在第二次世界大战后增加了两倍，曾经几块农田被绵延的森林围绕的状态，被漫山遍野的农地景观所取代。现在，这一地区五分之四的农村人口都在很小的陡坡地块上耕作，进行着缩小版的常规农耕。中美洲陡坡上的农耕加速了土壤侵蚀的情况，这一直以来都被视为一个严峻的问题——“米奇”飓风的到来，只是结束了对其严峻性的一切怀疑。

风暴过后，一些保存较为完好的农场，像一座座孤岛，立于被毁坏的、浩如汪洋的灾区。勘查数据显示，与常规农场相比，实行替代性农业的农田在飓风中幸存的概率更高；据此，由四十个非政府机构所组成的联合研究组，对一千八百多个位于危地马拉、洪都拉斯、尼加拉瓜的农
场展开了深入研究。研究组考察了每个农场的土壤条件、侵蚀证据和 112
作物损失，并把实行常规农耕和实行所谓可持续农耕方式的农场进行了配对比较。研究显示，在所有被考察的地区，实行可持续耕作方式的农场——例如混养、平坡造田以及生物防虫——所遭受的土壤侵蚀，是采用了大量化学性措施的、实施单作的农场的四分之一到三分之一。与常规农场相比，可持续农场受到的冲沟侵蚀较轻，且发生山体滑坡的概率只是前者概率的四分之一到三分之一。暴雨给可持续农场带来的经济损失亦较低。或许，调查中最具说服力的证据，是被调查的常规农场中，有90%的农户表达了希望改用周边未受风暴严重影响的可持续农场的耕作方式。

第二次世界大战以后，全球许多地区以出口为导向的大型种植园的发展，把前殖民地转变为服务全球市场的农业殖民地——中美洲只是其

中之一。遍布亚洲、非洲和南美洲的商业化单作，使自耕农被迫移至贫瘠的边缘地进行耕种。在全新的全球经济格局下，那些原先在政治上依附帝国的殖民地，继续为富裕国家的利益服务——只是他们如今输出的不是金钱，而是土地。事实上，这并非什么新鲜事：美国在其进行农业革
113 命之前，也经历了相同的过程。

6. 西进的锄头

从实现独立以来,最伟大的爱国者,是那个最懂得防治冲沟侵蚀的人。

帕特里克·亨利

几年前在亚马孙河下游地区,我走在一片被新砍光的雨林空地中的坎坷土路上。这趟惊人的研究之旅,让我看到了表土层流失是如何削弱一个地区的经济,并使当地居民陷入贫困的。我到那里是为了考察经过上亿年时间形成的洞穴:水渐渐把土壤之下的富铁岩溶解,形成被风化的、如同倒置过来的煎锅般的空间。在穿行于一个铁质岩洞时,我想象着,究竟过了多么漫长的时间,水流才慢慢滴穿这些岩石并形成洞穴。这趟旅程中还有一个让我惊奇的事实,是伐林后出现的灾难性的土壤流失迹象。然而,最令我吃惊的则是,这一系列正在发生的人类和生态灾难,竟然没有唤醒人类并令他们做出改变;今天发生在亚马孙河下游的情景,竟与美国殖民史如出一辙。

站在卡拉雅斯高原的边缘上,我注视着那古老景观遗留至今的骨架,以及那正在逐渐形成的新景观。我能够看到,在身旁那俯视着周围低地的高原的边缘地带,山体滑坡正一点点侵蚀着这一古老高地的残体。在这片被丛林覆盖的台地四周的陡坡之上,土壤侵蚀正剥离着用一亿年才能滴穿溶解的岩石，还有我所见过的最深厚的土壤。

自恐龙时代开始，雨水便穿过赤道丛林渗入地面。雨水侵蚀使地下形成厚厚的风化岩石层，它向下延伸数百英尺，直至高原基地的深处。伴随着泛大陆的断裂，非洲和南美洲发生分离时所形成的断崖绝壁横贯
115 内陆；侵蚀作用发生于裂谷两侧的巨大崖壁，慢慢剥蚀着古老的高地。我站在高地边缘的悬崖上——这崖壁只是那古老而巨大的大陆的断面残余——惊叹于在侵蚀作用下，土壤被剥蚀并汇入大西洋，而四周新生的低地起伏延绵并不断扩大。

卡拉雅斯高原是由具有极高矿石品味*的条带状铁矿构成；它是在地球大气开始富含氧气之前，由古代缺氧的海洋的沉积作用形成。曾被埋于地壳深处的矿石带，最终又在地质作用下被推回地表并缓慢风化。这些富铁岩石逐渐失去了可供植物吸收的营养物质，以及可使雨水渗入的杂质，仅剩下一层被深度风化的铁壳。

铝矿以及铁矿，都能够通过这种缓慢的自然风化过程形成。随着地质时间的推移，热带地区充足的降雨和高温，能够通过化学风化，将原岩之外的一切杂质剥蚀，从而将铝矿岩和铁矿岩“提纯”。虽然这可能需要一亿年的时间，但是实际上，这种地质提纯过程远比工业提纯过程划算得多——在时间允许的条件下，只要风化速度超过侵蚀速度，这个过程就可以不断形成具有商业用途的矿石；而如果侵蚀速度过快，被风化的物质就会在累积成为值得挖掘的高纯度矿石前消失。

卡拉雅斯高原顶部的一个巨大矿坑，为我们打开了一扇窥探地球内部的窗；矿坑延伸数百英尺，直至底部红色的风化岩石层。三层楼高的巨大卡车载着数吨重的土石，沿着矿坑内壁挖凿的、从矿坑底部盘旋而上的车道缓慢前行。从远处看去，矿坑边上剩下的那圈数百英尺高的树木，就像是模具上参差的毛边。当我在正午的阳光下凝视这一奇特的景象时，我才意识到，地球表面覆盖着的土壤和植被，也就像是巨石表面覆盖着的一层薄薄苔藓。

---

* 指单位体积或单位重量矿石中有用组分或有用矿物的含量。——译注

我们驱车离开卡拉雅斯高原，逐渐降至地质年代较为晚近的、连绵起伏的丘陵区。延绵广布的山丘，由那些曾经聚集在高地脚下的岩石构成；曾经覆盖着茂密植被的高地，如今已逐渐因侵蚀而缩减。我们继续开车前进，穿过原始热带雨林。道路刻入覆盖雨林坡地的那层数英尺厚的土壤；下坡向就是被砍伐的亚马孙河下游低地。当我们驶出丛林，眼前出现的光秃山坡，是伴随着森林砍伐出现的表土层流失导致农场被荒弃的鲜明证据。在森林边缘的村庄附近，能看到擅自占地的居民在新砍伐的地块上耕作。道路两侧的风化岩石，从不久前还覆盖着厚土的坡地上探出。这个现象背后的故事简单明了：在森林被砍伐不久之后，土壤就出现侵蚀流失，人们继而向丛林深处移动，以清垦出新的田地。 116

在森林边缘内推几英里的地方开垦新农地的农人，将原有的家庭农场和小村庄让给了牧场。当自耕农向森林更深处迁移后，牧场主便接手了荒弃的农地。牧场主可以在种不出庄稼的土地上牧牛，但放牧需要占据大片土地。大规模的放牧阻止了森林复生，造成进一步的土壤侵蚀，继而迫使寄居在森林边缘的社区不断向丛林深处迁移以寻求可耕的新地——这一恶性循环是有目共睹的。

与规模小、耕期短的传统“刀耕火种”不同，迁至亚马孙地区的移民大规模实行的是伐林耕作。土壤肥力衰竭后，过度放牧替代集约农耕进一步加速土壤侵蚀，将土地的生命力榨干。“大规模清林—农耕—放牧”的现代农牧循环，不但将表土层剥蚀，而且几乎破坏了土壤重建的能力。结果就是，清垦的土地所能养活的人口越来越少；当人们耗尽了肥沃的土壤，就继续向雨林深处迁移。我们大概没有意识到，如今在亚马孙河流域发生的一切，其实与北美历史如出一辙；这段出现在不同时空中的相似历史，如此清晰，如此真实。

当哥伦布“发现”新大陆时，已经有四千万到一亿左右的人口生活在美洲，其中又有四百万到一千万的人将北美洲称为家园。那时，居住在东海岸的美洲原住民虽然未发展定居农耕，但是实行了积极的景观管理。根据早期殖民者的描述，美洲土著的农业行为与早期欧洲人以及亚马孙地区居民相似——他们清理出小块空地用于耕种，并每隔几年开垦新地，同时将旧田废弃。尽管有美洲原住民的农业行为造成大量水土流失的新证据，新移民带来的更为固定的土地利用方式，则造成更大范围的土壤退化和土壤侵蚀，并转变了北美洲东部的地貌。

玉米的集约种植很快便耗尽了新英格兰贫瘠的冰碛土的地力。数十年里，殖民者们开始焚烧林木，以制造用于自家土地的草木灰肥料。越来越多的人拥入越来越少的空间，新英格兰人比他们南部地区的邻居更快地消耗掉了未开垦的土地。早期的旅行者曾抱怨部分农地里的恶臭，那是因为耕种的农民用鲑鱼做了肥料。在南部地区，烟草支配着弗吉尼亚州和马里兰州以奴隶制为基础的经济体系，而土壤衰竭则支配了烟草种植的经济法则。一旦单个的家庭农场被合并成了以奴隶制为基础的烟草种植园，该地区就将陷入一种难以满足的社会经济学体系，它
117 以消耗新土地来维系自身。

历史学家埃弗里·克雷文认为，殖民地土壤退化是新边疆殖民（frontier colonization）发展周期中的必经过程。“人们可能会因为无知或习惯而使其土壤衰竭；但在更多情况下，超出民众所能控制的经济或社会力量，引导或强迫他们按照一种必将使大地荒芜的方式对待土壤。”[1]在克雷文看来，边疆居民通常会在经济推动力的作用下，种植能带来最高收益的作物，并因此导致土壤耗竭。被烟草经济所主宰的美国早期殖民地弗吉尼亚州和马里兰州，正是克雷文所说的“新边疆”的代表。

1606年，英格兰国王詹姆斯一世授予伦敦弗吉尼亚公司殖民地开发特权，令其在北美建立一个英属定居点。这个由一群伦敦投资者建立的公司期待着，他们在“新世界”的开发专权将带来丰厚的利润回报。1607年5月14日，在约翰·史密斯船长的带领下，第一批英国殖民者在切萨皮克湾入口以北六十英里处的詹姆斯河沿岸的地方登陆。在史密斯船长于1609年回到英国前，敌对的土著、疾病和饥荒使这批早期定居者中的三分之二丧命。

不要提获得利润，仅仅是为了生存，詹姆斯镇的殖民者就展开过各种尝试：先是制作丝绸，然后是玻璃、木材、香料，甚至尝试过啤酒生产；可惜，这一切努力都失败了。直到烟草种植在“新世界”兴起，殖民地才

通过出口获利而逐渐发展壮大。

沃尔特·雷利爵士通常被认为是在1586年将烟草引进英格兰的人。不管这荣耀是否真为雷利所有，西班牙探险家的确从西印度群岛带回了烟草叶和种子。吸烟变得非常流行，而英国人也逐渐青睐由加勒比地区的奴隶种植的西班牙烟草。西班牙人通过将烟草高价出售给伦敦商户所得的丰厚利润，正是北美詹姆斯镇的英属移民维持其殖民地所需的。

不幸的是，英格兰的新烟民并不喜欢产自弗吉尼亚的烟草。为了争夺伦敦烟草市场，弗吉尼亚殖民者约翰·罗尔夫（他更为人所熟知的身份是印第安公主波卡洪塔斯的丈夫）尝试在北美种植加勒比烟草。令人欣喜的是，这批新种植的烟草“吸起来令人感觉很愉快，芳香又带劲”，罗尔夫和他的同胞随后把第一批货发往了英国。这批烟草在伦敦市场上一炮打响，毫不逊色于高价的西班牙烟草。

很快，所有的人都在种植烟草。1617年，有两万磅的烟草被运往英国；下一批货量更是翻了一番。史密斯船长高度赞扬了弗吉尼亚州“肥沃的土壤”，而殖民地的经济也很快开始依赖烟草出口。1613年9月30日，殖民者约翰·宝瑞写信给达德利·查尔顿爵士，告诉他“新世界”的
情况终于好转：“我们所有的财富都来自烟草，一个人仅靠自己的劳动， 118
能够在一年内赚到两百英镑；而有六个仆人协助进行种植的话，一次收成能卖一千磅。”[2]在殖民地开始烟草种植不到十年的时间内，每年从弗吉尼亚出口至英国市场的烟草就升至一百五十万磅。

美国的殖民地经济开始迅速发展。在一个世纪内，每年出口到英国的物资暴涨至原有水平的一千倍，达到两千多万英镑。烟草完全主导了殖民地经济，以至于可作为替代性货币使用。烟草贸易救活了摇摇欲坠的殖民地；但是，烟草种植却引发了东部沿海地区严重的土壤退化和侵蚀，使殖民者不断向内陆迁移。

殖民地种植的烟草是一种清耕作物*。农民用锄头或轻型的单马拉犁，在每株植物的周围堆起一圈土壤。这种耕作方式使土壤暴露在降雨

* clean-tilled crop，指该作物的种植需要采用清耕法（clean tillage），即通过经常耕耘来保持地面无杂草和土壤表层疏松的土地管理方法。——译注

中；在作物长叶之前来袭的夏季风暴，极易使土壤受到侵蚀。尽管对土地的消耗明显，烟草还是有着特殊的吸引力：它的单位价格是其他作物的六倍以上，并能在横跨大西洋的漫长（且昂贵）的旅程中保存完好；与之相比，大多数的其他农作物，不是会在路上腐烂，就是其价格不够支付跨洋运费。

当种植烟草能够获得自英属殖民地建立以来的最大利润回报时，殖民地经济便再没有动力进行多种作物种植。弗吉尼亚人除了给自家种植足够的食物外，将剩下的精力全部投入到了供应欧洲市场的烟草种植中。由于农民从新垦耕地上只能收获三四次高质量、高利润的烟草，因此新地被不断清垦、已耕地被不断荒弃。与典型的粮食作物相比，烟草会从土壤里吸收十倍以上的氮和三十倍以上的磷。被耕作五年的烟草地，其土壤会因为营养匮乏而无法长出任何东西。由于西部有着大量的新地，烟农便不断清垦“生地”。夏季暴雨冲蚀着被荒弃的光秃农地上仅存的土壤，形成一条条冲沟。弗吉尼亚州成了把表土层转化为烟草的工厂。

英王詹姆斯一世发现，烟草生意是一个极富吸引力的增加税收的方式。1619年，弗吉尼亚公司同意向英国皇家支付每磅一先令的烟草出口费，以换取其对这一新兴致瘾物的垄断——英国开始限制对西班牙烟草的进口，以及英国本地的烟草种植。仅仅两年后颁布的新规定指出，北美殖民地的所有烟草出口都只得面向英国。1677年，英国皇家国库从弗
119 吉尼亚州烟草获得的进口关税达十万英镑；此外，还有五万英镑来自马里兰州烟草进口关税。弗吉尼亚州对英国皇家国库的贡献比任何其他殖民地都高，是东印度群岛的贡献量的四倍多。

毫不为奇，殖民地政府亦完全依赖烟草来提高收入。一旦迷上了这种新的财源，他们便迅速出击，打压任何试图阻止对烟草依赖的企图。当弗吉尼亚州人民在1662年向殖民地政府提出临时禁种烟草的想法时，他们被不客气地告知“再也不要提出这样的要求”。马里兰州的殖民地官员竭力确保殖民者地居民不会产生“烟草文化以外的任何想法。”[3]

烟草地所保有的短期肥力，导致殖民地农业定居点的迅速扩张。由于不断将无法产生丰厚回报的土地荒弃，弗吉尼亚州的烟草种植者们在1619

年首次提出从沿海地区向内陆迁移以开垦更多土地的申请。五年后，帕斯帕荷（Paspaheigh）的种植者们从殖民地法庭获得了开垦内陆新地以种植烟草的许可——虽然在十五年前，殖民地政府曾宣称这片土地非常适合种植谷物。仅过了二十多年，查尔斯河*沿岸的烟农就再次上书殖民地政府，请求进一步西迁以清垦处女地，因为他们的土地“已经贫瘠得无法继续耕种”。17世纪的弗吉尼亚州人抱怨土壤在风暴中严重流失；乡间随处可见因侵蚀破坏形成的冲沟。不断西迁的早期殖民者发现，与沿海地区及主要河谷地区的土壤相比，内陆土壤更易受风雨侵蚀。殖民者亦向南迁移；到了1653年，烟农在仍有大量生地的北卡罗来纳州沿海平原开辟新田。

随着英属沿海地区土壤肥力的下降，农民向着内陆迁移。弗吉尼亚人在法国—印第安人战争**中的动力，是越过阿巴拉契亚山脉以获得开发其西侧肥沃土地的可能性。然而，当1763年英王从法国手中获得山脉西侧的新法兰西后，却发布了禁止在此购地或定居的公告，这激起了弗吉尼亚州农民的不满。当北美移民仍沉浸在对侵害其利益的烟草税的不满情绪中时，英国统治者对其西向扩张所施加的阻力，进一步助长了殖民地对英国统治的不满。

供大于求的状况，以及只能销往英国的规定，使烟草价格低迷；然而，美国的南方殖民地农业仍以烟草种植为主。到了18世纪中期，政府征收的烟草税已经占到烟草价格的80%，而种植者所得的份额下降至不足10%。直到独立战争爆发，北美移民始终按捺着在法规、贸易以及出口等方面受到明显不公待遇的不满，继续种植着烟草。 120

特别是在南方，由于新地容易获得，烟农忽视了轮作，以及用粪肥补充土壤肥力的做法。在发表于1727年的《弗吉尼亚的现状》一书中，休·琼斯教授把这一地区土壤肥力的迅速下降归咎于没有给土地施用粪肥。“所以如今，烟草吸食掉了土壤中的全部营养，一切（土地管理方式）都被忽略……（尽管）树桩腐烂，土壤衰竭，（只要）新地仍然充

* 位于弗吉尼亚州的约克河（York River），曾被17世纪的殖民者称为查尔斯河（Charles River）。——译注

** French and Indian War（1754—1763），是英法两国于欧洲七年战争的两年前，在北美殖民地展开的战争。——译注

足……他们便忽视对旧耕地的照料，很少用粪肥滋养他们的田地。”[4] 只要有足够的未开垦地，移至新地比收集并施撒粪肥容易得多。

其他当时的观察者，也指出了种植者把全部精力放在烟草上的情况。1729年，时任马里兰殖民地总督的本尼迪克特·伦纳德·卡尔弗特在写给其兄长查尔斯·卡尔弗特男爵的一封信中，简要总结了烟草对殖民地农业的影响。“在弗吉尼亚和马里兰，烟草是我们的‘主食作物’——它是我们的全部，并使得其他一切都无足轻重了。”[5]烟草，是南部殖民地无可争议的统治者。

不断获得新土地的需求，促进了大型庄园的建立。17世纪末，供过于求的烟草市场导致的低廉价格，让那些大庄园主有了可乘之机——他们买下被市场淘汰的小农手中的土地。在“新世界”发生的情况，与两千年前的古罗马以及三个世纪以后的亚马孙地区如出一辙：被抛弃的家庭农场落入种植园主的手中。

在新英格兰地区，一些殖民者开始了土壤改良的尝试。时任康涅狄格州教区牧师的贾里德·艾略特，同时也是一位医生和农民。艾略特在1748年发表了其《关于农地耕作的论文集》*中的第一篇论文，其中记录了一系列防止或扭转土壤退化的实验的结果。骑在马背上为教区的居民和患者布道的过程中，艾略特发现从裸露的山坡流下的泥水把肥沃的土壤冲走；他看到从山上被冲刷下来的泥浆使谷底堆积起肥沃的沉积土，以及表土层的流失使山上的农田荒芜。鉴于此，艾略特建议通过在田里施撒粪肥以及种植三叶草来改善贫瘠的土壤；他称赞泥灰土（海贝壳化石）和硝石（硝酸钾）是几乎等同于好粪肥的优良肥料；他指出，斜坡上的裸土极易受到暴雨的冲蚀而流失。虽然这些建议听起来很合理，但很少有殖民地的农民听从艾略特的建议，特别是在仍然很容易获得新地的南方殖民地。

本杰明·富兰克林是接受艾略特文章中建议的人，并开始尝试改良他的田地。富兰克林在1749年写信给艾略特，吐露了他对于说服美国农

---

* 该论文集共有七篇文章，其中前六篇论文是关于改良农业耕作的方法的。——译注

民重视土地管理将如何困难的担忧。“先生：我细读了你的《关于农地耕作的论文集》中的两篇文章，并认为公众可从中大大受益；但是，如果你所居住的社区的农民也像我身边的农民一样，不愿偏离他们祖先踏出的道路，那将很难说服他们进行任何土壤改良的尝试。”[6]艾略特把没有给土地施用粪肥和作物残茬的农民，比作从银行账户取钱却从未存款的人；我想富兰克林一定赞成这一说法。 121

到了18世纪末期，对殖民地土壤衰竭状态的评论已稀松平常。在美国独立战争期间，历史学家亚历山大·休瓦特在作品中描写过，南北卡罗来纳州的农民重视短期收益而很少关注其土地的状况。

> 就像经常从一块田迁移到另一块田的农民，种植者主要关心如何使当前利润最大化；只要这个目的达到了，就很少有人在乎土地被消耗的严重程度……肥沃的土壤以及大片的生地迷惑了众人……因为这种情况不会长久，土地终将变得稀有；时间和经验会向众人呈现土壤的本质……并教会他们……转变粗暴的种植方式。[7]

休瓦特并非唯一一个对美国农业做出悲观评估的人。

许多曾于18世纪末游历美国南部各州的欧洲人，都对粪肥没有被用作土壤改良剂表示惊讶。法国流亡革命家雅克—皮埃尔·布里索·德·沃维尔于1788年参观了刚刚独立的美国，对当地具有破坏性影响的农耕方式感到震惊。“尽管种植烟草对土地的消耗到了惊人的程度，但种植园主没有做出任何使土地恢复生机的努力；他们只是索取着土地所有的养分，待肥力竭尽时就抛弃它。种植园主更愿意去清垦新的土地，而不愿养护已有的耕地——即使通过适当的粪肥施用以及合理的耕作方式，这些如今被荒弃的土地也本可以长久保持其肥力的。”[8]对于那些拥有廉价劳动力、缺乏肥沃土地的欧洲人来说，美国这种对土地资源漫不经心的浪费着实令人费解。

1799年，新移民约翰·克雷文发现，恶劣的农耕传统使弗吉尼亚州阿尔伯马尔县的土壤衰竭，当地居民面临着“要么迁移，要么改良土壤”

的抉择。几年后，在写给《农民纪事》的一篇文章中，克雷文回忆了该县土地的悲惨状况：“当时整个地区都呈现出不可名状的荒凉面貌——农场
122 一个接一个被荒弃；大地被雨水冲蚀形成沟壑，几乎找不到一亩适合种植作物的土地。曾经覆盖着山脊的新鲜土壤，全部被冲入谷底。”[9]1800年，来自英国的作家兼农民威廉·斯特里克兰在参观弗吉尼亚州和马里兰州时备受震惊，他称无法想象居民们如何在这样的田地上勉强度日。

1793年，一位论（Unitarian）教派的牧师哈里·图尔明为了向其教会会众报告移民美国的可行性，从英国兰开夏郡前往美国。英国短缺的土地和上涨的食物价格，推动了向美国移民的浪潮——特别是那些在逐渐工业化的经济体制中依靠固定收入和低工资为生的人。此外，英国许多持一位论信仰以及赞同美国和法国革命的人，也在新法兰西共和国对英国宣战后离开家乡，前往美国这片崭新的世界。

在发现美国东部大西洋沿岸地区的农业前景不佳后，图尔明把来自詹姆斯·麦迪逊和托马斯·杰斐逊的介绍信转交给时任肯塔基州州议员的约翰·布雷肯里奇；布雷肯里奇曾放弃了弗吉尼亚州的议员席位，搬到了肯塔基州。图尔明的信件和日记，对移民迁入初期的肯塔基州的土壤状况进行了生动的描述。在关于肯塔基州北部梅森县农业潜力的报告中，图尔明描述了一个地势起伏平缓且拥有肥沃土壤的地区。“这里的土壤以适合植物生长的沃土为主。头等田地（在该县有数百万英亩）里的土壤是黑色的。最肥沃、颜色最深的表层土壤足有五六英寸厚；其下是颜色较浅、往下再延伸了十五英寸的易碎土层——当干燥时，这种土会被风吹走。”[10]图尔明等人的证言，把人们从东部沿海吸引到了西部；其描述极具前瞻性——这远远超过了图尔明的想象。

早在美国独立战争期间，一些开国元勋就开始担心土地过度使用对国家未来的影响。乔治·华盛顿（美国第一任总统）和托马斯·杰斐逊（美国第三任总统）同为最早提醒民众警惕殖民地农业的破坏性影响的人物。虽然观点不尽相同，但这两位富裕的弗吉尼亚种植园主都关注着美国耕作方式的长期影响。

独立战争结束后，华盛顿没有掩饰对其邻居目光短浅的种植行为的

蔑视。“美国这一地区所使用的农耕系统（如果我们可以姑且称其为“系统”的话），对耕作者来说是低产的，对土地所有者而言更是灾难性的。”[11]华盛顿指责导致土壤衰竭的无节制的烟草种植行为。他认为，粗陋的农耕 123 方式助长了人们试图在最短时间内获得最大收益的贪欲——反之亦然。在1796年写给亚历山大·汉密尔顿的信中，华盛顿预测，耗尽地力的行为将使这个年轻的国家向内陆发展。“对于关心这个国家农业的每一个人而言，我们的（土地）管理制度极度落后，这是有目共睹的事实。这种地力匮乏的情况再持续发展几年，就将使大西洋沿岸各州的居民向西迁移以求生存；然而，如果他们能够学会如何改良已有的土地，而不是去开垦新的沃土，他们就能将如今几乎寸草不生的大片荒地变得有用。”[12]

事实上，华盛顿对改良农业产生兴趣，远早于美国独立战争。早在1760年，他就将泥灰土（碎石灰石）、粪便和石膏作为肥料使用，并在田地中重新引入牧草、豌豆和荞麦等作物；他修建牛圈以留存粪便，并指导那些不情愿的种植园管理者，将从牲畜厩收集的粪便施撒回耕地；他尝试了各种轮作模式，并最终选用了谷物、土豆以及三叶草（或其他草类）的轮作。华盛顿还尝试了深耕垄沟以减少径流，从而减缓侵蚀：他先把旧的栅栏柱、垃圾和秸秆残茬填在冲沟中，在其上覆上耕作土和粪肥，然后再播种。

然而，华盛顿最具革命性的贡献，是他意识到几乎不可能在大庄园这种土地权制下进行土壤改良。于是，他把自己的土地划分为小块田地，并指导其土地管理者及各个租户进行土壤改良。华盛顿的土壤改良方式，以防止水土流失、保存和使用粪肥以及采用作物轮作为主。

独立战争后，回到弗农山庄的华盛顿给英国农学家阿瑟·扬写信，寻求改善土壤的建议。阿瑟·扬将华盛顿视为“农民弟兄”，同意为这位美国总统提供各种所需的协助。

1791年，阿瑟·扬向华盛顿询问了弗吉尼亚州和马里兰州北部的农业情况。华盛顿在回复中指出，这一地区导致水土流失和地力衰竭的旧有耕作方式仍然普遍存在；尤其是那种先种植烟草，待收成逐渐下降后大量种植玉米以榨尽土地养分的做法，不断消耗着土壤的肥力。由于草场和牲畜有限，少有农民使用粪肥来延长或恢复土壤肥力。华盛顿解释 124

说，美国的农民有一种强烈倾向，即试图从其所付出的劳动中获得最大产出，并完全忽视其行为对土地的影响——因为劳工价值是土地价值的四倍。他还描述了这一地区（因地力衰竭）逐渐少种烟草而多种小麦的趋势，尽管小麦产量只勉强达到欧洲中世纪水平。美国的农业正使"新世界"的土壤日益衰竭。

英雄所见略同，托马斯·杰斐逊也为美国这种挥霍土地的做法感到担忧。华盛顿指责新移民对正确耕作方法的无知，而杰斐逊则认为问题的根源在于贪婪。"我们（对农业）漠不关心的态度，不是由于知识的匮乏，而是因为我们认为有大量的土地便可随意浪费。在欧洲，劳动力充足而新地稀缺，所以要维持土地的最大产出；在美国，新地充足而劳动力稀缺，所以追求劳动投入的最大产出。"[13]当困惑不解的阿瑟·扬问道，为何一个人能够在一个农场生产五千英斗*的小麦，而一头牛的价格只有一百五十英镑，杰斐逊提醒他，"不用考虑牛提供粪肥的作用，因为我们（在美国）购买一英亩新地的价格比给一英亩旧地施肥要便宜"。[14]竭力使用土地并不断清垦新地的美式耕作，比维护土壤肥力的欧式耕作具有更高的短期回报率。杰斐逊认为，对土地状况的漠不关心是对美国农业的最大诅咒。

18世纪的庄园主和其穷邻居之间的关系，可以支持杰斐逊的观点。富有的地主一般在新垦土地上集约种植烟草并令其奴隶开垦新地，然后再将旧地卖给穷困的农民，将奴隶卖到需要人手的烟草种植园；种植园主往往从邻近农场购买供自家消费的食物。棉花和烟草完全主导了美国农业，以至于在南北战争打响前，南方是粮食、蔬菜和牲畜的净进口者。

1793年的春天，杰斐逊的女婿T. M. 兰多夫上校开始尝试沿水平方向的等高线翻犁，而不是一般径直沿下坡向犁田。杰斐逊起初对这种创新抱有怀疑，但当十五年后，兰多夫发明了一种坡地犁，杰斐逊也接受了这一耕作方式。作为等高耕作的支持者，杰斐逊证实说，以前会侵蚀他的土地的降雨，如今不会在田间留下冲沟。1822年，兰多夫的创新耕作为他赢得了阿尔伯马尔县农业协会颁发的一个奖项。从此，兰多夫与他

---

* 亦称"英蒲式耳"，一英斗小麦约重二十七公斤。——译注

著名的岳父一起，共同推广等高耕作。

在1813年一封写给C. W. 皮尔的信中，杰斐逊赞扬了这种新农耕方式的好处。125

> 我国有着多丘陵的地貌，而我们一直习惯直线耕作，不管是上山还是下山，无论是斜向还是沿直线所形成的任何样子；我们的土壤迅速流失，进入河流。我们现在沿水平方向耕作，我们沿着丘陵和洼地的曲线，不管线条怎样弯曲都保持完全的水平。这样，每一条垄沟都可充当储水库来接收和储蓄水分，这些水可为植物生长做出贡献，且不会直接流到河里。几乎没有一盎司的土壤能从一片水平深耕的农地上流失。[15]

不过水平耕作法仍需细心操作。即使是稍微往下坡向倾斜，耕沟中仍会形成雨水径流并产生冲沟。虽然等高耕作的想法流行起来，很多人仍觉得这种方法太麻烦——需要投入太多精力，而且不一定能够正确操作。在19世纪30年代，兰多夫的儿子描述了深耕“新”法、石膏施肥，以及轮耕玉米与三叶草（或牧草）的做法，认为它们很快便能够超越其父亲为改良被过度耕作的土地所做出的贡献。

到了19世纪早期，美国人开始认识到保护和恢复土壤肥力的必要性。一些农民开始实行深耕，并向田间施撒植物残茬以及动物粪便。特别是农学家约翰·泰勒指出，水土保持和改良对维持南部农业的发展不可或缺。“即便是最不细心的观察者都能发现，我们土地的肥力在不断下降……我见过许多已有四十多年历史的农地……他们毫无例外地都已变得极为贫瘠。”泰勒在预言南方的未来发展时指出，除非土壤改良成为该地区的农业理念，否则“我们农业的进步，将导致人口的不断迁移”。[16]到了19世纪20年代，努力改良土壤的必要性在南方各州受到广泛认同。

与泰勒同时代的法国外交官菲利克斯·德·布朱将美国农民描述为不断迁移的“牧民”。布朱对他们通常不愿意使用粪肥来恢复土壤肥力感到吃惊。“美国人似乎无视随处可见的粪水；他们不知道，没有一寸土地不能通过施用粪便而变得肥沃。因此，他们的地力很快便衰竭了……美国的农民好像牧羊人一样，特别倾向于从一个地方迁移到另一个地方。”[17]在19世纪早期，这种对美国南方的描述比比皆是。

1818年5月，刚卸任的总统詹姆斯·麦迪逊在弗吉尼亚州阿尔伯马
126 尔县农业协会会议上发表讲话，其发言内容迅速登上了全国各个农村报纸的头版。麦迪逊在发言中告诫人们，国家向西扩张并不一定意味着进步。构建一个有前途的国家需要照顾和改善其土地；忽视有机肥、持续集约耕种，以及沿直线顺坡耕作，这些都会搜刮掉土地的肥力。麦迪逊告诫人们，农业扩张应放缓；改良土壤并不仅是向更远的西部进发的替代方式，而是从长远来看的唯一选择。

宾夕法尼亚州的农民约翰·洛伦的著作《在农业实践中相统一的自然与理性》在他去世后于1825年出版。洛伦在书中指出，在自然植被覆盖下的土壤侵蚀是有益，因为新生的土壤得以即时补充流失的土壤。因侵蚀而离开山坡的土壤聚集在谷底，使其持久肥沃，而风化作用又使山坡上形成新的土壤。然而，农民打破并改变了这一自然系统；目光短浅的耕作方式，将裸土直接暴露于雨中所造成的严重侵蚀，不但使土壤愈发贫瘠，也使耕地人愈发贫困。

洛伦建议用牧草作为陡峭斜坡上的永久性作物，并在田地肥力耗竭前转为牧场，用牲畜粪肥改良土壤。覆盖土壤的牧草，不但通过拦截和吸收降雨对地表的直接作用力来防止侵蚀，而且亦能保持土壤的渗水性，使雨水渗入地下而不是形成地表径流后流失。洛伦认为，防止侵蚀和保持土壤肥力的关键，在于使尽可能多的动植物有机质进入土壤。他倡导的是，即使是贫困农民，也能采取的廉价的水土流失防治措施；他提醒人们，细心地沿等高线耕作，以及防止地表径流形成破坏性冲沟，将使土壤得到保护。

洛伦还指出，佃农制度是开展水土保持的一大障碍。像华盛顿和杰斐逊这样的富有士绅，会代替那些担不起费用的小农进行土壤保护的创新尝试。然而，没有土地既得利益的佃农则会浪费土地，忽视实施土壤保护措施的潜在利益。洛伦的解决办法是，种植园主应释放他的奴隶，

并将改良土壤作为所有租约中的强制性条件。洛伦嘲笑许多农民所抱有的“能够找到取之不尽且永不衰竭的土壤”的想法。“当大陆西侧的太平洋拦住其前进的步伐时，才有可能让这些农民相信，并没有这样的土壤存在。”[18]

在考察了美国土壤衰竭的问题后，许多与洛伦同时代的观察者得出结论：该地区土壤的迅速衰竭源于粪肥施用的缺乏；让奴隶种植可充当牲畜饲料的作物，远比让其种植棉花和烟草获利要少。虽然众所周知， 127
施以大量粪肥的土地比未施肥土地多出一两倍的收成，南方农人还是常年把牛放养在树林里。在大多数的种植园，几乎没人愿意耗费精力来收集粪便并在地里施用；诸多历史记录都提到了南方的牛的悲惨状况。

1827年10月11日，《佐治亚州信使报》刊登了一位穿越佐治亚州的旅行者的来信。这位旅客在信中写道，自己注意到衰竭的土地是推动源源不断的西进移民的动力：“我现在离开了奥古斯塔（佐治亚州城市），沿路遇到一群群带着大批黑奴西迁的棉花种植者；他们来自北卡罗来纳州、南卡罗来纳州以及佐治亚州，正向着‘棉田的肥力还未被完全耗尽’的亚拉巴马州、密西西比州和路易斯安那州前进。”[19]美国南部的居民正在向美国西部迁移。

到了19世纪20年代，东部沿海地区的奴隶制从经济上来看愈发不可行。农学家约翰·泰勒指出，许多种植园主之所以不肯放弃已经获利微薄的烟草种植，是因为那样做会使其奴隶在冬天无事可做。北卡罗来纳州被荒弃的土地与还在被种植的土地一样多。随着西部新农地加入竞争，烟草和棉花价格愈发低廉，这使土地已经枯竭的皮埃蒙特高地*和沿海地区的收益低下，亦使奴隶开始成为其主人的负担。1827年3月24日，《尼尔斯纪事》**抱怨了这种情况：“我们这里大多数聪明的种植园主都已意识到，烟草种植在马里兰州不再有利可图；如果找到了处理自己的奴隶的方法的话，几乎所有人都会放弃烟草种植。”[20]

迁移到西部的种植者，继续以破坏性的方式对待新地——这一老

* Piedmont，位于阿巴拉契亚山脉与大西洋沿岸地区之间的平坦高原地带。——译注

** *Niles' Register*，位于马里兰州巴尔的摩的一份报纸。——译注

习惯正是导致其西迁的罪魁祸首。在1833年8月写给《农民纪事》的信中，一位来自亚拉巴马州的居民对这样的恶性循环表示失望。“我对农业状态的改善已不抱太大的希望。我们的种植园主仍采用那种挥霍性的、破坏土地的耕作方式——这简直与其佐治亚州、南北卡罗来纳州和弗吉尼亚州的古老祖先对待土壤的方式如出一辙。他们对森林和土壤发动残暴的战争；他们以破坏性的方式前行，在身后留下贫瘠之地。”[21]19世纪的美国的经济萧条与土壤破坏之间的关系，是无可争辩的。这个国家由农民组成，它能预料到自己的发展前景。

作为《耕耘》杂志的编辑，杰西·比埃尔是极力提倡保护性农耕的农民代表，他拥护农地改良而非向西移民。在美国独立战争打响的两年
128 后出生于康涅狄格州的比埃尔，曾在印刷店做学徒，然后在19世纪20年代购买了一个农场。十年后，他开始宣扬粪肥施用是农村繁荣的关键，并相信地力在明智的土地管理制度下不会衰竭。在他看来，像资产一样对待土地并将其毫发无损地传递给后代，是一个农民的义务。

从德国和荷兰移民至美国宾夕法尼亚州的农民赞同比埃尔的观点，他们把与殖民地农业形成鲜明对比的欧洲先进农业实践带到了美国。他们自家的农田围绕着巨大的谷仓分布；谷仓中的奶牛将饲料作物变成牛奶和肥料。与大多数美国农民不同，他们把土地当作黄金来对待；他们的土地肥沃而丰产，令来自美国南方的参观者感到震惊。同一时期在南方，埃德蒙·鲁芬于1832年出版了《论钙质肥料》，该书进而引发了一场美国农业革命。

鲁芬作为一位早期南部独立的煽动者的角色在历史上更为人知。他相信，农业化学的力量能恢复南方土壤的肥力。1810年，十六岁的鲁芬继承了家里的一个破败种植园。为了使这个已被耕种了一个半世纪的农地产生利润，他采用了农业改革者约翰·泰勒所提倡的包括深耕、轮作和限时放牧在内的一系列做法。就在各种尝试都不奏效，使他几乎要加入西进的队伍中时，他在地里试施了泥灰土。

结果是惊人的。将粉碎的贝壳化石施撒到田里，使玉米产量提高了将近一半。鲁芬开始在更大范围内施撒泥灰土，使小麦作物的产量几乎

翻了一番。他由此得出结论：弗吉尼亚州的土壤酸性过度，因而不能维持持续耕种；加入碳酸钙，能中和土壤酸性，进而使粪肥得以维持土壤肥力。在农业类重要期刊中，他的文章受到了广泛的关注和好评。

弗吉尼亚州的农民开始遵循鲁芬的做法，并提高了他们的收成。为了在南部社会崭露头角，鲁芬开始出版《农民纪事》，一本致力于农业改良的月刊。这家报纸没有广告，只刊登农民写的实用性文章。在几年之内，鲁芬就有了一千多个订阅者。 新当选南卡罗来纳州州长的詹姆斯·哈蒙德，为了与西部逐渐崛起的新“棉花王国”相抗衡，于1842年聘请鲁芬来定位和测绘州内的泥灰岩床；十年后，鲁芬接受了新成立的弗吉尼亚州农业协会的主席职位。

为民众所熟知并尊重的鲁芬，其自身亦渴望公众的关注。19世纪50年代，鲁芬开始鼓吹南部独立。这位支持奴隶制的农协主席认为，南北 129
分离是唯一的选择，并指出奴隶劳动曾使像古希腊和古罗马这样的先进文明持久不衰。在得知林肯当选总统后，鲁芬立刻赶往采纳了“分裂条例”* 的会议。在年过六旬的鲁芬于1861年4月打响攻击萨姆特堡** 的第一枪之前，他早已点燃了另一场革命——通过证明“调整土壤的化学特征可以加强农业生产力”，鲁芬开启了一场农化革命。

鲁芬认为，土壤是由三种主要的土组成。硅质土是能够使水自由通过的岩石矿物质，因此是排水良好的土壤的关键；矾土（黏土）会吸收和保留水分，在土壤中形成由裂纹和裂缝构成的储水网络；钙质土能中和土壤酸性。鲁芬认为，土壤肥力集中在有机质与三种土相混合的，表层几英寸厚的土层中。高产的农业土壤应具有硅质土、矾土和钙质土三者的良好配比。

鲁芬意识到，表土层侵蚀会削弱土地肥力。“当表层三四英寸厚的土壤流失后，便露出无生产力的心土层……这继而使植被消失，大地光秃。”[22] 他认同农业部门的观点，即施用粪肥可以帮助改良南部土壤。但

---

* “分裂条例”是实行奴隶制的十一个南方州在1860—1861年间各自起草并确立，声明正式退出联邦的条例。——译注

** Fort Sumter，萨姆特堡遭到南军炮轰后，林肯对南方宣战，南北战争爆发。——译注

他指出，粪肥是否能够加强土壤肥力，实际上取决于土壤的天然生产力；如果不先中和土壤酸性，施用粪肥仍不能提高收成。鲁芬不相信钙质土能够直接为植物提供养分；然而只有以钙质土为辅助，粪肥才能促进土壤肥力的释放，将荒地转为良田。

鲁芬进一步意识到，依赖于奴隶制的南方经济，为了养活出生在种植园的奴隶，不得不依赖市场的扩大。他认为，过剩的奴隶必须出口，除非农业生产力的提高足够养活不断增长的人口。鲁芬的农业改革和政治观点与南北战争的现实相抵触。他在南方联盟总司令罗伯特·李将军投降不久后自杀。

土壤衰竭的问题并不仅限于南方。到了19世纪40年代，在肯塔基州和田纳西州农业协会会议上的一系列演说，均指出各个新州正迅速模仿着马里兰州和弗吉尼亚州，挥霍着自己的丰厚土壤。到19世纪中叶机械化农业来临时，尽管农耕技术进步，然而纽约每英亩小麦产量只有殖
130 民时期水平的一半；只不过，更多元化的北部经济，令土壤消耗对北部各州的影响不如在南方那样明显。

19世纪40年代，英国地质学家查尔斯·莱尔参观南北战争前的南方时，曾在亚拉巴马州和佐治亚州停留，以调查深嵌在新垦地里的冲沟。莱尔对冲沟的兴趣主要在于，通过这一地貌观察土表下深处风化岩石的情况；他注意到了砍伐森林后上覆土壤的侵蚀速度之快。整个地区普遍
131 缺乏早期冲沟形成的证据，说明移民造成当地景观的根本性变化。“根据这一地区在砍伐或清垦后由径流造成的土壤侵蚀的极快速度，我可以推断，这个国家的土地自远古时代第一次从海上出现后，曾始终覆盖着茂密的森林。”[23]莱尔意识到，在连绵起伏的丘陵地区进行的农耕，打破了这一古老的平衡。大地正变得支离破碎。

有一条冲沟引起了莱尔的特别注意。这条冲沟在米利奇维尔西部三英里半处，位于前往梅肯（Macon）的路上。该处冲沟最初形成于19世纪20年代，森林砍伐使地表暴露于风雨侵蚀之中。在夏季，黏土质丰富的土层上出现一条条深达三英尺的裂缝；雨水汇入这些裂缝，并形成造成侵蚀的集中径流，随后进一步刻出深深的峡谷。到莱尔于1846年造访

查尔斯·莱尔于19世纪40年代绘制的佐治亚州米利奇维尔附近的冲沟（莱尔，1849年，图7）。

时，该冲沟已经变成一条超过五十英尺深、将近两百英尺宽、三百码长的巨大沟壑；而其他相似的冲沟最深可达八十英尺，它们也使亚拉巴马州新垦不久的田地土壤流失严重。莱尔认为，横行于景观之上的冲沟威胁着南方各州的农业。土壤流失的速度远远超过了土壤最快的形成速度。

在前往蒙哥马利的路上，莱尔经过一片平缓起伏的山丘，并为这一地区在近期土地清垦时砍下的巨型杉树树桩所惊叹。为了知道这样的森林需要多久才能再生，莱尔测量了树桩的直径，并数了它们的年轮。这些被砍伐的杉树中，较新的树木直径有两个半英尺，有一百二十个年轮；较老的树木直径达四英尺，有三百二十个年轮。莱尔坚信，这样古老的树木再也无法重生于这片已被改变的景观之上。“通过了解树木长到这种尺寸所需要的年数，我们能理直气壮地推断，在该地区被如此清垦之后，后人再也看不到这样古老的树木了；除非是那些人们出于观赏目的保留下来的树木。”[24]烟草、棉花和玉米替代了已覆盖地表多年的巨大树木。如今，一次次接踵而来的风暴，将光秃而裸露的新地上的土壤刮散。

除了这些令人印象深刻的冲沟，莱尔在旅途中还遇到一户户放弃自家农场、搬往德克萨斯州和阿肯色州的家庭。莱尔写道，自己沿路遇到数以千计的西迁民众，所有人都问他：“你在搬家吗？”一位老先生向这位杰出的地质学家展示自己收藏的一些化石后，表示愿意向莱尔出售他的全部财产。莱尔追问他，为何这样急于出售自己亲自清垦的，并已在其上生活了二十年的土地。那位长者回答说：“我希望在德克萨斯州能
132 更有家的感觉，因为我所有的老邻居都已经搬去了那里。”[25]

在美国南方旅行的大部分时间里，莱尔都以独木舟为交通工具，并观察沿途的河流。他描述了伐林和农耕所带来的土壤侵蚀已达到的严重程度——任何人稍加观察都能轻易看出。即使是没有经过特殊地质学训练的人，都能观察到灾难性的土壤侵蚀迹象。他在佐治亚州的阿拉塔马哈河沿岸遇见的人们告诉他，在这条河上游的土地被清垦之前，河水在暴雨期都是清澈的。到1841年，当地居民仍可以判断各次风暴中的洪水的源头——森林被清伐的支流会带来红色的泥土，而两岸仍树木丛生的支流，即使在大暴雨中，也都会带来清澈的河水。当莱尔再次造访时，原本流淌着清澈河水的支流，也因为土著人被驱逐之后的两岸土地被大片清垦而变得浑浊。

土壤和社会为现代农业生产方式所付出的代价，已经不是什么秘密。1849年的美国专利专员（commissioner of patents）的报告，试图估算出国家为现代农业方式所付出的成本。

> 即使明智而合理地花费十亿美元，也很难再让联邦一亿英亩已

> 部分衰竭的土地复原,并恢复其在原始状态下所具有的永久种植的肥力。七十年前,每英亩能生产二十五到三十五英斗小麦的纽约州的土地,如今其每英亩产量降至六到九英斗的水平;在各个基于老牌种植园经济的州,土壤衰竭的结果更广泛、更具灾难性。[26]

由于美国最初十三个州的农产量均有明显下降,“如何保护土壤肥力”成为这个国家所面临的根本性挑战。“目前还没有任何州政府意识到,应通过把对子孙后代的义务强加给每一个耕种者,来实现其‘提升公众利益’的责任;政府有责任确保耕作者不使其农地的肥力下降。”[27]南北战争开始前,全国各地的农业期刊抨击了土壤侵蚀和过度消耗这对“双胞胎恶魔”。当新地短缺问题变得愈加严峻时,采取土壤保护和改良技术的呼吁就变得愈加普遍。

导致战前南方各州土壤衰竭的直接原因并不神秘。其中最重要的当属无轮作的连续种植,缺少能够提供粪肥的牲畜,以及目光短浅地沿直线顺坡耕作——这种做法使土壤直接裸露于雨水的冲刷之下。事实上,存在着驱动这些破坏性行为的潜在社会原因。133

毋庸置疑,在短期内获得最大收益的欲望驱动着种植园农业。土地廉价而充足;只要尚有新地可供清垦,种植园主便可每隔几年就西迁,以不停获得新地。与精细耕犁、修筑梯田以及为已垦耕地施肥相比,开垦新地更为便宜。不过,寻找新地实际上意味着需要把整个家庭及其财产(包括奴隶)重新安置到西部新近开放的州。由于举家迁移需要高昂的社会和经济成本,那么,到底是什么促使人们持续这一已被反复证明是破坏土地的做法?

一方面,最有可能认识到土壤衰竭问题的大型种植园主,并不亲自下地劳作。与两千年前古罗马的情况一样,在外土地业权制(absentee ownership,也称“遥领制”)导致了浪费土壤的粗犷型农业实践。由于种植园监工和佃农的薪酬是按照一定的收成比例来计算,因此他们更关心的是产量最大化,而非通过保持土壤肥力来保护土地所有者的投资。将时间花在沿坡地等高线耕种、填平冲沟以及为田地施撒肥料,将减少他们的直接收入。监工很少会在同一个种植园停留超过一年的时间，这使他们毫无节制地快速榨取土壤肥力。

农业改革的另一个根本障碍，是奴隶制度与扭转土壤退化的方式互不相容。从某种意义上讲，是严重的水土流失促成了南北战争。我们被灌输的观念是，南北战争是在“奴隶制度”上的南北冲突；但很少有人知道，以烟草和棉花的单作为特点的南方经济，只有依赖奴隶劳动方能盈利。也就是说，奴隶制度不仅是一种文化传统，更是保障南方富足的基础。问题的根源不在于南方从事农业——北方很多地区也发展农业。对于实行经济作物单作的出口导向型南方经济而言，奴隶制度至关重要。

当然，任何对于南北战争的详尽解释，都必须涉及在南北双方敌对状态爆发之前的一系列复杂状况和事件。南北战争的主要原因通常被认为有：关税争议以及中央银行的建立，废奴思想在国会和北方的兴起，以及逃奴追缉法案的通过。诚然，取缔奴隶制起源于南方的蓄奴；然而，
134 使南北战争一触即发的，则是奴隶在西部新州的地位问题。

1857年，发生了严重损害美国最高法院威望的、臭名昭著的“德雷德·斯科特案判决”。最高法院的判决说，因为奴隶不是美国宪法中所指的公民，因而黑人奴隶斯科特不具备为其自由提起诉讼的地位。最高法院的九位法官中，有五位来自蓄奴家庭，有七位是由来自南部的、赞成奴隶制的总统任命的。这一案件的判决宣称，1820年的“密苏里妥协案”[*]是一项违宪法案，因为联邦政府没有权力限制新州的奴隶制。南方人对这一意见赞不绝口。

愤怒的北方废奴主义者拥护势力逐渐扩大的共和党，并积极支持看起来获选机会不大的总统候选人亚伯拉罕·林肯——林肯反对奴隶制以及将奴隶制扩展至西部的新领土。北方民主党人拥护斯蒂芬·道格拉斯，而南方民主党人打破既有排名，提名来自南部肯塔基州的副总统约翰·布雷肯里奇，此时民主党分崩离析了。由前辉格党人再组的宪政

---

* Missouri Compromise，是各蓄奴州与自由州在1820年于美国国会中达成的一项协议，意在规范西部新领土上各州的蓄奴行为。——译注

联合党人则提名了来自田纳西州的约翰·贝尔。

支离破碎的反对派正是林肯所需要的。选举结果沿地理分界划分：南部各州的选票涌向布雷肯里奇；南北交接处的边境各州——肯塔基州、弗吉尼亚州和田纳西州——将选票投给贝尔；道格拉斯受到密苏里州和新泽西州的支持。林肯虽然只赢了40%的普选票数，却在选举人团投票中一举获胜——北部各州以及加利福尼亚州和俄勒冈州的多数选票都投给了林肯。*

随着林肯入驻白宫，南北方开战的可能性越来越大。战前的北方观点显而易见：废奴主义者认为，奴隶制是不道德的；他们认为，在“众人生来平等”的信条上建立起的国家里，使奴隶制合法化是不可容忍的。不过，即便北方人极度渴望立即取消奴隶制，他们中的大多数人也只是务实地满足于阻止奴隶制扩张至新领土。

在战争一触即发之际，南方的观点则更为复杂；虽然同样务实，却更加不可变通。大多数的南方人认为，林肯的当选注定了奴隶制的结束——或者至少是奴隶制向西扩张的结束。许多人愤怒于北方人干扰他们的生活方式，并插手他们财产方面的事务；有些人因为感觉南部荣誉受到侮辱而被激怒。而事实上，林肯的当选只意味着对奴隶制的限制——南北战争爆发前，奴隶制废除还未被正式提出——并且真正蓄奴的南方人不足四分之一。所以，为何这一问题导致了足以使国家分裂的严重政治摩擦？ 135

正如在通常情况下，顺着经济利益这条线索便能够找到答案。限制奴隶制扩张的经济影响，源于土壤衰竭在种植园农业和南部经济发展过程中的作用。

大多数青少年的家长都知道，非自愿的劳动通常很少产生高质量的结果。也难怪，即使是最好的奴隶一般也不会表现出主动性、关注与技能；相反，奴隶只想保持足够的竞争力以避免体罚。他们不会从所从事的工作被解雇，亦没有动力去把它做好。奴役的本质阻碍了工作中的创

* 根据美国宪法，美国总统选举实行选举人团制度，总统由各州议会选出的选举人团选举产生，而不是由选民直接选举产生。——译注

意性表现或专业技能。

适应特定土地需求的农业，需要对细节的密切关注，以及灵活的农场运行模式。不亲自劳作的土地所有者、外聘监工以及非自愿的劳动者，无法满足这些基本需求。此外，在监工强迫管制下的对抗性劳动制度，必然会将工人集中在一个地方。实施单一作物种植，适合控制奴隶劳动的规则和例行程序；与此同时，年复一年地按照同一种方式进行农耕，可使奴隶劳动的产出最大化。

到了18世纪90年代，那些由奴隶耕作的种植园几乎毫无例外地只进行烟草种植。然而到了18世纪末，当南部地区的作物种植呈现多样化趋势且牲畜养殖逐渐增加时，使用奴隶劳动便越来越不划算。正当许多南方人认为奴隶制即将被新经济模式所淘汰时，棉花种植的兴起又为奴隶贸易注入了新的生命力。棉花种植对土地的破坏程度以及对奴隶劳动的依赖性比烟草种植更甚。

奴隶劳动只适合单一作物种植模式，而这使得田地在一年的大部分时间中光秃而易受风雨侵蚀。同时，在单一种植模式下，人们既无法实施轮作，又无法获得稳定的粪肥来源——只种植烟草或棉花的种植园，由于没有足以喂养动物的谷物和牧草，无法进行牲畜养殖。依赖奴隶制的作物种植方式一旦确立，单作就有了经济必要性——反之亦然。在南北战争爆发前的半个世纪中，依赖奴隶劳动的南部农业使得土壤保护方式无法得到大规模采用，这便注定了土壤终将衰竭。

与南方的种植园模式形成鲜明对比的，是自殖民地农业初期便采取的，更加多样化的新英格兰地区农业；北方不像南方那样大量种植出口导向型的作物。事实上，北方奴隶制未能延续到18世纪末期的最主要原因，并非是“众生自由”和“人之尊严”这些抽象的意识形态，而是一个更为简单的事实——烟草不适于在北方环境中生长。如果不是因为大规模单作持续主导着南方农业，那里的奴隶制或许已步北方后尘而销声
136 匿迹了。

但是，这仍没有解释为什么南方会对林肯的提议——限制奴隶制向西部新领土扩张——展开尖刻的抨击与反对；毕竟，1860年的总统大选

并未直接涉及南方的奴隶制问题。不过，让我们想想那些跟随着其主人西迁的奴隶吧。1790年的第一次全国人口普查显示，马里兰州、弗吉尼亚州和南北卡罗来纳州拥有南方92%的奴隶；在二十年后，尽管国会已经颁布了《奴隶进口禁令》(Act Prohibiting Importation of Slaves，1807)，沿海的南方各州仍拥有南方全部奴隶数量的75%。然而到了19世纪30—40年代，许多大西洋沿岸各州的使用奴隶的种植园主，开始为西部的新市场"饲养"并提供奴隶。对于那些还未跟上西迁队伍的种植园主而言，他们不得不紧抓奴隶贸易这根救命稻草，以应对自家田地土壤衰竭的困境。1836年，有超过十万的奴隶被运出弗吉尼亚州。一项近期的估算显示，在19世纪末期，奴隶"饲养"成为佐治亚州最主要的财富来源。1860年的人口普查显示，奴隶价值直接占到包括土地在内的南方个人资产总和的一半。到南北战争开始时，有近70%的南方奴隶实际上是在佐治亚州以西的地区劳作。

对于当时西迁的种植园主们来说，"密苏里州、德克萨斯州和加利福尼亚州是否成为蓄奴州"是一个事关成败的严峻问题。劳动集约型的南方种植园经济需要奴隶劳动力。同时从实际运作的角度来看，基于奴隶劳动力的农业种植造成的快速土壤侵蚀和土壤衰竭，已经将奴隶制度推到了"要么继续扩展，要么彻底废除"的临界点。因此，奴隶制若在西部被禁止，意味着奴隶将失去其价值——这意味着南方的财富被生生砍去一半。所以，林肯的当选通过破坏南方财富基础，直接威胁到了奴隶主的利益。

种植园主知道，新建立的州提供了贩卖奴隶及其后代的新市场。人们普遍意识到，若允许德克萨斯州蓄奴，奴隶的价值将翻番。因此，奴隶制领土的扩张成为引发南北战争的导火索；对于南方的地主阶级而言，它具有巨大的经济重要性。尽管南北双方对奴隶制所涉及的道德问题一直存在激烈的争论；然而，林肯的当选由于限制了奴隶制的扩张而点燃了战火。

无论你是否相信上文论述，都不需要盲目地认为殖民地农业造成了东部沿海地区大规模的土壤侵蚀——事实上，你可以直接从土壤中找到证据。土壤剖面和谷底沉积物能够为你重现殖民地农业在北美东部地区导致的土壤侵蚀的强度、时间和范围。与来自欧洲的第一批移民所描

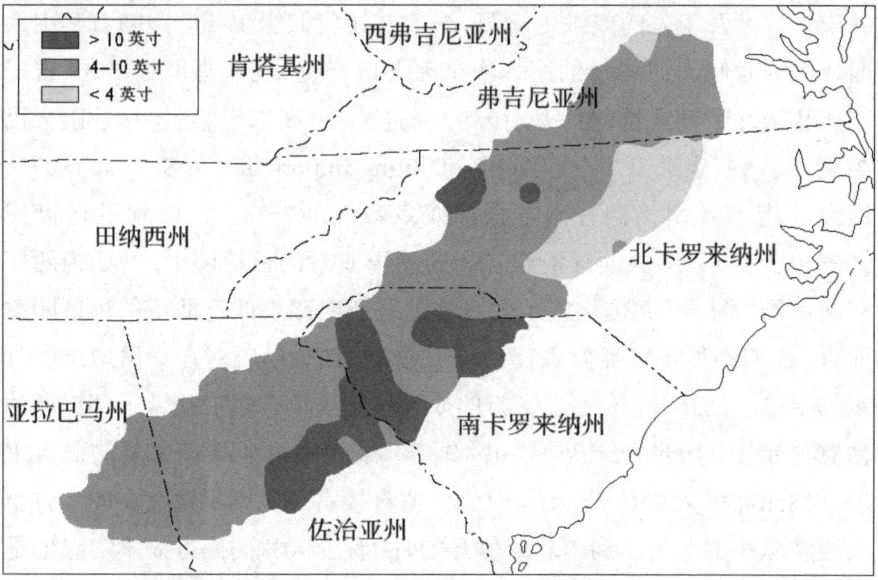

美国东南部皮埃蒙特地区的地图，呈现了从殖民时代到1980年间表土层侵蚀的净深度（根据罗伯特·米德原图绘制，1982年，第241页，图4）。

述的肥厚的黑色表土层相反，现代的表土层（A层）是一层薄薄的黏质土
137 壤。在一些地区，表土层已被完全剥蚀，心土层露了出来。在皮埃蒙特高地，一些原本有植被覆盖的地区甚至失去了整个土壤层（O、A、B层），仅留下风化岩石（C层，底土层）暴露在表面。欧洲移民在殖民时代的土地利用方式，使土壤侵蚀速度至少增加了九倍。

殖民时期土壤侵蚀的证据，在整个东部沿海地区都显而易见。殖民时期的森林砍伐，使皮埃蒙特地区土壤流失的平均厚度达到了三英寸到一英尺多的水平。被剥蚀掉表土层的高地土壤显示，自殖民时期的农民开始向内陆迁移后，有四到八英寸的表土层流失。从弗吉尼亚州到亚拉巴马州境内的皮埃蒙特南部地区，其土壤平均流失厚度为七英寸。佐治亚州境内的皮埃蒙特高地的土壤，有三分之二的流失厚度达三至八英寸。一个半世纪的殖民农耕，使南北卡罗来纳州境内的皮埃蒙特高地的土壤被剥蚀掉六英寸到一英尺的表土层。在殖民时期的土地利用方式下，土壤侵蚀加速尤为明显；其所造成的破坏力至今犹存——对美国东部的森

1911年前后的北卡罗来纳州的冲沟体系（莱昂尼达斯·查尔莫斯·格伦摄于1911年,iiib）。

林和农田的产沙量的研究显示，至今农地的土壤流失速度是林地的四倍。138

殖民时期土壤侵蚀的社会和经济影响，并不仅限于使农民不停迁移以寻找新地来种植烟草。就像古希腊和古罗马那样，沿海港口被泥沙淤塞。大多数殖民港口城市都位于尽量深入陆地的位置，以最大限度地减少烟草的陆路运输。然而，当那些从山坡被冲蚀而下的泥土汇入河口时，该位置亦使港口城市首当其冲地受到加速的土壤侵蚀的影响。半个世纪的上游地区农耕，使许多开放水域变为泥潭。农业改革者约翰·泰勒曾指出，高地耕种将泥土由山坡冲下，掩埋了低地，堵塞了沿海的河流和小溪，并使河口淤塞。在那个河流有如国家公路的年代，从山坡被冲刷到河流和港口的沉积物，使所有人面临挑战。139

马里兰州在殖民时代的海港约帕城和麋鹿岭（Elk Ridge）分别位于巴尔的摩东西两侧，在沉积物淤塞其水域使大型远洋船舶无法停靠后，两个地方都遭到了遗弃。约帕城通过1707年马里兰州立法机关颁布的一项法案而建立，并迅速成长为殖民时期最重要的海港。在高地清垦造成严重土壤流失并导致淤泥在港口沉积之前，最大的远洋商船都能够在约帕城的码头装载。到了1768年，县政府所在地迁至其海港不受沉积物影响的巴尔的摩。到了20世纪40年代，残存的老码头躺在被上百英尺高的树木所覆盖的土地的下面——那里曾是巨大商船的停靠之地。

1846—1938年间，切萨皮克湾北端*因来自周围农田的泥沙沉积而变浅了至少两英尺半。在位于切萨皮克湾中部的波托马克河的可航行河道的河口处，泥沙亦向海湾注入。波托马克河沿岸的乔治城**建于1751年。该城曾有一座纵深六十英尺的公共深水码头。一个由重型战舰组成的英国舰队曾于1755年停靠在乔治城河段上游，但是到了1804年，沉积物已堵塞了主航道。

关于波托马克河淤塞的原因众说纷纭，这使得几十年来国会关于应对淤塞的讨论复杂化。1837年，长桥（Long Bridge）下方的河水还不足三英尺深；一些人指责河道淤塞是由于长桥的建设，而另一些人则将原因推给乔治城堤道的建造。工程师阿尔弗雷德·瑞维斯于1837年领导了对波托马克河所有沿河桥梁的调查。他认为，河道淤塞的真正原因，是周边村镇大范围的坡地耕种导致了土壤的快速侵蚀。如今，波托马克河东岸林肯纪念堂坐落的地方，曾在18世纪时有船只驶过；马里兰殖民地的安德鲁·怀特神父，在1634年则以“晶莹剔透”来描述波托马克河的河水，更是令人不可想象。“这是我所见过的最美好而伟大的河流，连泰晤士河在它面前都仿佛小小支流。河流周边没有湿地或沼泽，只有坚实的土地……土壤非常出色，通常是一英尺厚的黑色沃土在上，呈红色的土层在下……这片土地遍布着精巧的小溪，为我们提供最好的饮用水。”[28]

紧邻萨斯奎汉纳河（Susquehanna River）河口东侧的弗尼斯湾

* The head of Chesapeake Bay，有五条河流在此汇入海湾。——译注

** Georgetown，原为波托马克河的可航行河道上远洋船舶可进入的最远处。——译注

(Furnace Bay)，是切萨皮克湾北端的组成部分。在欧洲移民到来之后，弗尼斯湾中的泥沙沉积速度几乎增加到了原有水平的二十倍。在切萨皮克湾北部的水獭角湾(Otter Point Creek)，沿岸的一个淡水潮汐三角洲在1730年之后，泥沙沉积速度增加了五倍，在19世纪中叶再增加了五倍。位于北卡罗来纳州蓝岭山脉弗莱特劳雷尔广谷平原(Flat Laurel
Gap)的一个沼泽，其泥沙沉积速度在超过三千年的时间里一直保持相对 140
稳定；当土地清垦在1880年左右达到顶峰时，其沉积速度增加了三四倍。

造成南方地区的土壤侵蚀比北方严重的原因，并非只有奴隶制。在南方的气候条件下，裸露的土地更容易受到侵蚀。南方的降雨强度可高达每小时一英寸半；而在北方，冬季被冻住并被积雪覆盖的土壤，在风暴来临时不会受到严重侵蚀。此外，地形也是原因之一：与由冰川塑造的平缓的新英格兰地形相比，南方的地形更加崎岖不平。

南北战争结束后，侵蚀作用继续削弱着南方的土壤。1904—1907年间，在为美国地质调查局展开对阿巴拉契亚山脉南部地区的水土流失问题调查之后，莱昂尼达斯·查尔莫斯·格伦描述了当地自殖民时期之后鲜有改变的耕作方式。

> 在第一次被清垦的新地上，人们通常先种植两三年的玉米，接下来种植两三年的谷物……之后再种几年玉米 。除非得到悉心照料，否则在经过多轮耕种后，土壤会变得贫瘠——因为土壤原有的腐殖质已流失殆尽。当土壤的通透性降低并难以吸收雨水时，土壤侵蚀便开始了。由于鲜有人对这种侵蚀采取预防或监控措施，所以侵蚀逐渐加速，使田地终被荒弃，此时人们便另垦新田……在许多情况下，当最先开垦的田地地力耗尽时，人们还未来得及把其周围的树木砍光以开辟新田。一般来说，人们会紧邻旧田清垦新田；相同的破坏性过程就这样循环往复。

与希腊、意大利和法国的情况一样，农地清垦最终扩展至该地区最偏远的高地——尽管这一过程历经数百年。“在一些地方，人们发现整个地表正被慢慢磨损：每次大雨都会剥除一层薄土，使原本肥厚的土壤逐渐变薄并丧失肥力；当土壤衰竭，田地亦被荒弃。成片的土壤侵蚀缓慢而渐进，以至于一些农民没有意识到（或是不相信）他们的土地正随着其肥力的流失在逐渐衰竭；事实上，表土层正以人类难以察觉的缓慢速度流失殆尽，直至露出心土层。”[29]

到了20世纪初，南方有超过五百万英亩的耕地因侵蚀的破坏性影响而处于荒弃状态。

141 当政府在20世纪30年代开始大力支持水土保持工作时，新成立的美国土壤保护局*所提出的思路，实际上与传统方案别无二致。“大多数目前正被使用的土壤侵蚀控制措施，比如种植豆类和牧草、实施深耕、进行等高耕作并建立坡地防蚀沟、修筑现代梯田的雏形等，都是弗吉尼亚州的农民在19世纪上半叶发明或学到的。”[30]事实上，这些方

亚拉巴马州沃克县的佃户农场上被侵蚀的土地，1937年2月（图片来源：美国国会图书馆，图号LC-USF346-025121-D）。

* Soil Conservation Service，为美国农业部自然资源保护局（Natural Resources Conservation Service）前身。——译注

法中的大部分(或类似的做法),已经在欧洲被应用了数个世纪——它们甚至在罗马时代就已为人熟知。如果这些好想法已有如此久远的历史,为何它们在美国被大范围采用却经过了如此长的时间?或许,托马斯·杰斐逊和乔治·华盛顿在关于这一问题的理由和解决方法上会意见相左。当亚马孙河流域正渐渐展开一幅相似的历史画卷时,欧洲"旧世界"和美洲新殖民地的经验教训却仍为人们所忽视;毕竟,巴西政府有着鼓励农民清垦热带雨林以平息其土地改革需求的悠久历史。

讽刺的是,亚马孙本地就拥有找到解决方案的线索。考古学家近期发现,在离卡拉雅斯高原不远的地方,覆盖着令人难以置信的肥沃黑土。这种肥厚的土壤叫作"特拉普雷塔"(terra preta,葡萄牙语意为"黑色的土壤",即亚马孙黑土),它覆盖着亚马孙地区十分之一的地面。与典型热带土壤截然不同的亚马孙黑土,不但在几千年来供养着大型定居点; 142
反过来,人口密集的居住环境也促成了这种土壤的生成。为了从贫瘠的热带土壤中获得粮食以求生存,亚马孙居民通过集约堆肥和土壤管理提高了土壤质量。

在河流两旁的低坡上发现的亚马孙黑土中,散布着陶瓷碎片以及有机残屑。有机残屑中木炭含量很高,并且有着利用粪便、有机废物、鱼和兽骨进行集中营养循环的明显痕迹。大量被掩埋的骨灰表明,人类自身也是营养循环中的一部分。最古老的沉积物已有超过两千年的历史。这种人为"制造"亚马孙黑土的机制在整个上游地区存在了一千余年;其运转良好,使一个曾经只能承载少量不断移动的人口的环境中,逐渐出现繁荣的长久定居点。

亚马孙黑土通常为一到两英尺厚,有时则厚达六英尺。与热带地区典型的刀耕火种农业不同,亚马孙居民将木炭混入土壤,然后将田地作为堆肥场所。"人造"亚马孙黑土的有机质含量,是其相邻自然热带土壤的两倍,它能够更好地保存营养成分,并且含有更多的土壤微生物。有些土壤生态学家认为,亚马孙人利用含有丰富微生物的土壤来引发堆肥过程——这就好比面包师在制作面包时添加酵母。

对位于亚马孙河和内格罗河（Rio Negro）交汇处附近的阿库图巴（Acutuba）的黑土进行的放射性碳测年研究显示，人类在这一地区定居了近两千年——由黑土开始形成的公元前360年左右，一直持续到至少公元1440年。当西班牙探险家弗朗西斯科·德·奥雷利亚纳于1542年穿越亚马孙河时，他发现大型定居点之间的距离不超过“十字弓的射程”。与奥雷利亚纳同行的一些西班牙征服者，曾在塔帕若斯河（Tapajos River）的河口附近逃离蜂拥而至的人；那里覆盖着几平方英里的、可供养数十万人的亚马孙黑土。

地理学家威廉·德内文认为，农民每两到四年更换耕作地块的刀耕火种农业，在亚马孙地区应是相对较新的农业模式。他指出，早期亚马孙人很难经常性地用石质工具砍伐巨大的硬木树。相反，德内文认为，早期亚马孙人实行包括下层林木以及木本作物的集约型复合农林业，以保护田地免受侵蚀，并使肥沃的黑土日积月累。

就像村庄里的粪料堆一样，亚马孙黑土被认为是通过将烧过的炭灰
143 以及分解的废料混进土壤而形成的。在位于泰国东北部丛林的村庄的周围，人们也发现过类似的肥沃黑土。原住民社区习惯于让炭火持续燃烧，因此呈现棱镜状、被烧过的亚马孙黑土沉积物，应是在村庄内而非村庄周边生成的；此外，较高的磷钙含量表明，灰烬、鱼及兽骨在黑土形成中有重要作用。据估算，每二十五年可产生一英寸的黑土，因此厚达六英尺的黑土是在人类聚集地经历数千年的不断累积而形成的。今天，亚马孙黑土被采挖并成吨销往巴西正在经历城市化的各个地区。

加速的土壤侵蚀——无论是爆发性流失，还是经历几个世纪的渐进性流失——都给依赖土壤而生的人类带来灾难性影响。人类社会的一切其他组成部分——文化、艺术、科学——都依靠充足的农业生产才得以发展。这种因果关系常常在文化繁盛时被掩盖，而在农业岌岌可危时变得显而易见。近期，因土壤侵蚀影响而产生的环境难民，已经超越政治移民，成为全球最严峻的人道主义问题。农作物歉收和饥荒通常被描绘成自然灾害；事实上，人类对土地的滥用，在这一过程中与自然灾害承
144 担着同等的责任。

7. 黑色风暴

一个人无法阻止沙尘暴，却可以启动它。

美国农业安全管理局

在一个晴朗的日子里，我第一次搭乘从西雅图飞往伦敦的航班穿过北极，当时我被加拿大北部的景观深深吸引。当其他乘客正在欣赏一些好莱坞大片时，我却欣赏着六英里以下由裸露岩石组成的广阔平原，以及蜿蜒流动的浅水湖泊。在冰川期降临前的数千万年里，深厚的土层和风化岩石覆盖了加拿大北部。红杉树曾在北极地区生长。大约在两百五十万年前，因地球温度不断下降而形成的深度冻结的冰川，将加拿大北部的土层剥离，直至硬岩层露出；冰川推动古老的土壤，将其带到爱荷华州、俄亥俄州，甚至南至密苏里州。顺着巨大冰盖而下的疾风，将粉状的泥土吹向四方，形成了堪萨斯州、内布拉斯加州和北达科他州的土壤。这些由远古极端气候侵蚀产生的地质灰尘，如今是地球上最多产的农田的基础。

冰川亦将土壤从欧洲和亚洲北部的地表剥离，使厚实的土层——黄土——重新分布并覆盖了地球陆地面积的五分之一。黄土是理想的农业土壤，它以淤泥为主要成分，并掺杂了一些黏土和少量沙土。被誉为

“世界的面包篮”的北美平原的厚实黄土，是由冰川从北极地区剥蚀，再由强风送至中纬度地区的。由于含有大量的新鲜矿物质元素，这里的土壤异常肥沃。同时，由于这片土地上鲜有石块，翻犁相对容易。然而，由于黄土中缺少天然的凝结剂，因而在植被破坏及风雨的侵蚀下极易迅速
145 流失。

北美野牛在这片草原上生活了至少二十万年，这使得美国大平原形成了一层能够保护脆弱黄土的厚厚的草皮。大群的野牛在草原上漫步，它们的粪便为草原提供了肥料，使土壤更加肥沃。草原的生物量，都在地下支持着短草生长的复杂网状根系之内。传统的耕犁不会穿透这层将大平原的土壤与植被紧密抓牢的根系网。因此，美国早期移民便向着这片草原不断西迁。

1838年，约翰·迪尔与另一位合作者发明了能够掀起草原的厚草皮的钢犁。当他开始销售他那不可阻挡的犁具时，迪尔便埋下了一场人道和生态灾难的种子。因为，半干旱平原的黄土一旦被深层翻犁，就会在旱季迅速被风侵蚀。1846年，迪尔售出了一千个他发明的新式钢犁；几年后，他一年可以卖出一万个钢犁。只要有一匹马或一头牛再加上迪尔的犁，农民不仅可以翻起草原上的草皮，还可以耕种更大面积的土地。资本开始取代劳动力，成为农业生产的限制性因素。

另一个节省劳动的新机器要数赛勒斯·麦考密克的机械化收割机，它推动了农业变革，并重置了美国的土地状况、劳动力以及资本之间的关系。麦考密克收割机通过齿轮组驱动收割机刀片，在收割机前进时就可以完成小麦的收割和打捆。麦考密克于1831年开始试验设计；到19世纪60年代，芝加哥的工厂每年能生产上千台这样的机器。有了迪尔钢犁和麦考密克收割机的农民，其所能耕种的土地面积远远超过了先辈。

19世纪初的美国农业，仍依赖与罗马时代相似的农耕方式：人们手工播种，行走在由马或骡子拉的耕犁后面。家庭可使用的劳动力数量限制了农场的大小。到20世纪早期，拖拉机取代了马和骡子。在第一次世界大战结束后，美国农场大约有八万五千台拖拉机在运作；仅仅两年后，

这一数量增加了两倍，接近二十五万。有了钢犁和拖拉机，在20世纪生活的一个农民可以耕种的土地面积，大约是他19世纪的祖父的土地的十五倍。今天，农民听着电台广播，在开着空调的驾驶室里操纵庞大的拖拉机，一天可以耕作八十英亩的田地——这是约翰·迪尔所无法想象的，更不用说是罗马农民了。

伴随着迪尔的神奇钢犁向西蔓延，曾经贫瘠的土地变成投机者的天堂。1854年，美国政府划出一块被称为“俄克拉荷马领地”（乔克托族语言中的“印第安领地”）的印第安保留地，将包括切罗基人、契卡索人、乔克托人、克里克人以及塞米诺尔人在内的土著居民迁移于此。印第安人维持开放的大牧场的做法，在渴求土地的白人移民看来是极大的浪费， 146
因此没过多久他们便进入保留地。1878—1889年间，美国军队强行赶走了那些侵入印第安保留地的白人移民。商业利益，以及那些渴求耕种大平原肥沃土地的白人移民，不断威胁着十年前人们为了夺取土地而强加给印第安人的条约中对其做出的承诺——印第安人被迫放弃了自古以来对北美东海岸土地的使用权，以换取对俄克拉荷马州保留地的使用，以及不被殖民者继续干扰的权利。最终，美国联邦政府迫于社会舆论压力，在1889年春季宣布了开放俄克拉荷马州的土地给白人移民开发的计划。

1889年三月中旬至四月间，成千上万的人蜂拥至俄克拉荷马州的边界。在该地区正式开放的前一天，那些希望移居至此的人获准详细考察这片印第安保留地。土地争夺战自4月22日中午开始（这一天如今是国际地球日），骑警看着民众竞相争夺领地。避开了地界守卫的那些“捷足先登者”，已经开始提交官方文件以宣布其对最好的城镇建设地和农地的所有权。夜幕降临前，全镇的土地都已被立桩标出，并出现了多方声称对同一块宅地拥有所有权的情况。一周之内，五万多新移民瞬间成为这片“印第安人领地”上的主要人口。

次年，当新移民第一次种植的庄稼枯萎时，国会援助避免了饥荒等灾难的发生。年均十英寸的降雨量只能勉强支持抗旱性强的本土草，更别说是农作物了。与那些在旱季被晒干后仍然可以将肥沃的黄土保留在原地的原生野草不同，大片枯死的庄稼使黄土裸露于狂风暴雨中。

认识到潜在的农业巨灾后，大峡谷探险家、新上任的美国地质调查局总指挥约翰·卫斯理·鲍威尔建议，允许在半干旱西部地区的定居者拥有两千五百英亩土地，但只为其分配只够灌溉二十英亩土地的水。他认为这样做既能防止过度用水，又可以保护该地区脆弱的土壤。然而，美国国会坚持保留每个农场主一百六十英亩的土地配额，无论他们在哪里定居。若在加利福尼亚州，这些土地定可以带来一笔财富；而在平原上，一个勤劳的家庭即使在两倍大的农地上耕作，还是有可能挨饿。

支持大平原土地开发的人们，非但没有被那些持否定论调的悲观主义者吓住，而且还继续宣扬大平原所具有的无限农业潜力，并推广“雨随犁而来”的观点。新移民对大平原的开发恰好处于大平原的雨季，这种天时之便帮助推广了上述论调。在1870—1900年间，美国农民将大量处女地开垦为农业用地，其数量相当于前两个世纪中他们所拥有的农地总
147 和。初期，大多数作物生长良好——然而，干旱紧随而至。

19世纪末，逐渐普及的贷款，鼓励了俄克拉荷马州新农民的自由借贷。人们竭力耕种新开垦的土地，通过出口农产品的收入来还清他们的贷款利息。在俄克拉荷马州征地浪潮过去二十年后，为了抓住粮食价格在第一次世界大战期间飙升这一良机，农民开垦了四千万英亩的原生草原以获利。在20世纪初，降雨量高于历史平均水平，这种天时之便使得数百万英亩的草原变成了金黄色的农田。很少有人停下来思考，当狂风伴随着不可预知的旱灾到来时，这片土地上将会发生什么。

早在1902年，美国地质调查局第二十二届年度报告便指出，从内布拉斯加州到德克萨斯州的半干旱高原如果被耕犁，将极易发生土壤的快速侵蚀：“简要来说，高原是由其上的草皮所维系的。”在那些降雨量过少、不能持续支持农作物长期生长的“绝望的非农业”地区，放牧是适合这类地区的长期有效的唯一方式。[1]一旦草皮被剥离，在辽阔草原的狂风暴雨的作用下，黄土就会流失。在第一次世界大战期间的土地投机和高农产品价格的面前，这一调查结果显得苍白无力。到一个世纪以后，

把土地重新变成大规模放牧公地的提议，回应了这一富有远见的早期提议。

到了19世纪末，美国一半的潜在农田都已被耕种。即便是保守的教科书也认为，尽管拥有显著的技术进步，稳定的作物产量意味着土壤肥力的持续下降。人们意识到，土壤侵蚀是国家所面临的、事关最根本的重要资源的保护的问题之一。哈佛大学地质学教授纳撒尼尔·索斯盖特·沙勒甚至警告说，快速的土壤破坏威胁着文明的延续。

保护整个社会在土壤方面的基本利益不仅仅只是政府的工作，沙勒认为，这是它的主要目标之一。“土壤就像是地球上各种生物赖以生存的胎盘。有些物质在岩石中存在的状态是不能被植物直接吸收的；而它在土壤中的可溶物状态，则能够进入生命体。这一转化过程取决于岩石风化形成新土壤的速度。”沙勒认识到农业实践使土壤侵蚀快于它形成的速度，从而导致土壤肥力下降。“实行传统农业的真正目的，是为了达到岩石风化和侵蚀过程之间的平衡……除了极个别的例外，所有国家的 148
土地在被用来种植粮食的时候，人们都极少考虑到后代的利益。”[2]沙勒认为，那些滥用土地的人是最低级的罪犯。

沙勒知道耕犁是如何打破土壤生产和侵蚀之间的平衡的。“在其原始状态下，土壤每年丧失部分肥力，但表层物质流失的速度，一般不会超过底层基岩转变为土壤的速度……但当耕作被引入时，土壤流失速度的增加便成为难以避免的趋势。”[3]对这一平衡的干扰所导致的后果是显而易见的。

沙勒的观点被一系列现代证据所证实；他得出进一步的结论，即土壤侵蚀塑造了整个“旧世界”的古老历史。一旦土壤流失成为事实，在历史的时间轴上，便再也看不到它得以恢复的那一天。“当作为土壤肥力来源的心土层（B层）被剥蚀殆尽，这片土壤就可以被视为再无法为人所用，就好像它已经沉没海底，难以复现——因为在大多数情况下，地表需要千百年的时间才能恢复其原貌。”[4]遍布弗吉尼亚州、田纳西州和肯塔基州的六千平方英里因侵蚀而被抛弃的土地，印证了美国有重蹈“旧世界”的覆辙的倾向。

虽然沙勒建议，进行穿透心土层的深耕，有利于促进基岩层的风化，从而加速土壤形成，但是他指出，坡度超过五度的土地不应被耕犁。他虽然预测到人类对土地施肥可能会取代自然的岩石风化过程，但是，他却未曾料想农业机械化将会如何进一步增加美国农田的土壤侵蚀速度。

无论如何，土壤侵蚀在那时逐渐成为一个全国性的问题。1909年，美国保护大会（National Conservation Congress）的报告指出，几乎已有一千一百万英亩的美国农田因受到侵蚀破坏而被弃用。四年后，据美国农业部估计，全国每年的表层土壤流失总量，是修建巴拿马运河所挖走的土壤的两倍多。又过了三年，威斯康星州农业实验站的研究人员估计，该州一半的耕地面积遭受土壤侵蚀，并对经济活动产生了不利影响。

在第一次世界大战初期，美国农业部年刊曾对土壤侵蚀造成的经济损失表示过惋惜。雨点就像是“成千上万个小锤子砸在土地上”，在裸露的土地上汇成小溪流，慢慢地窃取着国家的未来。“在原有的自然侵蚀过程下，表层土壤虽然随着时间不断流失，但更多的土壤由深处的风化岩石层形成，因而土壤形成的速度大于土壤流失的速度。而如今，山
149 坡上的土壤层，显示着已形成和已流失的土壤量之间的差别。当山坡上的树木被砍伐后，在土壤形成速度不变的情况下，土壤流失的速度却大大提高。”[5]那时，已有超过三百万英亩的农田因土壤侵蚀而被荒废；而另外八百万英亩的土地，因为过于贫瘠而让农民入不敷出。

对未被严重破坏的土地实施复垦，是可行甚至是有利可图的，但是，这同样意味着需要实施新的耕作方法和态度。

> 当与农民们谈到土壤侵蚀这一问题的时候，许多人饶有兴趣地同意，其实它造成的损失是巨大的。他们会说：“是的，我的一些土地受到严重的侵蚀，但是无论做什么都没有用。”若有可能，他们期待由政府采取措施来实施土地复垦，并且只有在面临别无选择的困境时，他们才会尝试“停止自身对土壤造成的破坏”的建议。在过

去，转移到新的地区耕作比修复土壤要便宜得多。[6]

土壤流失缓慢，以至于农民认为事不关己。此外，机械化使人们可以开垦和耕犁更多的土地，而不必去担忧已耕作土地上的土壤流失问题。机器很昂贵，并且需要农民自己承担费用；泥土很廉价，廉价到即使所有地方的泥土都在流失，人们都不在意。

开阔的大平原成为使用拖拉机的理想场所。第一台机动式拖拉机出现在1900年左右。到了1917年，数百家企业制造出更小更实用的机型。在农用机械市场被国际收割机公司、约翰·迪尔公司等农业机械公司占领前，亨利·福特发明了一种后部有套钩，可以在整个农场上拉动耕犁、圆盘犁、铲刀和其他推土设备的拖拉机。有了这些非同凡响的机器，一个农民可以耕作的土地远远超过了他用牛或马来犁田时的数量；他还可以耕犁草场，使其变为农田，然后种植更多的农作物。

购置这套新机器的总费用，已经超出了很多小型农场可以承受的范围。在1910—1920年，堪萨斯州一个典型农场的农具总价增加了两倍；在接下来的十年中，农具总价再增加了两倍，因为有更多的农民购买了拖拉机、卡车和联合收割机。当粮食价格高的时候，使用机器是盈利的；

用圆盘犁开垦新地，堪萨斯州格里历镇，1925年。

而当粮食价格下跌时，例如在第一次世界大战之后，许多农民就陷入了无法偿还的债务危机。对于那些能够继续经营的农民来说，只有使用更
150 大型的机械，耕种更多的土地，未来才有保障。就像17—18世纪英国的圈地运动让许多贫苦农民流离失所一样，拖拉机的流行也使因缺乏资本而无法加入这股潮流的农民流离失所。

1928年，当休·本内特和W. R. 查普林出版第一份全国土壤侵蚀评估报告时，表层土壤流失速度已达到了每年五十亿吨，比19世纪的土壤流失速度快了好几倍，是同期土壤的形成速度的十倍。在全国范围内的所有农田被侵蚀的表土层的土量，甚至足以覆盖整个南卡罗来纳州。六年之后，事实证明本内特和查普林的评估报告低估了事态的严重性。即使在1929—1936年的美国持续干旱和大萧条时期，俄克拉荷马州农场的拖拉机数量依然在增长。新式的圆盘犁，在横梁的外面围着一行凹面板，可以彻底翻铲表土层，形成了在干旱情况下易被风蚀的粉末状表层。

1933年的第一场大风暴在11月11日横扫南达科他州。一些农场在仅仅一天之内便失掉了其所有表土层。从第二天早晨开始直到中午，天空一直是暗的，因为空气中有四分之三是尘土。没有人知道，那仅仅是个开始。

1934年5月9日，蒙大拿州和怀俄明州的土地也被狂风撕成了碎片。狂风横扫南北达科他州，不断地刮起地上的尘土，最终裹挟着三亿多吨的肥沃表层土壤，以每小时一百多英里的速度向东推进。在芝加哥，平
151 均有四磅重的尘土从天上掉到了每个人的头上。第二天，位于纽约州东北部的布法罗，在中午时已陷入一片黑暗。到了5月11日的傍晚，灰尘落在了纽约、波士顿和华盛顿。天空中巨大的棕色乌云，从遥远的大西洋海面上都能看到。

曾经被永久植被所覆盖，被上百万的北美野牛啃食（其粪便反过来为其提供肥料）的草原，在经历了翻垦和长期干旱后破碎衰亡。没有了青草及其根系来巩固土壤，在几十年前毫无危害、吹过草原的风，如今变成了撕裂乡村田野、飞沙走石的飓风。不断移动的尘土覆盖了广袤的区

域，狂风刮起裸露在枯萎农作物的残茬之间的粉末状土壤。狂风所带起的尘土让人感到窒息，并且撕扯着庄稼，杀死了牲畜，将遥远的纽约市整个覆盖于一层可怕的尘土面纱之下。

美国国家资源委员会指出，到1934年底，沙尘暴所摧毁的地区的面积总和已经超过了弗吉尼亚州；另外还有几百万英亩的土地受到严重破坏。

在1935年春天，强风又一次席卷了堪萨斯州、德克萨斯州、科罗拉多州、俄克拉荷马州和内布拉斯加州的干旱土地。这些地方的土地刚刚被耕犁，没有植被可以将干燥的黄土留在原地。这些优质的肥沃土壤形成了黑色的风暴，高达一万英尺，遮天蔽日。这些粗糙的沙砾在地上乱舞，不断击打着篱笆桩。路灯终日亮着。狂风将土壤堆积成撒哈拉沙漠般的沙丘，使得列车无法行驶，飞机不能起飞。

1935年4月2日，休·本内特在美国参议院公共土地委员会（Senate Public Lands Committee）上申明了"国家土地保护计划"的重要性。本内特知道，从草原上刮来的一场巨大沙尘暴，当时正向着华盛顿挺进。沙暴现场的调查机构通过电话向其汇报这场黑色风暴的最新动向，这使得本内特能够掐算好发表声明的时间——当他演讲时，天空开始变暗。国会着实被这一场景所惊吓，于是他们指派本内特领导新的土壤保护局。

这个机构面临着一项艰巨挑战。在新移民迁入仅仅几十年后，贫瘠的荒漠已取代原生草原。美国总统富兰克林·D. 罗斯福在1934年11月宣布不再分配印第安领地内的剩余公地给移民作宅地，从而终结了大平原的移民时代。美国的农业扩张时代亦正式结束。受黑色风暴影响而被迫离乡的农民，开始在别处寻找工作。

在20世纪30年代，超过三百万人离开大平原地区。并非所有人都因风沙而逃离，但是差不多有七十五万农民被迫离乡西行。这些早期 152
移民的孙辈变成了环境难民，他们一直不受欢迎，直到抵达加利福尼亚州——北美大陆边缘那片缺少劳动力的新地。

土壤侵蚀的问题并非仅仅发生在尘暴区。1935年，美国农业部预

沙尘暴于1935年4月18日抵达德克萨斯州斯特拉特福德市（美国国家海洋和大气管理局，乔治·E. 马尔什的相册；参见www.photolib.noaa.gov/historic/c&gs/theb1365.htm）。

计被毁坏和废弃的农田数量可能高达五千万英亩，更有面积两三倍于此的土地，每四到二十年就要失掉一英寸厚的表土层。爱荷华州二十万英亩被弃耕的农田所受到的侵蚀是无法挽回的。一年后，新土壤保护局指出，密苏里州超过四分之三的土地，已经失去了至少四分之一的原始表土层，即自该州土地被新移民开垦算起，共有超过两百亿吨的泥土流失——最初十六英寸厚的表层土，仅剩下四英寸仍保留在原地。美国农业工程局（后部分并入美国土壤保护局）报告称，对东南部地区的农场而言，二三十年内失去超过六英寸厚的土壤，这种情况极为普遍。联邦政府在沙尘暴灾难后期投入了十亿美元的救济款，它也意识到，土壤保护是保证国家长治久安的重大问题。

各州和联邦的数个委员会的调查，都将20世纪30年代严重的沙尘
153 暴归因于被耕种的农田面积的急速增长，其中许多都曾是偏远的未垦地。例如，堪萨斯州农业局将灾难归因于落后的农业实践："土壤不但在极度干旱的情况下被耕作，而且在大多数情况下，人们并没有实施任何措施来补充土壤有机质……在干旱条件下被耕种时，土壤会变得松散并

谷仓旁被沙尘掩埋的机器，南达科他州达拉斯市，1936年5月13日（美国农业部，图片编号No: oodio971CD8151–971；参见www.usda.gov/oc/photo/oodio971.htm）。

呈现出粉末状。在这个区域，有个别农民采用良好的土壤管理方式，他们发现防止农田土壤被风剥蚀是可能的；飞扬在他们田地上的尘土来自邻近的农场。”[7] 1936年，由美国众议院召集的大平原委员会在报告中确定，经济驱动力是造成沙尘暴灾难的主要原因。

> ［第一次］世界大战和紧接着的通货膨胀，让小麦的价格达到新高，从而引起小麦种植面积的惊人增长。尽管战后小麦价格暴跌，大平原地区的农民仍继续大面积种植小麦，不顾一切地赚钱来 154
> 支付债务、税收，以及其他不可避免的费用。在这一点上，他们毫无选择。如果没有钱，他们就不能保障其偿还能力，或者无法继续从事农业生产。然而若是想要赚钱，他们就不得不推广那些破坏性极强的农业活动。[8]

时任土壤保护局副局长的沃尔特·罗德民，建议用未耕土地的自然侵蚀速度来作为地质学上的侵蚀标准，并以此为基准来评估人类活动造成的侵蚀程度。当土壤保护局将县级土壤侵蚀地图编撰到国家级地图之中时，罗德民的建议看起来是适用的。调查结果是惊人的：大约两亿英亩、约占调查总面积十分之一的土地，其原始表土层剥蚀量超过四分之三；大约六亿多英亩、约占调查总面积三分之一以上的土地，其原始表土层剥蚀量达到四分之一到四分之三；大约十亿英亩的土地的原始表土层剥蚀量达到四分之一。美国正在失去它的土壤。

1940年7月，休·本内特在全国教育协会年会的会前演说中指出，六年前五月的沙尘暴是唤醒公众意识的转折点。“我猜想，当住在美国东海岸的人们开始感受到来自两千英里之外的大平原的沙尘时，他们中的许多人才第一次真切感受到，我们的土地出现了问题。”[9]

1935年4月27日，美国国会宣布，土壤侵蚀已成为一个全国性的威胁，并且建立了土壤保护局——加强涉及多个联邦部门行动的单一机构。一年之后，新上任的土壤保护局局长休·本内特，在一个奉罗斯福总统之命召开的会议的开幕词中，对美国农田土壤快速的流失速度与缓慢的形成速度做了比较。

通过引用一系列联邦调查研究，本内特展示了美国国土正在如何快速地消失。德克萨斯州的泰勒侵蚀研究工作站发现，这个地区最佳的农耕方式，也会使土壤流失速度几乎达到生成速度的两百倍；管理不善的农耕方式则使侵蚀速度增加至原有水平的八百倍。在密苏里州的贝瑟尼研究工作站发现，该地区典型的玉米地的土壤流失速度，是苜蓿地的土壤流失速度的三百倍。

研究还表明，对于因受侵蚀而松动的表土层，雨水落至地面后，其下渗量减少并顺着地面流失；而地表径流的增加，将进一步冲蚀更多表土层，致使径流量进一步增加。一旦这一恶性循环开始，表土层将很快
155 消失。

据本内特估算，雨水若想从俄亥俄州的原生草原上剥蚀六英寸厚的表土层，需要超过五千年的时间。这是合理的，因为这一推算接近他

认定的土壤形成速度——大约每千年一英寸。与之相比，在一片被持续耕作的土地上，六英寸的表土层在三十多年的时间里就会流失。位于俄克拉荷马州格思里的侵蚀研究工作站发现，在覆盖平原的细沙质的沃土上种植棉花时，其土壤侵蚀速度是原生草地水平的一万倍——棉花种植会在不到五十年的时间里，将这片土地上厚达七英寸的表土层剥蚀；而生长着天然牧草的同一块土地，可维持二十五万年以上。这些数据所传达的信息是显而易见的，本内特建议不要在丘陵及易受侵蚀的土地上耕种。

1953年，时任土壤保护局副局长的沃尔特·罗德民再次呼应本内特发出的警告，指出美国几乎四分之三的农田的土壤流失速度快于土壤形成速度。他强调，美国正在追随着远古文明，走在灭亡的道路上。他疾呼，七千年的历史告诫我们，不要在山坡上耕种。

> 简而言之，我们的文明面临着潜在的威胁。通过开垦坡地并在其上耕种——事实上，土地多少都有些倾斜——我们使土壤暴露在风雨之下，进而加速侵蚀……这使我们进入了一种自我毁灭式的农耕模式……除非采取贯穿整个大陆的土壤保护措施，否则随着人口的不断增加，农产量将会因土壤资源的消耗而减少。[10]

罗德民并不认为这是几世纪之后遥不可及的威胁。在他看来，20世纪的那些战争，都是争夺土地控制权的战争。

第二次世界大战之后，军用器材装备线转为民用，这戏剧性地增加了拖拉机的产量，完成了美国农场的机械化，为发达国家高效的工业化种植铺平道路。到了20世纪50年代，几百万台拖拉机在美国的田间地头运作——这是20世纪20年代拖拉机数量的十倍。美国农民的数量随着耕地面积的增加而减少，更多的人搬去了不断扩大的城市。只有少量的农民依然留在本地，种植经济作物来偿还他们购买新型省力机械的抵押贷款。20世纪的机械化，与19世纪美国南方的奴隶劳动一样：它们是在不同地方被要求做着相同的事情——除了根据土地的特性改进耕种的

156 方法。

大约每二十年，北美大平原就会遭受一次干旱。在雨水充沛的20世纪40年代，伴随耕地面积的翻倍，小麦产量增加了三倍，并创造了在战争期间粮食出口欧洲的最高纪录。1956年，干旱再度降临，使小麦收成受到重创。20世纪50年代发生的干旱，其持续时间与30年代那次一样长，其严重程度堪比19世纪90年代那次（尽管人们普遍认为，这次实施的土地保护项目防止了另一场黑色风暴的诞生）。小型农场纷纷破产，而能更好地抵御周期性干旱的大农场则引进了更多更大的农业机械。

1933年，美国政府开始提供农场补贴。在其后一年的时间里，大部
157 分北美大平原的农民都参与到了各种致力于保护土壤、发展多样化种

在陡峭的山坡上耕犁，1935年前后（国家档案馆，照片编号RG–083–G–36711）。

植、稳定农场收入、创造更为灵活的农业信贷的项目中——其中，允许农民获得更多贷款的最后一项，改变了美国的农业。十年之内，农场债务增加了一倍多，而农场收入却只增加了三分之一。尽管政府持续增加补贴，但在1933—1968年之间，美国农民人数减少了40%。到20世纪60年代末，那些能够负担越来越贵的农用器械和农用化学品的企业式工厂化农场，开始主导美国的农业。

尽管在细节上与罗马和美国南部的农业不同，大型企业式农场的经营同样漠视土壤侵蚀的问题。

> 从本质上说，企业式农场只是土地的暂时拥有者……佃户即使在农场工作超过一年，也依旧没有保障……因此，企业式农场上的大部分土壤脆弱且受到了侵蚀，除非大部分的农业企业能够被说服，并在他们的土地上开展明确的土壤保护项目。沉重的抵押贷款债务赋予土壤以特殊的财政压力，这迫使农民尽其所能地压榨土地来偿还贷款。[11]

农业机械化的发展使农民以自然资产为代价，贷款购买机械和化肥，从而加速了土壤流失。

沃本实验农场是1876年由英国皇家农业协会在伦敦北面约二十五英里的地方建立的，其农场记录无意间记载了农耕模式的变化对土壤侵蚀造成的影响。前半个世纪的农作物收成试验记录中，鲜有与土壤侵蚀相关的记载；但在第二次世界大战以后，除草剂和重型农用机械的引入则改变了这一点。

关于土壤侵蚀问题的第一例记录，发生在1950年5月21日的一场风暴之后。密集的降雨在裸露的田地上刻出了一条四英寸深、三英尺宽的冲沟；甜菜圃被成堆的泥土和被冲蚀出地面的土豆所掩埋。60年代严重的土壤侵蚀，使试验田中的有机氮含量急剧减少。到了80年代，农场成了验证土壤侵蚀的模型——每年有十几次的侵蚀性事件发生，尤其是在陡坡上。同样，农场工人在1882—1947年的日记中，只是详细记载了

粮食收成的细微差别、耕作技术、泥土酸碱度和害虫等对农作物的破坏
158 情况，而并没有提到发生土壤侵蚀的情况——直到重型农用机械和农用化学品被引入。21世纪的农耕方式大大加速了土壤侵蚀。

一个最经久不衰的农业谬谈，便是规模更大的机械化农场比传统的小型农场效率更高，利润更大。但是实际上，大型农场生产单位产量所需的投入更高，因为需要购买昂贵的设备、化肥和杀虫剂。即使不谈健康、环保和社会成本等方面的优势，与具有规模经济特点的工业化企业不同，小型农场可以更有效率。美国国家研究协会1989年的一项研究结果断然挑战了“规模越大，效率越高”的美国农业神话。“管理良好的替代性农业系统生产单位产量要比传统农场使用更少的合成化学杀虫剂、化肥和抗生素。减少这些投入可以降低生产成本，减轻农业对环境和健康造成的负面影响，而不会使产量下降——在某些情况下，还能增加每英亩的产量。”[12]

与大型农场相比，小型农场的亩产量可以更高。一份美国1992年农业普查报告显示，小型农场的单位亩产量是大型农场的二到十倍。当和面积大于六千英亩的大型农场相比时，面积小于二十七英亩的农场的单位产量是其十倍之多。一些小于四英亩的迷你农场的单位英亩产量，甚至是大型农场的一百倍之多。在发展中国家，大部分的土地拥有者拥有的土地面积都小于十英亩，世界银行鼓励这些小型农场提高农业生产力。

小型农场和工业化大农场运作方式的一个关键不同就在于，大型农场一般实行单作——即使他们在不同的地块上种植不同的农作物。种植着单种农作物的土地适合重型机械和农用化学品的集约施用。一般来说，尽管单作能让单种作物的亩产量达到最高，但是多样化的混养，能使单位土地面积收成更高。

尽管小型农场总体效率很高，但是规模更大、更具工业化的农业仍是发展趋势。20世纪30年代，美国有七百万的农民进行农耕；如今，只有不到两百万的农民还留在他们的土地上耕作。自20世纪90年代起，美国平均每年失去超过两万五千户的农民家庭；在过去的五十年间，美

国平均每天有超过两百户的农民离开他们的土地。在20世纪后半叶，农田的平均大小增加了一倍，由不到一百公顷发展到接近两百公顷。如今，占美国农田总数不到20%的工业化大型农场，生产着几乎占美国农产品总量90%的食物。 159

从1950年到20世纪90年代，美国粮食产量增加了一到两倍，同时机器、化肥和杀虫剂的成本也由之前农场收入的一半，上升到了四分之三。有两种类型的农田成功存活了下来：一种是选择完全放弃工业化耕作的农田；另一种则是通过扩大生产规模，来弥补在工业化耕作方式下每亩农田的纯收入的减少。到20世纪80年代，被美国农业部称为“超级农田”的规模最大的农田，其收入占到了美国农业总收入的一半。

如果小规模农业的单位面积产量真的如此之高，为何美国的小型农场却在走下坡路呢？对于小规模农业来说，机械化的高额成本是一大经济灾难。农场必须足够大，才能够利用技术集约型耕种方法获利——而不是用劳动集约型的耕种方法。被灌输着“现代化意味着机械化”的观念，经营小型农场的农民因过度借贷而陷入债务困境中，大公司乘虚而入，买光了他们的土地。“现代化”无法让农田继续为小农户所持有，却给农用机械生产公司带来暴利——他们生产农用设备和物资，并“指导”农民如何使用其产品。

被经济和社会趋势所推动的机械化，将农业产业化，并加剧了土壤流失。新的农用设备使集约耕作变得简单——它们耕得更深、更频繁。和古罗马的情况一样，在一年中的大部分时间里，没有植被覆盖的农地裸露于风雨之中并受其侵蚀。伴随着农业机械化，土壤保护措施——如梯田种植、设置灌木篱笆和防风林——为这些大型机器的移动增加了障碍。等高耕作法的出现适应了大型机器无法在坡耕地上急转弯的特点。土壤，如今成了一种商品，并且是众多农业生产投入中最廉价的一种。

在提升公众和政府的环境认知上取得的实质性进展，只能减缓却无法阻止土壤流失。有些地方比其他地方的情况更糟。在美国中西部腹地，如岛屿般散布的天然牧场，比相邻耕地要高出六英尺——这意味着自人们定居于此，土壤以每年半英尺的速度流失。爱荷华州在过去的一个半世纪中流失了一半的表土层。与之相比，华盛顿州东部的帕卢斯地区就“幸运”得多——在过去的一个世纪中，其富饶的表土层只流失了三分之一到一半。

1867年的夏天，第一批定居者抵达帕卢斯。他们在峡谷底部种植谷物并饲养牛和猪，再将其卖给附近爱达荷州的矿主们。该地区深厚的黄土本可以生产出更多的农作物，但是由于很难进入农作物市场，因而一直只是在为本地与邻近地区提供食物。直到19世纪80年代，新建成的铁路让这片土地向远处的市集、新型的农用设备和更多的农民敞开。到了19世纪90年代，帕卢斯的大部分土地都处于被耕种的
160 状态。

一旦黄土被开垦和耕犁，土壤侵蚀迅速变成一个严峻问题。20世纪早期，华盛顿州立农业大学的威廉·斯皮尔曼在这一地区进行巡回演讲，向人们普及每年夏天将耕地裸露的常规做法所带来的土壤侵蚀的危险。几乎没有人愿意听从这位年轻教授的警告，人们不相信每年出现的这些烦人的细沟最终会累积成为严重的问题。

20世纪30年代，拖拉机在帕卢斯和其他地方开始代替马拉犁，这使得每个农民可以耕种更大面积的土地。为了能够将这种高效劳动力资本化，土地所有者改变了传统租赁土地收益分成的方式——他们只允许佃农保留一半多的收成，而非之前的三分之二。如此一来，佃农们必须比以前更加努力地耕种，并减少诸如用以控制土地侵蚀的“奢侈”支出。农民们如今得以耕种更大面积的土地，却不一定能赚更多的钱。

到1950年，美国农业部调查报告显示，帕卢斯有10%的土地流失了所有的原始表土层，80%的土地流失了25%—75%的表土层，只有10%的土地保留了超过75%的原始土壤。1939—1960年的年度土壤调查显示，该地区平均每十年流失半英寸厚的土壤；在超过十五度的坡地上，平均每五年就会流失一英寸厚的土壤。

在桑顿（Thornton）附近的农场中一个建于1911年的水塔，正好证实

了在坡地上耕种的后果。原本比旁边的山顶高出一英尺半的水塔，到了1942年比周围土地高出将近四英尺，到了1959年比周围土地高出六英尺。也就是说，在不到五十年的时间内，耕种使得四英寸半的土壤从坡地上流失了，即平均每年流失约一英寸。爱达荷州东部的一些土壤在20世纪初期有超过一英尺厚，而到了20世纪60年代，只有半英尺的土壤仍保留在岩石层上——这是耕作所需的最浅厚度。

在1939—1979年间，帕卢斯地区农田的土壤年平均侵蚀量超过了每英亩九吨；在陡坡上超过了每英亩一百吨。未被耕种的牧场和森林的土壤年平均侵蚀量则不到每英亩一吨。在黄土上耕种将使侵蚀速度增加至原有水平的十倍到一百倍不等，这主要是由雨水径流冲刷刚被耕犁过的土地所致。简单的土壤保护措施，可以使土壤侵蚀减半而不会减少农田收入——但这意味着需要对耕作方式进行彻底改变。 161

美国土壤保护局在1979年指出，三十年的耕种使得土地比未被耕种的草地降低了将近三英尺。被耕种过的土地的坡底堆积着四到十英尺高的土堆。用一个典型的十六英寸犁铧间距的铧式犁（sixteen-inch moldboard）沿等高线进行耕种的实验表明，每一次耕犁通常会使土壤向下坡向移动一英寸。在希腊青铜时代山坡土壤被剥蚀的过程，如今又在美国的帕卢斯重演。

仅仅是耕犁，就会使土壤向下坡向推移的速度远高于任何自然侵蚀过程。即便如此，这个过程仍很难被人察觉，它悄无声息地发生于每一次的耕犁过程中。与古时欧洲和中东的情况一样，一代接一代的犁耕农业，将使土地资源被耗尽；同时，现代农业技术会进一步加快该进程。

风蚀作用也是加剧这一困境的原因之一。从华盛顿州东部的七月四日湖取得的湖床沉积物岩心显示，自现代农业被引入该地区后，土壤落入湖中的速度增加了三倍。自然条件下的风蚀作用很难准确测量，但 162
在合适的情况下，它会变得极端。在土壤保护方法被采纳前的黑色风暴时期，风蚀使堪萨斯州的田地每年流失四英寸厚的土壤。直到今天，从裸露而干旱的地表被卷起飞舞的沙尘，仍是华盛顿州东部地区所面临的问题之一。1999年9月，在靠近俄勒冈州彭德尔顿（Pendleton）的84号洲际公路发生的多起严重交通事故，正是因为从田间吹来的肆虐沙尘导致司机们看不清道路。

耕犁打破了土壤结构，使其裸露而松散；作物还未生长出的土地在风暴的蹂躏下受到严重侵蚀。在美国中西部地区，有超过一半的玉米地的侵蚀，都发生在五月和六月——那时玉米还未长大，不能遮蔽土地。

一旦表土层流失，农民只得在有机质含量低、营养含量低和蓄水能力较差的心土层耕作，农作物产量因此降低。当佐治亚州和田纳西州西部的表土层流失六英寸时，其农作物产量几乎降低了一半；在肯塔基州、伊利诺伊州、印第安纳州和密歇根州土壤侵蚀严重的地区，其玉米产量比过去减少了四分之一。仅仅是一两英尺的土壤侵蚀量，就能大大削减土地生产力——有时甚至完全丧失耕种能力。美国只有不超过50%的农用地坡度低于2%，其受到加速的土壤侵蚀的威胁较小；而占美国农用地33%的陡坡田，预计将在21世纪中期完全丧失生产力。从1985年开始，“草地保护计划”向农民支付用于恢复和保存易受侵蚀的草地的费用。

土壤侵蚀并不只是资本主义农业的问题。拥有肥沃黑土的俄罗斯草原，在原生植物被清除后，也发生了土壤快速侵蚀。早在16世纪，俄罗斯聚居点周围就有很深的冲沟；然而，土壤本身的脆弱性并未减缓20世纪苏联农业工业化的脚步。1929年颁布的苏联第一个五年计划中，就包括将大草原转变为工业化农场的直白号召：“只有当我们用拖拉机和犁将这块有着千年历史的处女地开垦，这片草原才会真正属于我们。”[13]但与计划相反的是，当草地被耕犁后，沙尘暴便开始肆虐。

在20世纪50—60年代，苏联“处女地计划”（virgin land program）的实施，将一亿英亩的边缘耕地投入生产种植。赫鲁晓夫总理不顾杰出科学家们提到的美国黑色风暴形成的历史教训，在1954—1965年间，他命令国有集体农场耕犁四千万英亩处女地。尽管如此，食物产量仍无法满
163 足苏联战后的粮食需求。

由于在休耕期裸露的土地受到严重侵蚀，大部分新开垦土地的农产量没过几年就开始下降。在处女地计划实施得最如火如荼的阶段，苏联农业一年就失去了超过三百万英亩的土地——这绝非完成五年计划的好方法。在20世纪60年代的干旱期，严重的土壤侵蚀破坏了几乎半数新开垦的土地，导致了鲜为人知的“苏联黑色风暴”，并促使赫鲁晓夫下台。

在1986年之前，苏联信息审查局一直隐瞒着环境问题的严重程度。其中最严重的当属“咸海灾难”。1950年，苏联政府启动了一项将整个地区转变为单一棉花种植区的大型项目，以实现“棉花自给”。苏联通过改善种植技术，大量使用化肥和杀虫剂，以及扩大灌溉和机械化农业项目，使农作物产量大幅提升。在1960—1990年间，苏联建造了数千里的新沟渠和超过六百座大坝，以分流咸海。咸海自然而然也开始萎缩。

随着咸海的枯竭，周围的土地也干涸了。到1993年，几十年来连续的取水，使咸海水位下降了近五十五英尺，裸露的海床上出现了一个新的沙漠。20世纪90年代，大型的沙尘暴将总重达一亿吨的来自咸海的盐和泥沙，吹至一千英里之外的俄罗斯农场。渔业和农业的同时崩塌，引发了人口的大量外迁。

事后公开的区域评估表明，沙漠化对哈萨克斯坦、乌兹别克斯坦和土库曼斯坦三分之二的干旱土地造成影响。直至苏联解体，解决这一日益严峻的威胁的提案都无人提及。各加盟国的独立，只是助长了种植更多经济作物用以出口的欲望，这使得与土壤侵蚀的斗争被移到了政治议程的最底端。毫无疑问，土壤侵蚀是对国家发展的长期威胁，但更多对眼前利益的考量还是占了上风。

类似的情况发生在俄罗斯南部狭小的卡尔梅克共和国，该国位于伏尔加河和里海之间。从第二次世界大战到20世纪90年代，草原上的过度耕作使该国大部分地区沙漠化。接近十分之一的土地变成了贫瘠的荒地。

卡尔梅克共和国的原生草原曾是理想的牧场。早在12世纪，卡尔梅

克人就已经将牛带到这里放牧。据说那时这里草地丰茂，以至于马吃草
164 时都不用低头。该地区传统的土地利用方式，以育马和放牧牛羊为主。因被指控与德国人合作，卡尔梅克人在1943年被集体流放到西伯利亚；等他们在十五年后回归故土时，欧洲的第一个沙漠正伴随苏联如火如荼的农业工业化进程而生。

冷战期间，苏联出台了开垦卡尔梅克牧场并种植农作物的政策，以增加谷物和甜瓜的产量。这使得在被保留的草场上，羊的数量几乎翻了一番。在20世纪60—90年代，饲料作物的产量减少了一半。不断扩张的沙漠平均每年吞噬掉五万公顷的裸露土地以及过度放牧的牧场。到了20世纪70年代，卡尔梅克共和国有超过三分之一的地区出现半沙漠化。

在半干旱地区的原生草原上进行的耕种，导致了一系列生态问题，这让人想起美国的黑色风暴。建立于曾经更为广袤的里海河床积沙之上的卡尔梅克共和国，其肥沃的土壤被丰茂的原生草的根系牢牢抓紧。而在经历了几十年的耕作后，曾覆盖一百万公顷土地的草原，有三分之一以上都变成了移动的沙海。在大规模发展农业以后，1969年的一场大型沙尘暴，将卡尔梅克境内的土壤吹到波兰；十五年之后，另一场沙尘暴又携卷着卡尔梅克的土壤直至法国。卡尔梅克共和国总统在1993年8月1日宣布，全国范围内爆发生态危机——这是全世界第一份由政府所发出的关于土壤侵蚀的公告。

20世纪后半期，面临土壤流失速度快于自然土壤形成速度问题的国家，绝非美苏这两个超级大国。在欧洲，土壤侵蚀速度是土壤形成速度的十到二十倍。到了20世纪80年代中期，澳大利亚约一半的农业土壤因侵蚀而退化。菲律宾和牙买加的坡地土壤侵蚀量，达到了平均每年每公顷四百吨——这相当于每年要流失一英尺半厚的土壤。在土耳其，占国土面积一半的地区受到严重表土层侵蚀的影响。土壤侵蚀一旦发生，其破坏性的后果将影响好几代人。

在20世纪70年代，撒哈拉沙漠以南的非洲也遭遇了从其土地上刮起的黑色风暴。在20世纪以前，西非农民采取轮作模式，这使得农田得

以休耕很长一段时间。同时，牧民们每年实行穿越草原的季节性移动放牧，因此草原的放牧压力很小。然而自进入20世纪，传统牧场面临人口增长和农田侵蚀的双重压力，这增加了农民和牧民对土地的集约使用。大规模的草场开垦和退化引发严重的土壤流失，由此形成了一大批流离失所的环境难民。

非洲的萨赫勒地带（Sahel，意为“边缘”），位于赤道森林和撒哈拉沙漠之间的半干旱地区。该地区平均年降雨量为六至二十英寸，但雨量
的年际变化很大。在雨水丰沛的年份，塞内加尔北部有超过一百天在 165
下雨；而在少雨的年份，年降雨天数不足五十天。对古老湖泊水位变化的研究表明，在过去的几千年中，长期的干旱发生过多次。对位于萨赫勒地带北部阿特拉斯山脉（Atlas Mountains）的树木年轮的研究表明，在1100—1850年间，至少有六次持续时间为二十到五十年不等的严重旱灾。其后一轮毁灭性的旱灾，发生在西非约五十万平方英里的森林在不到一个世纪内被砍光之后。

1973年的西非饥荒导致十万余人丧生，七百万人靠捐赠的食物度日。这场危机虽然是由干旱所引发，但其根源在于人与土地之间的关系发生了变化：在土地植被被大规模清除后所发生的旱灾，将比历史干旱期造成更为严重的土壤侵蚀和人道主义灾难。

长久以来，萨赫勒地带的游牧民和定居农民实行一种传统的共生模式：在农田作物被收割后，游牧民的牛会啃食田间作物残茬，其粪便亦可补充田地肥力。当雨季来临，畜群会追随着草原上新生的牧草北行；直到前方的牧草不再比脚下的更绿，牛群便被牧民们赶着南返，啃食北上时身后新长出的牧草。畜群会及时赶回南部被收割过的田地，啃食田间残茬并施肥。此外，萨赫勒地带的农民会在田间种植多种农作物，并让土地在两次耕作期之间休耕数十年。伴随着萨赫勒地带在法国殖民时期被分割到不同的殖民国家，这种传统的共生模式也被打破。

19世纪末期，法国殖民统治在萨赫勒地带的快速扩张，改变了防止过度放牧并给土地施肥的社会习俗。殖民政府在新的行政中心扶持商人，以刺激人们的物质需求。人头税和牲畜税的征收，迫使农民和游牧

民族从自给自足的生产方式，转向为法国市场生产产品。新的政治边界的设立，使得几个世纪以来一直驱赶着牲畜进行移动式放牧的游牧民，不得不通过增加牲畜密度以支付税款。农民移向北方的边缘土地，种植谷物以出口欧洲；而牧民则向南方移动——这里曾因缺少稳定水源和存在安全隐患，长期以来未开展大规模的牛羊放牧。大量集中的畜群聚集在新掘的水井周边；被破坏的草场使土壤裸露，在夏季暴雨期任凭风雨侵蚀。

更为集约的放牧和种植，在萨赫勒地带均匀且持续地展开。在
166 1930—1970年间，牲畜数量增加了一倍，而人口数量则增加了两倍。种植着棉花和花生这类经济作物的新的法国种植园，把自耕农赶到了狭小的边缘地区。伴随着休耕期变短或被取消，农作物产量开始下降。干枯的作物下方的裸露土地，逐渐干涸并被风剥蚀。

1972年，极度干旱使得牧草无法生长。持续的过度放牧导致前一年的牧草所剩无几，因此牲畜的死亡率很高。勉强存活下来的果树也只结出很少的果实。数百万难民涌进巨大的贫民窟；有十万到二十五万人被饿死。尽管干旱是造成这场灾难的直接原因，殖民时期文化和经济的变化，造成了对萨赫勒地带资源的剥削，并使得人口的增长超出了干旱期土地可承载的范围。饥荒时期，法国殖民者的种植园毫无帮助——他们生产的作物依旧被出口至欧洲。

过度放牧破坏了覆盖土壤的多年生植物，导致土壤裸露任凭风雨侵蚀，造成地区的沙漠化。当原生的多年生植被消失后，半干旱地区的土壤侵蚀速度增至平均每年半英寸到四分之三英寸。这一过程通常是不可逆的——失去了具有蓄水能力的表土层，植物无法在旱季存活。土壤一旦流失，便再也无法供养生活在这一地区的人们。

在饥荒时期，美国航空航天局的卫星拍摄的一张图片表明，这场危机完全是由人类一手造成的。照片上，在干旱肆虐区域的中心有一个神秘的绿色五边形。这个五边形被证实是一个面积为二十五万英亩的牧场，铁丝网将其与周围沙漠分隔开来。牧场在干旱发生的同年建立，被划分为五个区域——每年只有一个区域允许放牧。通过控制放牧的强

度，这个牧场让周边的乡村免受饥荒之苦。

在20世纪50—60年代，沙漠化同时发生在萨赫勒地带和北非——尽管北非这些年的降雨量高于历年平均值。那些在20世纪60年代建立的大型国有牧场，由于将草场长期承载力考虑在内并有所储备，因此并未显示出沙漠化的迹象。尽管干旱加剧了土地退化所造成的影响，但是气候变化并非灾难的根源——干旱是发生在半干旱地区的周期性现象。曾经，那些能够适应干旱并进行自我调节的生态系统和社会，经得住气候变化的考验：几个世纪以来，经历了无数次旱季匮乏期与雨季丰足期的反复交替，传统的非洲牧民已经在实践中发展出了一套能够实行人口控制的社会结构和生存规则。 167

西非各地的土壤侵蚀速度有所不同：稀树草原农田的土壤侵蚀速度约为每世纪四分之三英寸；而通过伐林造田得到的光秃的陡坡耕地上，土壤侵蚀速度能够达到每年十余英寸。据估算，萨赫勒地带农地的平均土壤侵蚀速度约为每年一英寸。在西非的很多地方，表土层仅有六英寸到八英寸厚，因此伐林造田会导致土壤快速流失。在尼日利亚西南部不到五英寸的表土层的流失，使玉米和豇豆的产量降低了30%到90%。随着尼日利亚人口的增长，自耕农只得迁移到无法进行可持续耕种的陡峭坡地上。坡度超过八度的木薯种植园的土壤流失速度，是坡度不到一度的种植园的水平的七十余倍。尼日利亚种植木薯的坡地的土壤侵蚀速度超过每年一英寸——这简直难以想象。

社会习俗亦阻碍了土壤保护的开展。自耕农每隔几年就会迁移至他处，因此他们不愿意在控制土壤侵蚀上投入。在土地所有权共有的社区公地上，个人保护土壤的积极性不高，因此土壤侵蚀问题最为严重。在许多西非国家，“拖拉机租用项目”提供的大量补贴，使农民在忽略耕地坡度、土壤类型或耕作制度的情况下集约耕作。在过去的三十年间，撒哈拉沙漠以南的非洲的土壤侵蚀速度增长了十九倍。西非农业典型的高土壤侵蚀速度意味着，仅仅数年的耕种就能毁掉所有土壤——同时，这又为开垦更多的处女地提供了动力。

20世纪70年代末，华盛顿大学的教授汤姆·邓恩和他的两名研究生——其中一位是我在研究生时期的导师——对比了肯尼亚坡度平缓的半干旱牧场的土壤近期和长期侵蚀速度。这一实验利用了几乎光秃的土台的高度——其上残留着紧抓泥土且已知（或经过理性估算得到）其年龄的植物，以及刻入其地质年龄已知的地表的冲沟数量。在生长了十五年到三十年的矮灌木周围残留的，高于地表八英寸的土堆，表明现代土壤侵蚀速度大约是每年四分之一英寸到半英寸。

邓恩的研究团队认为，自恐龙时代以来的平均土壤侵蚀速度约为每三千年一英寸；过去几百万年的平均土壤侵蚀速度约为每九百年一英
168 寸——这比其所估算的每两千五百年近一英寸的平均土壤形成速度稍高。然而，现代土壤侵蚀速度从每十年约一英寸到每年半英寸不等。该研究团队基于土壤形成速度和现代土壤侵蚀速度之间的差异估算出，肯尼亚平缓山坡被侵蚀至基岩层裸露，需要两到十个世纪的时间。

土壤侵蚀能破坏土地的活性——但土地是可被治愈的。在尼日利亚，一些自耕农做出了一些简单且无须成本的改变。圈养羊群，以避免其肆意游荡；用秸秆残茬喂食它们，并收集羊粪作为下一季庄稼的肥料。豇豆种植作为轮作的一部分，也有助于提高土壤肥力。在田地周围搭建低矮的土石墙，以防止土壤被大雨冲走。在没有化学肥料的情况下，这些措施使作物收成增加了一倍，甚至两倍。需要的只是人力——而这正是自耕农所能提供的。劳动集约型技术恢复了土壤的肥力，使密集的人口从压力变为资产。

埃塞俄比亚为我们提供了另一个有关土壤侵蚀常伴人类社会发展而生的例子。中世纪时期，该地区北部的森林砍伐引发了提格雷（Tigre）和厄立特里亚（Eritrea）的大规模土壤侵蚀，以至于山坡无法进行放牧。到了大约公元1000年，土壤退化所造成的经济影响迫使王朝迁都至土地状况较好的南方。然而，侵蚀过程再次重演——大规模土壤侵蚀紧随大面积的森林砍伐出现。该地区陷入长期贫困，当气候不尽如人意时，便无法自给自足。

20世纪80年代中期，因干旱引发的粮食歉收，令近千万埃塞俄比亚人面临饥荒威胁。尽管当时人们实施了历史上最大的全球性饥荒救援

行动，但仍有几十万人在此次灾难中死亡。早在20世纪到来之前，埃塞俄比亚的种植范围就已经从宜耕田扩展到了易受侵蚀的坡地。到了20世纪30年代，森林砍伐导致埃塞俄比亚的原始森林覆被只剩3%，并且使蓝色尼罗河的泥沙浓度增加了四倍。按照如今西部高地农田的平均土壤流失速度，所有原始表土层只需一个世纪便将化为乌有。除了侵蚀造成的直接损失，在绝望农民的持续性集约耕作下，土壤肥力的下降速度预计将高达每年1%。

埃塞俄比亚的环境难民危机告诉我们，从长远来看，只有土壤安全了，国家才会安全。2004年，旺加里·马塔伊因在埃塞俄比亚乡村环境恢复工作中的贡献而获得诺贝尔和平奖。这一事件表明，环境难民的数 169
量已经超过政治难民，成为一个全球关注的新热点。人们可以承受暂时的干旱，但是一旦发生土地无法维持放牧或耕种的沙漠化，便会带来人口的大规模迁移。

沙漠化绝非仅仅发生在非洲。超过地球陆地面积十分之一的土地正在沙漠化——这相当于这个星球旱地面积的三分之一。过去五十年间的诸多研究，得出了一个年降水量在五到二十英寸之间的地区的沙漠化速度；如果按这一速度继续下去，全球大部分半干旱区将在21世纪内发生荒漠化。1996年在罗马举行的世界粮食峰会强调，对土壤的全球性保护和可持续管理，是保障子孙后代生存安全的关键。

第二次世界大战前，西欧是全球唯一的粮食进口地区；20世纪30年代末，拉丁美洲的粮食出口量是北美的近两倍；被开垦的苏联处女地的粮食出口量与北美大平原相同。第二次世界大战前曾经自给自足的地区，如亚洲、拉丁美洲、东欧、非洲等，如今都开始进口粮食。20世纪80年代初，有一百多个国家依靠北美粮食出口；如今，北美、澳大利亚和新西兰是世界上为数不多的主要粮食出口国。

在持续了几十年的战后空前繁荣期过后，饥荒再次回到全球舞台：极不稳定的降雨，加上日益严重的土地退化，最终导致了区域性的粮食歉收。20世纪60年代中期，在印度经历了连续两次的农作物歉收后，美国向其运送了小麦总量的20%以防止饥荒的发生。1972年，当印度再次出现农作物歉收时，超过八十万的印度人死于饥荒——这一次，美国并没有采取紧急救援；苏联遭遇灾难性歉收后持续增加的进口量，已经使全球小麦供应紧张。此外，1972年的俄罗斯粮食收购计划，促使美国农民开始耕种边缘土地，破坏了几十年来土壤保护取得的成果。今天，区域作物歉收对全球粮食价格的影响，反映了全球粮食供给与需求之间微妙的平衡关系。持续而充足的北美粮食盈余，关系到全球的粮食安全。

自1860年以来，全球共有二十多亿英亩的处女地被开垦并用于农业生产。直到20世纪的最后几十年，我们仍在开垦新的土地以补偿消失的耕地。20世纪80年代，当农用地扩展到底格里斯河和幼发拉底河之间
170 后，全球耕地总量首次下滑。在发达国家，新农地（通常是边缘土地）开垦速度低于农地耗尽速度。虽然我们只使用了占地球陆地面积十分之一多点的土地进行作物种植，并且又用了四分之一的陆地进行放牧——但是，这已经是农牧用地的极限。陆地上剩下的唯一可以用于农耕的土地就是热带森林，但是那里的土层薄且易蚀，只能支持短期的农业发展。

由于我们已经达到了在这个星球上能够进行可持续耕作的土地的最大面积，全球变暖对农业系统的潜在影响令人担忧。气温上升的直接后果已经够令人焦虑的了。最近在《美国国家科学院学报》（*Proceedings of the National Academy of Sciences*）上发表的一项最新研究报告指出，在生长季节内，日均最低气温每上升1 C，水稻产量就会减少10%；小麦和大麦亦是如此。据预测，下个世纪全球各地的温度将出现1—5 C的上升；全球变暖除了对作物产量具有直接影响外，还会带来更大的危害。

全球三大黄土区——美国中西部、欧洲北部和中国北部——承载着全球大部分粮食的生产。现代农业惊人的生产力，依靠的是这些广袤地区的理想农业土壤，它们一直适宜于农业生产。因为有位于其西部的农用地，加拿大和美国的草原已经成为边缘地。然而据预测，全球变暖将加剧北美腹地的干旱程度——甚至比黑色风暴时期都要严重。考虑到

21世纪人口数量将会翻倍，我们很难保证人类到时还有能力养活自己。

另一些地方预计将变得更为湿润，因为全球变暖将带来更活跃的水循环。更频繁的高强度降雨，预计将大幅增加美国的新英格兰地区、中大西洋地区和东南地区的降雨侵蚀力。土壤侵蚀模型预测，基于农民应对降雨模式的改变的不同方式，将出现低至20%、高至近300%的土壤侵蚀增加量。

全球变暖以及侵蚀加速并不是农耕地面临的唯一问题。我在加州的圣塔克拉拉谷（Santa Clara Valley）长大，目睹了帕洛阿尔托（Palo Alto）和圣何塞（San Jose）之间的果园和农田是如何变成硅谷的。我从我的第一份工作——地基检测员——中学到的一件比较有趣的事，是“建筑施工准备”意味着去除场地的表土层以做他用。地表完全被铺地材料覆盖的硅谷，在可预见的未来将无法为任何人提供食物。 171

1945—1975年的三十年间，消失在混凝土之下的美国农场足以覆盖整个内布拉斯加州。1967—1977年，平均每年会有近一百万英亩的美国耕地在城市化过程中被转化为非农用地。20世纪70—80年代，每小时都有超过一百英亩的美国农田被转化为非农用地。20世纪60年代，欧洲部分最好的农田因城市扩张被吞并。如今，城市化已经覆盖了15%以上的英国农用地。城市地区的增长继续吞噬着供养城市所必需的农用地。

冷战期间，美国农业部提出“土壤流失耐受值”，用以评估不同土壤维持长期农业生产的潜力。这些耐受值的计算是基于当时的技术和社会投入，即在20世纪50年代从经济和技术上来看同时可行。基于此法的土壤保护规划通常将可接受的土壤侵蚀速度定为每年每公顷五到十三吨（每年每英亩二到十吨），相当于在二十五到一百二十五年内流失一英寸的土壤（每年0.2—1毫米）。然而，农学家普遍认为，为了保持土壤生产力，需要将侵蚀速度降低到每年每公顷一吨以下——二百五十年内的土壤流失量少于一英寸——这是美国农业部土壤流失耐受值的一半到十分之一的水平。

直到最近几十年，科学家才得到一些土壤形成速度的硬性数据。在此之前，很难知道解决土壤侵蚀这个问题是多么大的一项工程。农田的土壤实际流失速度比我们想象的更快；然而，当我们看到农民为生产过剩的问题而焦虑且粮食价格低廉时，很容易忽略土壤变化的大趋势。最近一系列的研究利用了多种测量方法，然而，所算出的土壤形成速度均远远低于美国农业部的土壤流失耐受值。一篇研究世界各地水域土壤形成速度的综述表明，土壤形成速度从每年每公顷不足0.1吨到1.9吨不等。这表明，在不同条件下形成一英寸土壤所需要的时间不同：在遍地欧石南的苏格兰，形成一英寸土壤需要一百六十年；而在美国马里兰州的落叶林地，形成一英寸土壤则需要四千年。同时，以地壳、土壤和水域中七大元素储量为基础的地球化学物质平衡，亦限制着全球的土壤平均形成速度，即每二百四十年一英寸到每八百二十年一英寸的范围内（这对应着每年每公顷0.37吨到1.29吨的侵蚀速度）。而对于美国大平原的黄土来说，每五百年一英寸的土壤替换速度，要比美国农业部提出的“可接受土壤流失速度”更具实用性——后者所允许的土壤侵蚀速度是土壤生成速度的四到二十五倍，因此从长期来看，目前“可接受的”土壤流失
172 速度其实是不可持续的。

美国农业部于1958年指出，全国近三分之二的农用地正在以远远超过土壤流失耐受值的破坏性速度遭受侵蚀。十年后一个类似的调查发现，这种情况丝毫没有得到改善；这个国家三分之二的农田的土壤流失速度仍远超于“可接受的”水平。尽管在黑色风暴后，土壤保护实践得到推广，但是到18世纪70年代，还是有近两亿英亩的美国农田被边缘化或无法进行作物生产。在美国独立后的两百年时间里，侵蚀已经剥蚀了这个国家三分之一的表土层。按照这个速度，只需很短的一段时间——少于从哥伦布发现新大陆至今的时间——美国的表土层就会被耗尽。

到了20世纪70年代，美国政府政策转而支持更积极的农业耕作，这使得在之前几十年间实施的诸多土壤保护计划被弃用。由当时的美国农业部部长厄尔·巴茨所制定的农业政策，鼓励面向俄罗斯出口的高密度作物种植。随着更大型的拖拉机逐渐让等高耕作和梯田修筑等土壤

保护措施被废弃，单一经济作物种植也取代了牧草和豆类的轮作。

20世纪70年代末，一些国会议员意识到了问题的严重性：尽管经过四十多年的努力，土壤侵蚀还是在继续削弱美国农业。《1977年土壤和水资源保护法案》要求美国农业部对国家土壤进行全面评估。经过四年评估，1981年的土壤报告指出：在黑风暴过去四十年后，美国土壤仍在以惊人的速度流失。在20世纪70年代，美国平均每年流失的土壤量达到四十亿吨——比20世纪30年代的流失量多出十亿吨。如果将20世纪70年代流失的全部土壤装到一辆货运火车上，那么火车的长度可以绕地球二十四圈。按照这样的速度下去，美国剩余的表土层将在一个世纪的时间内流失殆尽。

实事求是地讲，投钱进行土壤保护的政治支持，与竭力种植尽可能多作物用以出口的官方鼓励，两者的确难以调和。政府为应对通货膨胀做出调整，在农业保护计划上的投入在20世纪70年代减少了一半。再多的数据也不会改变国会的看法——他们认为，生产过剩导致粮食价格低廉，这是通货膨胀的症结所在。粮仓都满了，为什么还要花纳税人的钱去拯救土壤呢？

造成这一局面的部分原因是，在政府对土壤保护项目进行了几十年的巨额投入后，却鲜有确凿证据能够证实这些项目对减缓美国农地土壤侵蚀的效果。然而，仅有的记录翔实的土壤保护案例之一，证实了在1936—1975年间，土壤保护项目的确使威斯康星州库恩河地区的土壤侵蚀量大大减少。作为美国政府于1933年设立的首个土壤保护示范区，库 173
恩河流域曾遭受严重的侵蚀。在陡坡上以固定模式耕种的田地缺乏覆盖作物、施肥不足且轮作实施不够；牧场过度放牧并遭受侵蚀。在土壤保护局超过四十年的指导下，农民采取了等高耕作，将覆盖作物纳入轮作，增加粪肥的施用，并将作物残茬重新返还土壤。到了1975年，改良的农业实践已被广泛采用，且该流域的坡面侵蚀量减少到1934年水平的四分之一。

最近的美国农业部评估报告显示，美国农田的土壤侵蚀量从1982年的三十亿吨下降到2001年的二十亿吨以下。这说明土壤保护项目的确取得了实质性进展，然而，土壤的侵蚀速度仍远远高于土壤的形成速度。20世纪90年代末，印第安纳州的全部农场仍然失去了可收获一吨粮食的一吨土壤。尽管我们从一个又一个的历史实例中看到，古代文明针对土壤保护所展开的努力太少太迟，但我们仍在重蹈覆辙——唯一的区别是，土壤侵蚀正在全球范围内发生。

自1945年以来，全球中度到重度的土壤侵蚀，已经使十二亿公顷的农业用地退化——这相当于中国和印度土地面积的总和。据估计，全球过去五十年间被耕作后废弃的耕地面积，相当于今天全部耕地面积的总和。据联合国统计，自第二次世界大战以来，全球有38%的耕地发生严重退化；全球每年耕地土壤流失量为七百五十亿吨。一份1995年发表的关于土壤侵蚀对全球影响的综述报告称，每年有一千二百万公顷的耕地遭受土壤侵蚀和土地退化。这意味着，耕地土壤的年度流失量几乎是可用总量的1%——这显然不是可持续的土地利用方式。

在全球范围内，平均每年每公顷有十到一百吨的耕地土壤因侵蚀而流失，这相当于土壤形成速度的十到一百倍。自早期农业时代起，全球已有近三分之一的潜在可耕地土壤因侵蚀而流失，其中大部分发生在过去的四十年里。在20世纪80年代末，由荷兰领导的全球土壤侵蚀评估发现，近二十亿公顷的原农用土地无法再维系作物生长——这是可以养活数十亿人的土地。我们正在耗尽泥土，这种损失是我们无法承受的。

在20世纪90年代中期，康奈尔大学的大卫·皮门特尔的研究小组估算了土壤侵蚀的经济代价，以及采取土壤保持措施的潜在经济效益。
174 他们考虑到为了提高土壤因侵蚀而丧失的蓄水能力以及使用肥料来提升已流失的养分所需要的场地内成本；他们也将场地外成本考虑在内，诸如洪水危害的增长、蓄水池储量的损耗，以及用于疏浚被淤泥堵塞的河流以保证航路顺畅所需的费用。根据他们的估算，要想治愈土壤侵蚀所造成的损害，美国每年需要花费四百四十亿美元，全球每年需要的花费大于四千亿美元，即人均超过七十美元——这高于世界范围内大多数人的年收入。

皮门特尔小组估计，每年需要投入约六十亿美元，才能使美国农田的土壤侵蚀速度与形成速度持平。若将美国的牧场也考虑在内，则需要投入额外的二十亿美元。每投入一美元进行土壤保护，将会为社会带来超过五美元的潜在经济效益。

从短期效益来看，农民忽视土壤保护可节省投入；减少土壤侵蚀所花费的成本，通常是当下所能获取的直接经济利益的数倍。农民在高负债或低利润率的情况下，被迫在“进行土壤保护以致破产”和“竭力耕作直至土地衰竭”两者中做出选择。经济或政治驱动力亦常常使农民进行终将破坏土壤生产力的农业实践。然而，为了保护人类文明的农业基石，就需要我们采取避免土壤侵蚀加速以及耕地被转为他用的土壤保护措施。

许多土壤保护措施都是久经考验的农业技术。美国黑色风暴后所推行的遏制土壤侵蚀的措施，并不是什么新想法——进行等高耕作和种植覆被作物在一个多世纪前就已为人所知。轮作、护根措施以及覆被作物种植，这些方法古已有之；梯田耕作也一样，它可以减少70%的侵蚀速度，足以抵消一般耕作所造成的侵蚀速度增长。

在德克萨斯州、密苏里州和伊利诺伊州进行的土壤保护试验，使土壤侵蚀速度减少至原来的一半到千分之一的水平，并使棉花、玉米、大豆和小麦等作物的产量提升了四分之一。土壤保护并非一个全新的领域——许多最有效的土壤保护方法已传承了数百年。

尽管已有确凿证据表明，土壤侵蚀促使古代社会衰亡，并会严重危害现代社会，但一些关于全球土壤危机和粮食短缺已迫在眉睫的警告，却也有夸大事实之嫌。农业经济学家莱斯特·布朗在20世纪80年代早期发出警告称，现代文明可能会在耗尽石油之前先耗尽土地。由于这
种预言在过去的几十年间未能得到证实，传统资源经济学家便认为，土 175
壤侵蚀对粮食安全并不构成严重威胁——然而，这是一个目光短浅的结论，因为当侵蚀造成的耕地土壤流失速度已经超过其形成速度时，土壤总量确实是在慢慢减少。讨论土壤流失是否会在近期（比如2010年或2100年）造成严重危机是毫无意义的。

分析家们对“全球脱贫战”缺乏进展的原因提出诸多见解，但几乎每一个极端贫困的地区都存在着环境恶化的问题。当土地的生产力开始下降，那些直接依靠土地生活的人受到的影响最为严重。一方面，土地退化是经济、社会和政治等诸多因素共同作用的结果；而另一方面，土地退化也是这些作用因素的一项主要推动力。土地退化逐渐成为发展中国家贫困的主要原因。实事求是地说，如果继续采取会使土地退化的耕作方式，我们就不可能在这场脱贫战中获得胜利。

但是土壤流失并非不可避免。事实上，在美国的每一个州——甚至全球每一个国家——都存在高产且盈利的农场，它们实施的是维持土壤消耗与生成平衡的耕作模式。尽管在过去的半个世纪中，我们在土壤保护方面取得了实质性的进展和进步，但是比起土地的长期管理，整个社会仍以农业生产为重。以短期的作物产量降低速度来看，土壤侵蚀对农民造成的直接影响通常可忽略不计。这意味着，即使从长期来看实施土壤保护措施具有经济可行性，它们仍很难被农民采用。因此，我们处于非常尴尬的境地——许多高产量的农场是以牺牲其土地未来的生产力为代价的。

美国黑色风暴和非洲萨赫勒地带的经验教训，为政府积极协调、优先考虑并投资土壤保护提供了强有力的理由。个人不一定有动力来保障人类对土壤的投资，因为其短期利益不需要与社会的长远利益相结合。因此，土壤保护的关键，就在于我们如何从社会层面看待农业——它是人类社会所有其他营生的基础，而我们却逐渐将农业生产简单地作为一种工业过程来对待。

在19世纪，拓荒者开垦了美国大平原、加拿大草原、俄罗斯草原以及南美和澳大利亚的大片处女地，耕地面积的扩张超过了人口增长之需。到了20世纪早期，人们意识到进一步的人口增长所需要的，是增加已有耕地的作物产量，而非开垦更多的土地。

拥有了约翰·迪尔的钢犁和赛勒斯·麦考密克的收割机的农民，其所能耕种的土地量远远超过其农场牲畜所能施肥的土地量。为了扩大种植范围并充分利用新设备，农民们要么继续开垦处女地，要么找到为土地补充肥力的畜粪的替代物——机械化耕作的农地如此之大，八十头牛产生的粪便只够用于保持四分之一农地的肥力。新型农用机器的产生使进行大面积耕种成为可能，这为化肥提供了一个现成的市场。农业经营的规模，至此不再受限于农场循环利用土壤养分的能力。 177

8. 肮脏的交易

破坏其土地的国家，就是在自我毁灭。

富兰克林·D. 罗斯福

在目睹了亚马孙河下游地区快速的土壤破坏几年之后，我带领一支考察队前往西藏东部调研，在那里我看到了与亚马孙地区截然相反的景象。行驶在颠簸而泥泞的路上，我见到了沿雅鲁藏布江河谷分布、已有上千年历史的古老农业系统。我们前往那里考察一个已干涸的古老的冰川堰塞湖（ice-dammed lake）遗址。在一次洪灾中，堰塞湖的溢流冲破土石阻挡，顺着喜马拉雅峡谷最终汇入恒河。为了寻找露出地表的古湖床遗迹，我们开车穿过满是鸡、牦牛和猪的村庄。村镇周围遍布着用淤泥矮墙围起的农田，田里种着青稞、豌豆和可大量出产菜籽油的油菜花。

几天之后，我们就意识到，淤泥围田仅是上千年来当地古湖床种植秘法的一小部分。放养的西藏牲畜遵循着一种天然的节奏：它们白天走到田间地头去寻找食物，到了晚上自动回圈休息。每天在考察结束开车回镇的途中，我们都会看到自己走回家的猪和牛站在家门口，耐心地等着归圈。这些自我喂牧的“造粪机器”为土地提供了大量粪肥；即便是一场阵雨过后，农田和道路上都淌着褐色的泥浆。

在找到冰川堰塞湖坝遗址的那天晚上，我们在道路尽头一个叫“派”(Pai) 的镇子上的一家便宜旅馆住下。睡觉的小隔间由未完成的木板墙简单分隔，里面摆着店家自制的简易床铺。房东在前往旅店的 179
路上告诉我们，可以在后院上厕所；当看到店家的猪“清理”后院粪便的方式后，晚餐时端上桌的猪肉让我觉得难以下咽。无论如何，我不得不佩服当地人对营养的高效利用：家猪吃掉人排出或倾倒的废料，猪粪为作物提供了养分——人则是最大的受益者，同时获得粮食和猪肉。

忽略显而易见的公共健康问题不谈，这一营养循环体系有效地保持了土壤肥力。除了偶尔从房子一侧伸出的碟状卫星信号接收器，今日雅鲁藏布江两岸的村庄与堰塞湖刚刚干涸时相比大概别无两样。对土壤侵蚀进行防控，用禽畜粪便肥沃土壤，这些生存的智慧使人们得以世代在同一片土地上耕作。

遗憾的是，西藏的农业正在发生着变化。在开车离开拉萨的路上，我们看到，移民而来的汉族农民和本地藏民正建设着灌溉农田和温室综合体。纵观历史，自第一个早期农民在种植前用木棍翻土开始，农业产量就随着技术的创新而不断增加。耕犁在人类役使动物拉动更大木棍的过程中逐渐形成；金属耕犁的出现，使农人能够在表土层流失后继续耕种坚硬的心土层。工具的改良不仅使人们在已退化的土地上继续耕种，亦使耕作范围逐步扩大——人们在原本不宜耕种的土地上耕作。

耕犁翻土使土壤蓬松，有利于控制杂草并促进作物出苗。虽然这有助于目标作物的生长，但是由于耕犁清除了原本可以吸收雨水和防止侵蚀的地表植被，它也使地表裸露，无法抵抗风雨侵蚀。耕犁使农民能够种植更多作物，养活更多人口；但这一切是以缓慢耗尽土壤肥力为代价。

耕作方式通过人类的反复尝试得以改进，农业实践亦得以发展。关键的农业创新包括改良施肥方式，以及引入具有地区适应性的作物轮作模式。在机械化农业时代到来以前，小型农场通过收集利用作物残茬、动物粪肥甚至是人类排泄物来保持土壤肥力；农民则通过手工方式，栽培多种农作物。当农民学会了在田间进行豌豆、小扁豆或其他豆类作物与主要作物的轮作后，基于农业的人类聚居地扩展到了洪泛平原之外的地区——那些不依靠自然过程定期带来新鲜土壤的地区。

在亚洲热带地区，最初几千年的稻米种植属于旱田耕作，这和早期小麦种植的历史相似。大约在二千五百年前，人们开始在人工湿地或水田种植稻米。这种新的耕作模式有助于解决“土壤含氮量不足”这一长期困扰热带地区农民的问题——滞水滋养了能够充当活肥的固氮藻类；同时，稻田为分解并循环利用人畜粪便提供了理想的
180 环境。

湿地稻米种植在整个亚洲的普及，是一个成功的地区适应性案例；原本进行旱田稻米种植而无法供养大量人口的地区，伴随着农耕模式的转变，出现了人口的显著增长。然而，新的农业体系虽然能够供养更多人口，却使其生活在饥饿边缘。食物产量的提高并不意味着穷人获得的食物增多，那意味着有更多的人口需要养活。

早在20世纪20年代初，地理学家沃尔特·马洛瑞就发现，在解决中国饥荒的问题上，已有诸多想法：土木工程师提出，可以通过控制河流来减轻破坏农作物的水患问题；农业工程师建议，可以通过灌溉和土地开垦来增加耕地面积；经济学家提出，可以应用新的金融手段鼓励城市资本向农村地区的投入；出于明显政治考量的人们则提出，可以将人口密集地区的居民转移到北方的开阔地区。但是，所有这些饥荒应对方案，都是治标不治本；没有人重视“贫瘠边缘土地过度开发”这一饥荒产生的根本原因。

基于中国当时的农业生产水平，需要年均近一英亩（0.4公顷）的土地才能养活一个人；而事实上，全国近三分之一的土地持份*不足半英亩，

* 各户所持有的土地面积。——译注

这根本不足以养活一个人，更不用说提供整个家庭的粮食需求了；全国一半以上的土地持份少于一亩半，这使中国长期面临饥荒的危险——仅一种作物在某年的歉收，就能引发饥荒。中国到了养活其人口的极限。

食物支出在当时已经占到了家庭平均收入的70%—80%；即便如此，典型的日常饮食仅为由大米、馒头和咸菜组成的两顿饭。人们在一次次的收获之间艰难地生存着。

尽管如此，已被中国农民精耕细作了四千余年的土地，仍保持着较高的土壤肥力——这让马洛瑞惊讶不已。通过对比可持久耕作的中国农耕与使土壤快速退化的美国农耕，马洛瑞发现，中国持久农业的关键在于高效的有机肥料施用——城镇的人畜排泄物被返还到乡村田地以补充其肥力；在没有化学肥料的情况下，中国农民自己对土地进行施肥。到马洛瑞的时代，存在于中国农民与其田地之间的营养循环已经持续了四十多代人的时间。

在20世纪20年代，饥荒救济负责人Y. S. 姜对“丰收地区居民的进食量是否超过其所需量”进行了调查。在当时，一些地区大吃大喝，而相邻地区则忍饥挨饿，这种现象引起全国的关注。

在农作物产量既稳定又丰富的绍兴地区，姜发现了一个普遍的现
象：该地人均稻米消耗量是其可消化吸收量的两倍多——人们每天三次 181
进食“双倍量的大米”。正因为如此，该地区作为肥料的人类排泄物养分充足。即使在丰年，绍兴人也不会把盈余粮食卖到外地；相反，这些深得人地营养循环之妙的农民会建造和维护美观的公共厕所，以作为肥料存储设施。通过吃饭、消化和排便，绍兴人得以将本地出产粮食的盈余转化为自然资产，将营养再次返还给本地土壤。

而如今，在中国总共一亿三千万公顷的耕地中，有大约三分之一正受到水和风的严重侵蚀。黄土高原的侵蚀速度在20世纪翻了一番；该地区年均土壤侵蚀量高达十五亿吨。在1966—1976年间，为防止水土流失所进行的劳动集约型梯田耕作，使黄河输沙量减少了一半——即便如此，黄土丘陵区已失去其一半的表土层。

在20世纪50—70年代，水土流失使中国失去了两千五百万英亩的

耕地；中国南方地区有20%—40%的土地已失去其腐殖质层（A层），这使得土壤中的有机质、氮和磷含量减少了90%。尽管人们施用越来越多的化学肥料，但在1999—2003年间，中国农作物产量下降幅度仍超过了10%。随着中国农田面积的不断缩减，想象这个拥有十多亿人口的超
182 级大国与其邻居为食物争吵的场景，会让人感到不安。从乐观的角度来看——在我们思考农业发展能否赶上世界人口的增长时——20世纪农业产量的惊人增长或许能让我们感到欣慰。

在化肥得到广泛应用之前，农业产量增长相对缓慢；在13—19世纪期间，设备改良、轮作和排水为田等做法，仅使欧洲和中国的粮食产量都增加了一倍。当土壤养分构成元素的发现为工业化农业化学的兴起奠定基础时，传统的农业实践因被视为过时而遭到淘汰。

大部分土壤化学的基础科学进展发生于18世纪末至19世纪初之间。在美国独立战争爆发的四年前，丹尼尔·卢瑟福和安托万·拉瓦锡分别发现了氮和磷；1808年，汉弗莱·戴维发现了钾和钙；二十年后，弗里德里希·维勒首次用无机物质氰酸钾与硫酸铵合成了尿素，这表明了人工制造有机化合物的可能性。

汉弗莱·戴维支持当时流行的腐殖质营养学说，即施用粪肥有助于保证收成，因为粪便中的有机物是土壤肥力的来源。随后在1840年，尤斯图斯·冯·李比希提出矿质营养学说，认为植物在没有有机化合物的情况下仍然可以生长。虽然李比希仍建议应通过施用粪肥以及栽培豆类和草来帮助土壤积累有机物，但是他也指出，能够为土壤提供基本元素的其他物质，可以成为动物粪便的替代品。“（植物）从土壤中吸收的养分，必须通过某种方式全部归还给土壤——这必须成为农业基本原理之一；养分恢复的具体途径，无论是通过施用粪便、草木灰还是骨头，实际上无关紧要。如果哪天我们能够使用由化学品制造工厂所生产的溶液来补充土壤养分了……那便标志着一个新时代的到来。”[1]最后的这一观点是具有革命性的。

李比希的试验和理论，奠定了现代农业化学的基础。他提出“最小因子定律”，即在植物生长所必需的元素中，供给量最少（即与需求量相

差最大）的元素决定着植物的生长状况；他认为，只要给土壤补充合适的营养物质，即使不实行土地休耕，也能够使植物不断生长。李比希的发现揭开了植物营养学的新篇章，亦带来了人类对土壤认知的转变：土壤，是一座为作物的生长提供营养物质的化学仓库。

1843年，受到李比希启发的英国农学家约翰·本内特·劳斯，在其位于伦敦北部的家族地产洛桑农场，开始比较施用有机肥与无机肥的田地的作物产量。自少年时代起，劳斯就是一名业余的化学家——他曾在牛津大学学习化学，但并未获得学位。尽管如此，他在经营自家农场的 183
同时，也进行农业化学实验。在调查了施用粪肥与矿质肥料对作物生长的影响之后，劳斯聘用化学家约瑟夫·亨利·吉尔伯特共同开展一项实验。他们想要验证的是：施用了李比希的矿物营养物（无机肥）的土地，是否可以比施用粪肥（有机肥）的土地更久地保持土壤肥力？这个持续时间长达十年的田间实验显示，为土地施用氮和磷，能够明显提高农作物的产量，甚至使该地超过精心施肥的农田。

一位企业家朋友问劳斯：混合了动物尸骨和骨灰的工业废水，是否有任何商业价值？这激发了劳斯的好奇心和商业直觉——对于一个不成功的化学家来说，变废为宝的想法是一个完美的挑战。由于天然的矿物磷酸盐是不可溶的，因而作为肥料没有多少直接价值——它在自然作用下要降解为植物可用的磷素，需要很长时间；但是用硫酸分解磷矿石所获得的可溶性磷酸盐（过磷酸钙），则能够直接被植物吸收利用。1843年，劳斯为制作富含氮和钾的过磷酸钙肥料的技术申请了专利，并在泰晤士河边建造了化肥工厂。劳斯的产品对农作物产量有显著效果；到了19世纪末，英国一年可生产一百万吨的过磷酸钙。

化肥工厂可观的利润为劳斯的农业研究提供了充足的资金；他往返于伦敦的工厂与洛桑农场之间。洛桑农场成了劳斯研究作物如何从空气、水和土壤中吸取营养的实验基地，并让他得以通过系统的田间实验，观察不同肥料和农业措施对作物产量的影响——劳斯发现，氮不仅是植物生长的必需元素，而且适量添加无机氮肥，也会大大提高作物产量。

对劳斯而言，田间实验是建立科学农业基础的必要手段。这一观点受到了同行的支持，并于1854年将劳斯推选为英国皇家学会院士，于1867年为其授予皇家勋章。到了19世纪末，洛桑农场已成为受政府资助的研究站原型，致力于传播新时代的“农业化学福音”。

现在，只需在土里混入适当的化学肥料后播下种子，农民就可以坐等
作物生长了。对于促进植物生长的化肥的全新信仰，取代了人们对传统
农畜管理的重视；轮作和“因地制宜”的传统农业观念显得陈旧而过时。
当农业化学的革命完全颠覆了过去数千年间不断发展改良的农业实践和
传统时，大规模基于化学药剂施用的农耕模式变成“常规农业”，而传统农
184 耕模式则被视为“替代性农业”——即使农业化学发展的基础是用以解
释传统农耕模式。

19世纪的农业实验表明，草食动物只消耗掉它们从植物中摄取的四分之一到三分之一的氮，因此动物的粪便中富含氮素；然而，动物粪便仍无法完全补充土壤所流失的所有氮量。在没有化肥的时代，定期种植豆科植物，是维持土壤氮含量，保证作物长期高产的唯一途径。世界各地的本土文明都深知这一基本农业原理。

1838年，法国农业化学家让—巴蒂斯特·布森戈证明了种植豆科植物可以为土壤补充氮素，而小麦和燕麦则不能——这一事实终于解释了实施轮作背后的原因。在布森格之后，人们又花了五十年时间，才弄清楚豆科植物究竟是如何固氮的。1888年，德国农业科学家赫尔曼·黑尔里格尔与赫尔曼·维尔法斯发表的一项研究显示，与消耗土壤中氮素的谷物不同，豆科植物是与能够将大气中的分子氮转化为有机物氨的土壤微生物共生的。当这两位来自德国的赫尔曼先生指出大豆、豌豆和三叶草固氮特性的微生物基础时，对秘鲁海岸大量海鸟粪沉积物的发现，进一步强化了农业化学的观念。

早在西班牙侵略者到来的几个世纪之前，秘鲁人就知道海鸟粪可作肥料了。1804年，当德国科学探险家亚历山大·冯·洪堡将一块白色的“岩石”从南美钦查群岛带到欧洲时，它便引起了农业化学科学家的兴趣。与干燥的秘鲁西南海岸隔海相望的钦查群岛气候宜人，其上生活着

数量庞大的海鸟；干燥少雨的气候则为保存和积累成吨的海鸟粪提供了理想环境，有些地方的海鸟粪厚度超过二百英尺。这些堆积如山的海鸟粪比一般粪肥更加肥沃——富含磷酸盐的海鸟粪便中的氮含量，是一般粪肥水平的三十倍。

19世纪，对海鸟粪肥力的发现，在这座"粪岛"上引发了一场海鸟粪开采热潮。依赖这一新型肥料的农业系统运转良好，直到钦查群岛的海鸟粪逐渐耗尽——而那时，化学肥料的广泛普及，已使农业实践放弃了对传统农畜管理和营养物质循环的重视。

1824年，《美国农民》(*American Farmer*) 杂志的编辑约翰·斯金纳从秘鲁进口了两桶海鸟粪到巴尔的摩。这批首次进口到美国的商业肥料，开启了美国农业的新篇章；在接下来的二十年内，进口肥料被定期运 185
至纽约。海鸟粪贸易在19世纪暴增：到了19世纪50年代，英国和美国加起来，每年要进口一百万吨的肥料；到了1870年，已有价值超过五亿美元的，被视为"白色黄金"的海鸟粪从钦查群岛被运走。

尽管一些保守的农业社会仍对"海鸟粪可以恢复土壤肥力"这一观点嗤之以鼻，但那些尝试了这一做法的农民却用现实结果证实了这一点。尽管获得海鸟粪的花费和难度很高，但是海鸟粪的施用从马里兰州蔓延至弗吉尼亚州和南北卡罗来纳州的事实，证明了它对作物生产的促 186
进作用。海鸟粪的广泛应用，打破了依靠人畜粪肥维持土壤肥力的传统，开启了化学肥料的新时代。这使得农业生产的基础从对营养循环的依赖，转向"从养料到消费者"的营养单向传输。至此，养分循环并返回农场的传统模式被彻底打破。

然而，南美岛屿可供开采的海鸟粪资源终究是有限的。秘鲁的海鸟粪出口热潮在1856年达到顶峰；到了1870年，钦查群岛所有高质量的海鸟粪都被开采完了。1881年，在一次争夺海鸟粪岛屿的战争中，秘鲁的盟国玻利维亚——如今全世界唯一一个内陆海军强国——输给了智利，并失去其太平洋海岸线。在接下来的几年里，海鸟粪带来的税收给智利政府提供了源源不断的资金。海鸟粪能够提高农作物产量的巨大作用，使其迅速成为一种战略性资源。

描绘钦查群岛上堆积如山的海鸟粪的石版画，1868年前后（《美国农业家》，1868年第27期，第20页）。

秘鲁政府严格维护着自己对海鸟粪的垄断控制。钦查群岛海鸟粪价格的不断攀升，使得美国农民呼吁打破秘鲁政府的垄断。1850年，美国总统米勒德·菲尔莫尔斥责国会，认为政府有义务去维持海鸟粪价格的合理性；美国商人们搜寻了所有捕鲸记录，试图找到未被任何国家声明主权，可随意开采海鸟粪的偏僻岛屿；1856年，美国总统富兰克林·皮尔斯签署了《海鸟粪岛法案》(Guano Island Act)，宣布美国公民可以合法地占有任何未被声明主权的海鸟粪岛，并使其成为私有财产。《海鸟粪岛法案》使几十个太平洋中的热带小岛成为美国的第一批海外属地，它们促进了美国现代化肥工业的发展，并为其后来的全球性活动铺平了道路。

与此同时，磷矿储量匮乏的欧洲早期工业化国家也参与到了全球海鸟粪岛的争夺战中。1888年，德国吞并了太平洋中部磷矿资源丰富的瑙鲁；第一次世界大战后，国际联盟(League of Nations)将瑙鲁的管理权移交给英国。1901年，英国占领了大洋岛——一座8.5平方英里的磷矿岛。英国太平洋岛屿公司以每年五十英镑的价格，从当地一位自称拥有管理权的族长那里获得了整个岛屿的资源开采权；该公司希望把岛上的海鸟粪卖给缺乏廉价磷矿的澳大利亚和新西兰。看似复杂不便的过程带来的是可观的利润：到1905年，大洋岛的磷矿贸易量达到了每年十万吨。

第一次世界大战之后，英国磷矿委员会(British Phosphate Commission)收购了太平洋岛屿公司，并让瑙鲁的磷矿开采量增加了五倍。尽管岛民对磷矿开采行为所造成的植被和土壤破坏提出抗议，但英国政府还是进 187
一步没收了瑙鲁剩余可开采的土地，并于不久之后展开对整座岛屿的深度开采；从那以后，每年有一百万吨的磷矿被运往联邦的各个农场。尽管瑙鲁在1968年获得独立，但那时岛上的磷矿资源枯竭，政府也濒临破产。瑙鲁——这个世界上最小的共和国——曾是一座郁郁葱葱的岛国，而磷矿的露天开采将其变得贫瘠而荒芜。如今，为数不多的岛民沿瑙鲁的海岸而居——他们背对着的，是由一座座废弃矿坑组成，如月球表面一般荒凉的景观。

大洋岛的情况同样糟糕。到了1980年，岛上的磷矿资源枯竭；剩下的岛民只能在这座肥沃了其他国家土地的贫瘠岛屿上勉强维持生活。如今，这座岛屿成了太平洋中的一座“避税天堂”。

南北战争爆发前夕，美国南卡罗来纳州发现了大量磷矿资源；在随后的二十年间，南卡罗来纳州每年开采超过三十万吨的磷矿。美国南方农民开始把苛性钾与磷酸和氨混合，以制造为棉花产区土壤补充氮、磷、钾等元素的肥料。

南北战争结束后，奴隶制的废除推动了肥料的快速普及和全面推广：失去了奴隶劳动力的农场主无力承担大笔的劳动力雇佣金，只得通过对衰竭的土地施用肥料来维持产出。同时，由于无力承担巨额的土地闲置税，大多数农场主通过把土地出租给被解放的奴隶或者贫农耕作，来分得一定的粮食收成或收取固定的租金。面临着来自农场主的压力，美国南方新兴的佃农阶级只得竭力耕种土地，以求获得最大收成。

佃农耕种肥力不足的旧农地，这在商人眼里看来是发展商业肥料的绝佳机会：佃农太穷，以至于养不起牲畜；而不施粪肥，土地的粮食产量就无法保证。于是，狡猾的商人开始为小农户提供从种植到收获阶段所需费用的贷款；经验表明，只有给土地施用足够的商业肥料，才能获得足够的粮食产量，进而偿还高利率的短期贷款；更为方便的是，在为其提供贷款的肥料商那里，佃农就可以买到大量肥料。

就在独立战争爆发前，密西西比州新委任的地质学家尤金·希尔加德花了五年时间游历全州，以编纂其自然资源目录。希尔加德的《密西西比州地质和农业的报告》于1860年出版，它标志着现代土壤学的开端。这份报告指出，土壤并不只是碎石的灰屑，它也是由其来源、历史以
188 及与周围环境关系共同塑造的产物。

在对未开垦土地进行研究的过程中，希尔加德很快意识到，不同土壤有着不同的特定厚度，并与其上生长的植物的根部深度相关；他亦描述了土壤属性如何随着土层深度而变化，区别了表土层和心土层（即如今土壤科学家所说的A层和B层）之间的明显区别。希尔加德最具革命性的观点，当属他提出的“土壤是一种动态机体”——相互作用的化学和生物过程共同维持并转变着土壤。

拥有地质学家和化学家双重身份的希尔加德认为，获得肥沃土壤的秘诀在于维持土壤里的养分。“没有土地能够永远肥沃——除非我们定期为其补充被作物吸收的矿质元素。”[2]希尔加德非常欣赏亚洲的农耕智慧，即通过将人类粪便回投田地，使养分得以循环利用并保持土壤肥沃；

相比之下，他认为美国的下水管道是在直接把土壤应得的营养排入大海——希尔加德反对这种做法，并用自家的粪肥滋养他的后花园。

1872年11月，在对密西西比州农业与机械展销协会（Mississippi Agricultural and Mechanical Fair Association）发表的演讲中，希尔加德谈到了土壤衰竭是如何决定着国家的命运的："对一个农业联邦而言，其持续繁荣的基本条件是……必须要保持其土壤的肥力……土壤衰竭的最直接后果就是人口下降；当本地的土壤衰竭荒芜，人们只得通过迁徙或征服他地的方式，来获得生存与舒适的保障。"希尔加德提醒与会者，这种挥霍土地的行为，很可能使美国变成第二个古罗马。

> 与早期农耕文明相比，（如今）更先进的农耕器具不但使我们能够更快地耕作，亦能让土壤更快地衰竭……如果我们不能更明智地利用本土文明给予我们的宝贵遗产，我们所宣扬的行为背后的道德准则，将受到契卡索人和乔克托人*的质疑：我们迫使他们放弃如花园一般的天然狩猎场，并说他们利用这片土地的方式违背了造物者的意愿……（而事实表明）印第安人的做法能够使这片土地永久肥沃；而我们迄今为止的所作所为，将使美国在未来不到百年的时间里重现古罗马坎帕尼亚的悲剧。[3]

希尔加德极富煽动性与说服力的演讲紧紧抓住了与会者的心——直到他开始谈起为了保持土壤肥力，需要在酸性土壤里施撒泥灰土，并需要年复一年地为土壤施撒粪肥。这些听上去都是不值得做的麻烦事。 189

希尔加德指出北美当时所流行的观点中的错误，即土壤中的有机物能够提供植物所需的全部营养元素；他亦反对西欧经典的土壤理论，即土壤肥力是由土壤质地及其吸水性决定的。希尔加德认为，土壤中具有较强吸附能力的黏土质可以抓牢植物生长所需的营养元素；他亦指出，对化肥的依赖是一种会导致土壤衰竭的危险行为。

* The Chickasaws and the Choctaws，美洲两个本土印第安部族。——译注

希尔加德意识到，植物种类反映了其下土壤的特征：海棠、李子和三叶杨能够在钙质丰富的土壤中生长良好；松树则在缺钙的土壤中茁壮成长。1880年，希尔加德被联邦政府聘用对当年美国棉花产量进行调研；他在编写的两本报告中，根据土壤的物理和化学性质对美国各个地区的土壤进行了分类。希尔加德强调，为判断土壤的农业价值，需要了解土壤的物理特性、土层厚度以及地下水埋藏深度；他认为，土壤矿物质中的磷和钾，以及土壤有机质中的氮，决定了土壤的肥力。希尔加德的棉花产量报告表明，肥料的大量施用使南北卡罗来纳州的农业开始复苏。

该报告亦记录了当时密西西比州农业耕作的变化。该州的山地农民集中在谷底耕作，因为高地棉花种植使大量黑色的表层土壤被剥蚀并堆积在谷底。已被荒废的高地棉花种植园中，散落着被冲沟所围绕的一座座废弃庄园。希尔加德认为，永久农业应基于小型的家庭式种植模式，而非追求当年利益最大化的大型商业种植园或者佃农耕地。

带着在美国南方腹地形成的土壤观，四十岁出头的希尔加德搬到了伯克利，在新创办的加州大学担任教授一职。他刚到达那里的时候，恰逢加州人从淘金热中清醒过来，开始为如何耕种中央谷这片与东部地区完全不同的碱性土地而担忧。报纸上充斥着关于农作物莫名枯萎以及收成不佳的消息。

随着农业灌溉在加州的蔓延，碱性土壤的范围不断扩大：每增加一片灌溉田，都会使当地的地下水位上升一点；每个夏天，蒸发作用又会使更多的盐分流入土壤。希尔加德意识到，黏土质土壤就像是将酒精灯中的酒精吸到点燃处的灯芯，它使盐分不断向土壤表层聚集；而透水性好的沙质土壤则不会有很高的盐分积累。希尔加德也意识到，如果能把盐分除掉，碱性土壤也可以成为很好的农业用土。

当时人们普遍认为，加州含盐量高的土壤是诺亚时代的全球性大洪水过后海水蒸发造成的。希尔加德则指出，加州的土壤的组成便可以证
190 明古洪水的说法站不住脚：加州的土壤含有丰富的硫酸盐和碳酸盐，而海水则含有大量氯化钠。事实上，加州土壤里的盐分，是由石头风化后首先溶解到土壤的水分中，然后随着水分蒸发再次沉淀而成的。他解释

道，干燥地区的土壤之所以含盐量更高，正是因为雨水渗入土壤后会迅速蒸发；瓢泼大雨会析出土壤中的碱，而经常性的洪水则能冲走土壤中的盐。

希尔加德与急切地想要改良土地的农民合作，主张通过实施地表护根措施来减少土地水分的蒸发，以及使用石膏来改良碱性土壤。1893年新年前夜，《旧金山观察家报》(*San Francisco Examiner*) 刊登了希尔加德成功地将“碱性土地变为麦浪翻滚的农田”的喜讯；同年的8月13日，加州的《科卢萨太阳周刊》(*Weekly Colusa Sun*) 盛赞希尔加德的观点值得“用整个（加州）大学的投入来换取”。

希尔加德在密西西比州展开的一系列研究，表明了地质、地形以及植被在土壤形成过程中的决定性作用；他在加利福尼亚州的实验则显示了气候的重要性。1892年，希尔加德发表了一份具有划时代意义的报告。希尔加德运用在全美国收集的数据，在这份报告中描述了气候与土壤形成之间的关系：他解释了为什么美国西部碳酸钙含量丰富的土壤在东部却不常见，亦解释了高温多雨的热带气候如何滤掉土壤中的营养物质，制造出彻底腐坏的泥土。这份报告指出，土壤的物理和化学特性反映了当地气候和植被之间的相互作用——它们促成了深处岩基层的风化分解以及土壤的形成。也就是说，土壤是一个动态的界面，堪称是“地球的皮肤”。

在希尔加德提出这一综合了多种影响因素的土壤观之前，土壤科学研究主要基于对湿润的欧洲和美国东部的观察；不同土壤的区别被认为仅与原材——不同岩石风化后产生的残渣——有关。希尔加德指出，气候和地质条件在土壤形成过程中具有同等重要的影响力。他不但向人们证明了土壤自身具有研究价值，也成为最早提出“氮是土壤中决定植物生长状况的关键限制性营养元素”的学者——希尔加德注意到了土壤中不同的碳氮比，并提出氮肥的施用会极大地提高农作物产量。

如今被视为土壤科学奠基人的希尔加德，其关于土壤形成以及“氮饥饿”的观点曾在一段时间里被美国东部的农业院校忽视。当时仍有学者认为，土壤肥力仅由土壤湿润度和土壤质地决定。南卡罗来纳大学的米尔顿·惠特尼教授是这一观点的代表人物，他指出，土壤化学特征与作物产量关系甚微，因为任何土壤都含有比作物所需更多的营养量；
191 土壤的物理特征——淤泥、沙土和黏土质的混合比例——才是决定土壤肥力的关键。基于整体的化学理论来看，惠特尼有其正确的地方；但是他却没有像希尔加德一样意识到，并非土壤中所有的养分都能够被植物吸收。

1901年，惠特尼被任命为美国农业部土壤局的局长。新成立的土壤局发起了一项规模浩大的全国土壤及土地调查，出版了一份可供农民使用的详细的土壤调查地图。该项目尽显研究人员对美国土壤状况的十足信心；他们相信，美国的土壤包含了足以支持任何农作物生长的无机元素。"土壤是一种不可被摧毁、不会被改变的国家资产；土壤是一种永不衰竭的资源，人们无法耗尽它。"[4] 在对由惠特尼所领导的土壤局发表的这一宣言表示震惊之余，年迈的希尔加德亦对这份新发布的国家土壤调查报告中缺少有关土壤地质和化学特征的信息表示不满。

在此之前，一份由惠特尼所编写的、发表于1903年的美国农业部公告，声称所有的土壤都包含极其相似的营养成分，并蕴含在相对不可溶的矿物质里。惠特尼声称，土壤肥力由种植粮食的农耕文化所决定，而与土壤自身支持植物生长的能力无关——因为土壤肥力本身是无限的。被惠特尼的土壤观所惹恼的希尔加德，在晚年一直与政治背景显赫且影响不断扩大的惠特尼进行着学术之争。

惠特尼在发表这份颇具争议的报告之前，曾在1902年任命一位叫富兰克林·金的学者担任新成立的土壤管理部部长。刚到不惑之年的富兰克林·金毕业于康奈尔大学；他曾于1888年受威斯康星大学聘用，在四十岁时成为美国第一位农业物理学教授。如今，被认为是美国土壤物理学之父的富兰克林·金，也曾进行关于土壤肥力的研究。

被惠特尼聘用的富兰克林·金，仅在位于华盛顿的土壤管理部供职过很短的一段时间。在上任土壤管理部的部长后，金展开了一项关于土块物理组成、土壤溶液中植物所需营养物质含量以及粮食产量之间关系的研究。他发现，他所得到的土壤溶液中的营养物质含量，与土壤局通过土壤样品化学组成分析所获得的数据不同；而且，粮食产量确实与土壤溶液中的营养物质含量有关。很明显，金的研究与他的新上司惠特尼所坚持的土壤观相左。惠特尼拒绝承认金的研究结果，并逼迫他辞掉土壤局的职务回到学术界去——这样就不会对他造成干扰了。

就在希尔加德与惠特尼在学术刊物上争执不休的时候，新的土壤观慢慢形成了，即土壤是一个受到地质、化学、气象、生物等多元影响的生态系统。特别是对固氮现象的生物学基础的认识，促进了现代土壤观的形成，即土壤是地质圈与生物圈的交界面。在氮、磷、钾等元素被发现不足百年的时间里，农业学家就将其列为决定植物生长状况的关键元素； 192
然而，“如何使这些元素供应充足”仍是未解决的难题。

尽管空气中充满了氮元素，但是植物不能直接利用化学性质十分稳定的氮气（N_2）。只有打破以双原子分子形式存在的惰性氮气结构，并使氮原子与氧、碳或氢原子结合，才能生成可为动植物利用的含氮化合物。唯一能够进行这个操作的生物体，是一百多种固氮细菌；其中，那些依存于植物根际环境的固氮细菌最为重要。尽管大部分的植物不断消耗着土壤中的氮，三叶草、紫花苜蓿、豌豆等植物的根瘤中，则寄生着可以将大气中的氮气转化为含氮化合物的细菌。这一固氮过程对于人类十分重要，正如它对植物而言一样，因为我们需要通过食物获取十种自身无法合成的氨基酸。要使农业土壤保持较高的氮含量，就需要实施耗氮作物与固氮作物的轮作；或者，需要持续不断地施用氮肥。

同样作为植物生长所需关键营养元素的磷，不但比氮元素更加稀缺，也不像钾元素那样可以在自然环境中轻易获得——钾元素在地壳中的占比达到了2.5%；同时，矿石分解释放出的钾，可直接作为天然肥料被植物吸收。磷仅占成岩矿物质中极小的一部分；许多土壤由于磷含量不足，抑制了植物的生长。正因为如此，施用磷肥能够极大提高作物产量。除了风化岩石之外，磷的天然来源只有相对稀有的海鸟粪，或者更常见但磷含量较低的磷酸钙矿石。到了1908年，美国是世界最大也是唯一的磷矿开采国，从南卡罗来纳州、佛罗里达州以及田纳西州开采的磷矿有两百五十多万吨。在美国生产的磷几乎半数都被用于出口，其中大部分被运往欧洲。

到了第一次世界大战时，美国本土农田出现了磷含量严重不足的情况。

> 在（美国）南部和东部的大面积地区，土壤磷含量严重不足，以至于如果不施用磷肥，就无法种植作物……五六十年前曾被认为是这个国家最肥沃的核心之地的纽约州西部和俄亥俄州，如今其土壤中的磷元素已被严重消耗；磷肥被源源不断地运往这些地区。[5]

20世纪初，对典型农耕模式下的磷元素流失量的评估显示，持续农
193 耕活动只需百年的时间，就能够将中西部土壤中的天然营养消耗殆尽。当磷元素变成一种战略资源后，磷矿国有化以及暂停磷出口的呼声，开始在华盛顿传播开来。

1901年的3月12日，美国工业委员会聘请时任土壤局局长的米尔顿·惠特尼调查新英格兰及南部地区农田荒废的原因。惠特尼将荒田归因于铁路的发展：新建的国家铁路带来了中西部价格便宜的农作物。在惠特尼看来，问题的症结在于，新英格兰地区的农民无法和西部廉价的小麦和牲畜劳力相竞争。

惠特尼告诉调查委员会，种植不适合一个地区的土壤或气候条件的作物，将使农田被荒弃。他指出，半干旱的堪萨斯州、内布拉斯加州和科罗拉多州在二十年前亦经历过相似情况：新开垦的农田在几年的丰收过后，便随着干旱期的出现而被荒废。惠特尼认为，由于这一地区降雨量不稳定，歉收弃荒的情况肯定会再次发生。

惠特尼同时指出，社会因素也会影响农田产量。马里兰州南部基本农田的价格约为每亩十美元；而宾夕法尼亚州开斯特县条件相似的土地价格则是前者的十倍。由于惠特尼相信所有的土地都具有相同的自然生产力，所以他引入社会因素来解释土地拥有不同价值的原因。耕种自

家农田的宾夕法尼亚农民种植多种作物；除了能够提供农户自己所需的大部分食物，盈余作物还能在本地市场出售。而在马里兰州，农地一般由承包商或佃农耕种，为外地（或外国）市场生产烟草、小麦和玉米。惠特尼认为，以出口为导向的经济作物单作，是造成马里兰州、弗吉尼亚州以及南方各州贫困状况的罪魁祸首。

在惠特尼看来，施用肥料可以大幅提升粮食产量。他认为，土壤的天然肥力，是通过岩石不断风化并转变为新的土壤而获得的；施加肥料则能够进一步提高土壤的生产力。“毫无疑问，我们能够使土壤肥力超出其自然极限，让作物产量超出一般标准……施用肥料等于是给土壤增加额外的植物‘饲料’；而且肥料是可被其直接吸收利用的。”[6]他认为，肥料可以加速土壤中矿物的分解，进而加速土壤的形成——只要用足了肥料，整个系统就会加速运转。

实际上，惠特尼认为土壤跟机器一样，需要进行调试，才能保证作物高产。他认为，美国农民之所以进行与特定土壤类型不相符的破坏性种植行为，根源在于他们没有在自己的土地上耕作足够长的时间。根据 194
1910年的统计，美国有超过半数的农民耕作其土地的时间不超过五年，这根本不足以让他们充分了解其土壤。

土壤科学家于此找到用武之地。“土壤科学家之于土壤……有如化学家之于钢铁工厂或染料工厂。”惠特尼把土壤完全看作粮食生产工厂。“每一种土壤都是一个独特而有序的实体；土壤是一座工厂，一台机器，其中的各个部件都需要被调配得恰到好处，才能够高效完成任务。”[7]然而，惠特尼不满意美国农民操作国家土壤机器的方式；在他看来，新的科技和集约型农业化学模式才能书写美国的未来。这位土地局局长当时没有预见到，这将会是一个利用德国技术来实现的英国想法。

1898年，时任英国科学促进协会（British Association for the Advancement of Science）主席的威廉·克鲁克斯爵士在协会年度会议上作了发言，其主题是他所说的“小麦问题”：如何供养世界人口？克鲁克斯具有前瞻性地提出农业肥料生产改革的必要性；他认为，海鸟粪和磷矿无法被人类永久开采。他意识到，更高小麦产量的获得，有赖于更大量的肥料施用，而氮是关键的限制性营养元素。一个显而易见的长期解决方法，就是利用空气中取之不尽的氮。在即将到来的新世纪，若想要养活整个世界不断增加的人口，就要想办法把空气中的氮有效地转化成植物能够利用的形式。克鲁克斯相信，科学能够使人类找到绕开豆类作物的固氮捷径。“英国和其他文明社会都面临着缺粮的严峻问题……产粮的土地无法承受人们施加给它的压力……只有通过进行科学实验，我们才能将饥荒转变为富足。”[8]讽刺的是，当解决了供氮问题后，我们并未解决全球饥饿的问题：充足的氮供给使人口不断增长，以至于如今饥饿人口数量保持着历史最高纪录。

除了可被用作天然肥料外，硝酸盐亦是炸药制造所需的重要原料。在20世纪初，无论是喂养人口还是制作武器，各个工业大国都越来越依赖硝酸盐；特别是英国和德国，都在迫切寻找硝酸盐的可靠来源。尽管其土地有着很高的产量，但这两个已没有更多可耕土地的国家，在本国粮食需求的压力下，不得不大量进口粮食。

由于海上封锁会导致硝酸盐的供应中断，德国做出极大努力寻找能
195 够将大气中的氮转化为可用氮素的新方法。经过多年的氨合成尝试，弗里茨·哈伯终于在1909年的7月2日获得成功。在位于德国卡尔斯鲁厄的实验室中，哈伯成功地持续生产液态氨达五个小时。英国科学家克鲁克斯于1898年提出的挑战，在十年后就被德国科学家哈伯完成；而在哈伯实现氨合成不到百年之后，全世界人口的身体内氮素，有一半都是通过哈伯开创的方法生产出来的。

德国巴斯夫苯胺苏打厂的化学家卡尔·波希，以惊人的速度将哈伯的实验过程商业化了，即如今闻名于世的“哈伯—波希制氨法”。一座标准化的工厂在哈伯实现氨合成的一年后投入运行；1912年，第一座商业合成氨工厂开始建造，并于第二年的九月生产出了第一批商用氨。第一次世界大战打响时，该工厂平均每天能够转化二十公吨的大气氮。

正如德国最高统帅部所担心的那样，英国海军在第一次世界大战初始就切断了智利对德国的硝石供应链。随着第一次世界大战各方陷入新型堑壕战的泥潭，需要消耗史无前例的弹药量，被切断硝酸盐供应源

的德国，其军火储备只能维持不到一年的时间。海上封锁同样也切断了巴斯夫公司与其主要市场的联系及收入来源。在第一次世界大战爆发后的短短几个月内，该公司的新型合成氨工厂就停止了肥料生产，转而为德国的军火厂生产硝酸盐。到第一次世界大战结束时，巴斯夫公司的全部生产线都已被用于弹药生产，并联合德国战争部在德国腹地建立了一座重要工厂，以躲避法国的空袭。最终，德国军队没有耗尽军火，却耗尽了食物。

第一次世界大战结束后，其他国家纷纷开始采用德国这种卓有成效的硝酸盐生产方法。同盟国立刻认识到哈伯—波希制氨法的战略价值，并通过《凡尔赛条约》的签订，迫使德国巴斯夫公司特许在法国设立一座合成氨工厂。而在美国，《国防法案》(National Defense Act) 则宣布在位于亚拉巴马州西北部田纳西河的马斯尔沙洲处建坝，从而为一座座合成氮工厂提供廉价电力；这些工厂既可以制造肥料，又可以生产弹药——一切都取决于哪种产品的需求量更大。

在20世纪20年代，德国化学家修改了哈伯—波希制氨法，使用甲烷作为原料来生产氨。由于德国缺乏天然气田，直到美国壳牌化学公司于1929年在加州的匹兹堡开设将廉价天然气转化为廉价肥料的工厂，这种高效的制氨方法才被商业化。作为主要固氮方法的合成氨技术被引入美国时，恰逢工业停滞不前的大萧条时期。 196

直到大萧条末期，第二次世界大战前夕，美国才重新启动合成氨工厂的建设。田纳西河流域管理局 (Tennessee Valley Authority，简称TVA) 的一座座大坝，成为不断增加的生产炸药的合成氨工厂的理想地点。当日本于1941年偷袭珍珠港时，美国只有一家合成氨工厂在运营；到1945年柏林被占领时，美国已拥有十家合成氨工厂。

随着第二次世界大战结束后弹药制造工厂的荒弃，世界各国政府试图为合成氨找到或创造新的市场。由于廉价的硝酸盐供应充足，田纳西河流域管理局所管辖地区的肥料用量迅速增加。随着新的天然气田的开发，美国的化肥产量在20世纪50年代骤增：德克萨斯州、路易斯安那州和俄克拉荷马州的天然气开采田，都与将液态氨输送至中北部玉米种植带的管道相连。在第二次世界大战中被炸毁的欧洲兵工厂，也得以重建并转而生产肥料。中亚和西伯利亚的天然气田，是俄罗斯合成氨生产不断扩张的基础。到了20世纪60年代，全球合成氨的产量增加了一倍多；到了70年代，产量再增加了一倍。1998年，全球化学工业每年生产一亿五千多万公吨的氨，其中运用哈伯—波希制氨法生产的合成氨占了总量的99%以上；80%的合成氨的生产原料为天然气。

工业化国家的农产品产量在20世纪下半叶大约增加了一倍。这部分新增的生产力，来自对肥料日益加深的依赖：从第二次世界大战到1960年的这段时间里，全球氮肥总消耗量增加了两倍，到1970年又增加了两倍，到1980年再增加了一倍。唾手可得的廉价氮肥，使农民放弃了传统的轮作以及周期性休耕，而是持续耕种行播作物。在1961—2000年间，全球肥料用量与粮食产量有着完全一致的变化趋势。

当工业化的农业化学大幅提高了粮食产量，土壤生产力便逐渐与土地状况相分离。向大规模单作的转变，以及对肥料愈加的依赖，使得畜牧活动与作物种植分离开来——有了化肥后，人们就不再需要用粪肥来维持土壤肥力。

氮肥需求量增加的主要原因，是为了供养越来越多的世界人口而开展的新型高产小麦和水稻变种的种植。在1970年诺贝尔和平奖获奖致辞中，“绿色革命”的高产水稻的开创者诺曼·布劳格指出，合成肥料的
197 生产是作物产量迅速增加的推动力。“如果我们将高产矮秆小麦和水稻品种视为点燃绿色革命的催化剂，那么化学肥料就是使革命持续前行的不竭动力。”[9]在1950年，高收入发达国家的氮肥消耗量占了全球总消耗量的90%；到了20世纪末，低收入发展中国家的氮肥消耗量上升到全球总消耗量的66%。

在一些发展中国家，外来者在殖民时期占用了最肥沃的土地来种植出口作物，这造成越来越多的边缘土地被开垦并进行集约耕作，以养活更多本地人口。20世纪60年代，新型高产作物变种的出现，极大地增加了小麦和水稻的产量，但产量越高也意味着所需要的肥料与农药越多。1961—1984年间，发展中国家的化肥使用量增加了九倍多；“绿色革命”

使富农越来越富，而大部分贫农则无力承担伴随这场革命所增加的农业投入。

“绿色革命”同时孕育了一个利润丰厚的全球化学品市场。这些化学品是现代农业赖以依存的基础；它确保了那些走上这条“依赖之路”的国家再不能轻易改变其前进方向——从个体角度来讲，心理学家把这种行为称为“上瘾”。

尽管如此，“绿色革命”作物如今已占到亚洲稻米种植总量的四分之三；第三世界的农民中，几乎有一半人都在使用“绿色革命”研发的种子——在施用了氮肥的土地上，它的单位产量可以翻番。随着耕种面积的扩大，始于20世纪40 年代中期的“绿色革命”，使第三世界国家的农业产量在70年代中期增加了三分之一以上。当解决了土壤供氮问题后，人们并未解决全球饥饿的问题；同样，不断扩大的耕地以及持续增加的粮食产量，亦没有使饥饿问题消失——这一次，人口增长的速度远远超出了土壤自然肥力所能支持的程度。

从20世纪50年代到70年代早期，全球粮食产量几近翻番，而人均作物产量仅增长了三分之一。自20世纪70年代起，非洲谷物的增产速度减缓，且人均产量下跌10%；到了80年代初期，尽管耕种面积不断扩大，不断增长的人口开始消耗粮食盈余——1980年，世界粮食储备下滑至仅够人类维持四十天的水平。如今，世界粮食储备仍不够一年的消耗量，我们仍生活在“即产即消”的粮食危机之中；在发达国家的现代食品分配网络中，在固定时间点上仅有能维持几天的食物量。

1970—1990年间，全球饥饿人口总数下降了16%。人们一般认为，这一进展要归功于以布劳格为代表的“绿色革命”。而事实上，饥饿人口的减少量中，有大部分来自中国——在此期间，中国的饥饿人 198
数下降了一半以上，从四亿多下降到两亿多——而中国恰是西方“绿色革命”未波及的地区。当我们将中国的份额刨除，就会发现，世界其他地区的饥饿人数总数在此期间增加了10%以上。中国革命（Chinese Revolution）期间的土地重新分配政策有效减少了饥饿人数的事实，为我们展现了经济和文化因素在应对饥饿问题上的重要性。无论如何解读马尔萨斯的人口理论，我们都应该意识到，人口增长是一个全球性的问题："绿色革命"期间，在中国之外的世界各地，都经历了粮食产量的大幅增长无法赶上人口增长的情况。

"绿色革命"未能消除全球饥饿的另一个重要原因，是贫农无法承担农作物产量增加所依赖的集约施肥的费用。对于那些负担得起农耕新方法的农民来说，粮食高产大有裨益，但前提是作物收益能够涵盖化肥、农药、机械等增加的成本。在第三世界国家出现的情况是，化肥和农药价格的上涨比"绿色革命"所带来的作物产量增长更快；如果农民买不起食物，那么增加的收成也无法使其摆脱饥饿的困境。

更不幸的是，"绿色革命"的作物新品种，使第三世界国家更加依赖化肥和石油。在印度，尽管化肥的使用量增加了五倍，每一吨化肥带来的农产量却下降了三分之二；20世纪80年代，印度尼西亚的西爪哇省在化肥和杀虫剂上的投入增加了三分之二，而作物产量只增加了四分之一，这使得农民入不敷出。自"绿色革命"以来，亚洲各地肥料使用量的增长速度，是稻米产量的增长速度的三到四十倍。自20世纪80年代起，亚洲农作物产量的逐步下降反映出的是，愈演愈烈的灌溉及肥料使用导致土壤退化。

如果没有廉价的化肥——以及制造化肥所使用的廉价石油——那么"绿色革命"带来的高生产力就难以维系。伴随着21世纪油价的持续攀升，农业、化肥和石油之间的依存关系可能会带来灾难性的后果。在过去的二十年里，我们消耗了超过一万亿桶石油——这相当于每天消耗八千万桶左右，这相当于往返于地球与月球间两千余次的用油量。石油的形成需要经过漫长的时间及一系列的地质活动：首先，富含有机质的沉积物的沉埋速度，必须要快于它的腐烂速度；然后，地质作用力将这些沉积物推向地下数英里深的地壳处堆积，并在此慢慢加热——沉积物若被埋得太深或加热太快，有机分子将被燃尽，而若被埋得太浅或加热时间太短，则无法成为石油；最后，石油需要被封存于具有连通孔隙的岩层的防渗层中，这样才成为可开采的石油。之后，人们需要找到储油层进行开采。一桶石油的形成时间大约是几百万年；而人类在一天内就能消

耗几百万桶石油。毫无疑问，我们终将用光所有的石油——这只是时间问题。 199

据预测，石油开采量将在2020年之前达到顶峰，并持续至2040年左右。由于这一预测并不包括政治和环境限制因素，因此一些专家认为采油高峰就在眼前——2005年，全球第一次出现了石油供给量小于需求总量的情况。我们究竟何时会耗尽所有原油，这要取决于中东地区的政治格局演变；但抛开细节不谈，21世纪末的世界石油产量将会降至当前产量的10%。目前，农业石油消耗量约占全球消耗总量的30%。当石油供应萎缩时，石油和天然气将变得极为珍贵，以至于无法继续被用于化肥生产；也就是说，工业化的石油集约型农业，注定将在本世纪末走向衰亡。

不出所料，农业综合企业将依赖杀虫剂和肥料的集约型农业描述为供养世界贫困人口的必要方法。尽管全球每天有近十亿人挨饿，但是工业化农业或许不是长久之道。在过去的五千年里，人口数量与供养人口的农业承载力保持一致。仅仅增加粮食产量的做法，至今未能解决饥饿问题，并且在人口持续上涨的情况下永远不会奏效。据联合国粮农组织报道，农民如今所种植的作物可以为全球每人每日提供三千五百卡路里。事实上，自20世纪60年代起，全球人均粮食产量的增长速度比人口增速要快。因此，持续的饥饿问题并非由农产不足所致，而是源于不平等的食物获取权利、社会分配及经济问题。

造成全球严峻的饥饿问题的原因之一是，当工业化农业取代了乡村农民的地位，贫农被迫加入了无法获得充足食物的城市贫民的队伍。许多国家的大部分农田，由传统的自给农田转变为种植高附加值出口作物的种植园。在食物供给充盈的状况下却没有能力购买食物的城市贫民，亦没有可自己种植作物的土地，因而饱受饥饿之苦。

据美国农业部估计，美国每年消耗的化肥中，有一半被用于取代因表土层侵蚀而流失的土壤养分。这使我们处于奇怪而尴尬的境地：我们消耗着化石燃料，一种从地质学角度来说最稀少且最有用的资源，来取代泥土这一最便宜且最易得的农业资源。

传统农业通过轮种牧草、三叶草或紫花苜蓿，以补充持续耕作下土壤中流失的有机质。在温带地区，几十年的耕犁通常会造成土壤中半数
200 有机质的流失；在热带地区，等量养分的流失只需不到十年。英国洛桑农场在1843—1975年间的农业试验表明，在百余年间施用粪肥的土壤中，氮含量提高至原有水平的三倍，而施用化肥的试验田中，养分则流失殆尽——除了被作物吸收的部分，大量养料被灌溉水或雨水径流溶解和冲走。

一项更近期的研究亦得出了相似结论。美国宾夕法尼亚州库茨敦的罗代尔研究所进行了一项关于玉米与大豆农业生产力的研究，为期十五年，其结果显示，虽然从作物产量来看，采用豆类轮作或粪肥施用的土壤，与使用合成肥料和杀虫剂的土壤相比，并无显著差异；然而，施用粪肥以及实行豆类轮作的土壤中的碳含量，都比施用化学制剂的常规农田要高出两到四倍。有机的和常规的耕作制度虽然能够创造相似的利润，但工业化农业使土壤肥力消失殆尽，包含了豆类作物的传统轮作则保持了土壤肥力，而施用粪肥的农耕方式实际上增加了土壤肥力。

这一事实是显而易见的；绝大多数园艺者都知道，健康的土壤才能带来健康的植物，反过来，健康的植物能够维系健康的土壤。我就曾在自家的院子里看到过这一过程：我的妻子将我们在车库煮咖啡剩下的残渣，以及她从旁边咖啡店后院搜罗来的“二手”咖啡渣，撒在院子里。我惊叹于眼前的情景：我们试图用这些从土壤贫瘠的热带地区舶来的有机质，改良位于美国西海岸这一小块曾经被茂盛森林覆盖的土壤。在这一土壤实验进行了五年后的今天，我们院子里的土壤有了一层富含有机质的表层，它在雨后能保持较长时间的潮湿状态，且其中生长着大量咖啡色的蚯蚓。

自从我们雇了一个操作小型推土机的工人重置了院子中的景观，这些精力旺盛的蚯蚓就一直忙碌地翻耕着全新的土壤。推土机工人将我家院子里已有八十二年历史的草坪铲除，并种上四种不同的植物，其中包括两种禾本草（grass）以及两种非禾本草（forb）——一种开着小白花，一种开着小红花。在我看来，这些开花的草本植物比旧草坪漂亮多了，

而且不用费时给它们浇水。更妙的是，这四种植物在不同时节相继生长和开花，使得杂草无缝可寻。

这片需要维护不多的生态草坪，还是需要进行适当修剪。在每次修剪后，我们任凭落下的花草在原地腐烂；不到一周的时间，地上所有的植物残体就不见了——它们都被拖进了蚯蚓洞里。曾经那块干燥坚硬的土壤变得潮湿而疏松；我随意在院子里面挖一个洞，就能看到健康肥硕的蚯蚓。几年后，我家院子四周的土壤表层，要比旁边的露台高出四分之一英寸——这露台原本与院子的土壤表层齐平，是在我们翻建生态草坪，种下草本植物的同时建造的。是勤劳的蚯蚓使院子的土壤表层越来越高；它们翻耕、搅动，并把含碳植物残体带入地下，它们把贫瘠的灰土 201
变成肥沃的土壤。有机质循环使我们的院子恢复了生机——如果调整一下规模，同样的原理也会适用于农田。

在机械化转变了常规农业的同时，现代有机农业运动开始结合阿尔伯特·霍华德爵士和爱德华·福克纳[*]的想法而发展壮大。这两个人有着迥然不同的背景，却得出了相同的结论：保持土壤中的有机质含量，是维系集约农业的关键所在。霍华德爵士发展出一种为大规模农业种植园进行堆肥的方法，而福克纳则创造出一种免耕栽植法以保护土壤表层的有机质。

在20世纪30年代末，霍华德爵士开始宣扬维持土壤有机质对农业生产力的好处。他担心，对无机肥料的过度依赖，会使人们放弃传统的土壤管理智慧，从而破坏土壤的健康。基于其在印度种植园几十年的实践经验，霍华德提倡在工业化农业中引入大规模堆肥，从而维护并保持土壤肥力。

在霍华德看来，农耕应效法自然，因为自然是最有经验的"农民"。自然系统为我们进行土壤保护提供了一幅蓝图——它是所有永久性农业体系的先决条件。"大地母亲从未尝试在没有禽畜的情况下进行耕种；她总是进行多种作物的混合种植；她精心地保护土壤，防止水

---

* Sir Albert Howard（1873—1947），英国植物学家；Edward Faulkner（1886—1964），因证明了犁耕的危害而被视为最早的环境保护主义者。——译注

土流失；她将植物残体与动物粪便混合并转化为腐殖质；她不允许有一点浪费；在她的耕作体系中，维持着生长过程和衰退过程之间的平衡。”[10]有机质经由土壤的持续循环过程，加上心土层的不断风化，可以保持土壤肥力。保持土壤中的腐殖质，是可持续农业的关键。

霍华德认为，土壤就是一个生态系统，其中的微生物在腐殖质和植物之间搭建了一座桥梁。维持土壤中腐殖质的含量，对微生物将有机物和矿物质分解为植物所需的元素而言必不可少。这是因为，能够分解有机质的土栖微生物自身缺少叶绿素，因而只能通过土壤中的腐殖质获得其所需的能量。土壤中的有机质，对生命循环的后半期过程至关重要：生命残体的分解为新生命的萌发提供动力。

在20世纪20年代，在印度印多尔市的种植业研究所，霍华德发展出一种在种植园农业中引入堆肥机制的系统，通过将植物残体与动物粪便混合，来形成有利于微生物生长的腐殖质环境。在他看来，微生物有如极小的“牲畜”，它们能够将有机质分解为能够被植物吸收的基本组
202 成元素，从而使土壤更加肥沃。霍华德创造的这一方法在热带地区的田间试验中大获成功。该堆肥新法能够增加作物产量的消息一经传出，印度、非洲以及中美洲的种植园都开始采用霍华德的方法。

他认为，集约型有机农业是能够补偿由工业化农业对全球土壤的伤害的有效方式；他指出，施用化肥，破坏了原生土壤中复杂的生物系统，因而当今农业对化肥的依赖是导致诸多植物和动物疾病的根源。融合了集约堆肥机制的种植园，因而得以通过重构富含有机质的表土层，减少（甚至消除）对杀虫剂和化肥的需求，同时提升作物的健康状况及抗病能力。

第一次世界大战结束后，霍华德看到，那些曾经生产弹药的工厂转而生产廉价的化肥，它们声称这些化学制剂含有作物所需要的一切营养物质——这令他感到担忧。在霍华德看来，当化肥施用成为工厂化农场的常规操作时，对最大利润的追求将以牺牲土壤的健康为代价。“恢复并保持土壤肥力，已经成为一个普遍的问题……对于土壤生命来说，人造肥料有如慢性毒药；这种对土壤的毒害，是威胁农业和人类的最大灾难

之一。”[11]第二次世界大战的爆发，阻碍了霍华德的有机农业的推广。战后，为全球军队提供弹药的公司再次转向化肥生产；这次，化肥已廉价得足以让人舍弃土壤管理的传统。

在第二次世界大战中期，爱德华·福克纳出版了《农夫的愚昧》一书。福克纳在书中提出，长期以来被视为农耕基本操作的“耕犁”(plowing)，实则是破坏土壤生产力的做法。在出版该书的数十年前，当福克纳还在美国肯塔基大学学习关于土壤管理与农业机械的课程时，就曾对教授所传授的知识提出质疑。他问教授，为什么要采用破坏土壤结构的耕犁法种植，而不是采用将种子直接插入土壤表层然后让其自然发芽的栽培方式？福克纳的提问令教授感到困扰。尽管人们对耕犁作用(准备良好的种床，然后将作物残茬、粪肥或化肥混入土壤，并使其在春天变得干燥而温和)做出过解释，但福克纳的老师还是不大好意思地承认，事实上并没有明确的科学依据表明，耕犁作为栽培的第一步是必要的。在肯塔基州和俄亥俄州做了二十五年的农业代理商之后，福克纳最终得出的结论是：耕犁所带来的问题，远大于它所能解决的问题。

福克纳挑战被农学家们视为理所当然的耕犁的必要性。他指出，作物丰产的关键，事实上在于使土壤表层维持充足的有机质，以防止表层侵蚀径流的形成并保持土壤养分。他的观点在当时被视为异端邪说。“与其他国家相比，我们的农民每人都配备了更大吨位的机械设备；与历 203
史上任何社会相比，我们的农民已经开始利用这种机械的优势，更加快速地促成土壤衰竭。”[12]福克纳还指出，对无机肥料的依赖既非必要又非可持续。

如同大多数不守常规之说一样，福克纳这种非正统思想完全建立于经验基础之上。福克纳自家后院的土壤有机质含量极低，更适合做制砖原料而非耕作土；当试图在这块土地上种植玉米时，他无意间发现，即使不耕犁，也有办法大幅提高作物产量。在1930—1937年间，福克纳尝试了将有机质引入自家后院土壤的不同方法。他先试着用铁铲在后院挖出一条土沟，并在其底部铺满落叶，以效仿常规农作模式中将去年的作物残茬耕犁入土的做法。与传统耕犁一样，福克纳的做法将富含有机质的表层物质深埋至六到八英尺深的地下。1937年的秋天，他又尝试了另外一种做法——这次，他将叶子直接混入了表土层。

第二年，院子里的土壤发生了变化。在此之前，他只能在硬黏土上种植防风草；现在，土壤的质地呈颗粒状，耙起来与沙土相似。除了防风草以外，福克纳还从后院收获了胡萝卜、生菜和豌豆——这一切都是在他没有施加任何肥料且很少浇水的情况下获得的；他只是给院子除了下杂草。

美国水壤保护局面对福克纳在自家后院进行的小规模实验不为所动；于是，福克纳进行了一项更大的挑战——他租下一整块农田，在上面进行足尺种植试验。他没有在种植前对土地进行翻犁，而是直接将幼苗立着插入土壤表层，任地表散落着割碎的杂草。看到这种粗放的种植模式，疑惑的邻居们纷纷预测，福克纳的田地必定会歉收；然而，当发现这片农田的收成超过自家时，他们既羡慕又惊讶，他们想不通，为什么不经耕犁、施肥或是打农药的田地，能获得如此不可思议的成功。

当在租下的这块农田进行的免耕种植试验获得持续数年的成功后，福克纳便开始在更大范围内推广重建土壤表层有机质的做法。他坚信，只要采用正确的耕作方法和机械操作，无论土壤原本处于怎样的状态，农民们都可重塑并改良土壤。“人们一直认为，高产的土壤需要几个世纪的时间才可建立。而鼓舞人心的事实是，只需拥有一队能够拉耙的农人或一台拖拉机，以及一个好的圆盘耙，农民就能够为土壤添加充足的有机质；这种数小时人为干预所起到的作用，可与大自然数十年之功相媲美。”农民们需要做的就是，停止耕犁土壤，并将有机质带回土地。“我们
204 周围的一切证据显示，表层未受干扰和破坏的土壤，与一般农耕方式下被耕犁的土壤相比，能够产出更健康的作物。为土地施肥的根本效益，并非增加了可能的作物产量，而是减少了耕犁造成的破坏性后果。”[13]与霍华德一样，福克纳认为，重建健康的土壤，能够减少或消除作物病虫害和疾病。

土壤有机质对维持土壤肥力至关重要的根本原因，并非在于它是植物的直接养分来源，而在于它维系着能够帮助养分释放及吸收的土壤生态系统的运转。有机质有助于保持水分、改善土壤结构、促进黏土中养

分的释放，并且它本身就是一种植物的营养来源。土壤有机质的丧失会导致土壤生物群的活性降低，并因此减缓养分循环，导致作物减产。

在不施肥料的情况下，不同气候条件下的土壤可以维持农业生产力的时间也不同。富含有机质的加拿大大平原（Canadian Great Plains）的土壤，在被耕种五十多年后，失去了大约一半的碳含量；而亚马孙热带雨林的土壤，被耕种不到五年，就会失去全部生产力。在中国西北部持续进行了二十四年的一项施肥实验表明，除非在施用化肥的同时混合一些秸秆和粪肥，否则化肥会导致土壤肥力下降。

关于“科技适度应用”的辩论，在生物技术领域呈现出了最为两极化的面貌。工业至上的理念，将“基因工程能够解决全球饥饿问题”的观点推上舞台，从而弱化了对人口控制及土地改革策略的关注。尽管抱着利他主义说辞，但基因工程公司设计出了“不育作物”[*]，以保证农民——无论是大型农业企业，还是小规模自耕农——必须每年持续购买他们持有专利的种子。曾经，精明的农民会为下一年的耕作筛选最好的种子留存；而现在，留种自用的农民将被拥有种子专利的公司起诉。

尽管工业至上的理念带来了作物产量的大幅增加，但美国国家科学院农业委员会的前任主管开展了一项研究，在分析了八千多个田间试验后，他发现，转基因大豆的产量实际上要比非转基因大豆低得多。美国农业部的一项研究指出，尽管抗虫性被吹捧为作物基因工程的主要优势之一，事实上，转基因作物并未带来杀虫剂施用总量的减少；遗传工程将极大提高作物产量的承诺亦让人难以捉摸。有人担心，某些转基因作物的不育特征，将通过花粉传播，并污染那些非专利的非转基因作物，这必将带来灾难性的后果。

鉴于生物工程和农业化学现有及潜在的严重缺陷，其他有助于缓解饥饿问题的替代性方法值得我们进一步关注。从长远来看，在面临人口增长和农用地不断缩减的情况下，集约型有机农业以及其他非常规农耕 205
方式，或许能够成为我们维持粮食生产的希望。从原则上讲，当廉价的

* sterile crops，或称“终结者技术作物”（terminator crops），指其结出的种子不能再发芽的作物。——译注

化石燃料成为历史，化肥集约型农业就能够被集约型有机方法所取代。

这正是韦斯·杰克逊的核心观点。杰克逊认为，耕犁土壤就是一场生态灾难。在成为位于堪萨斯州萨利纳市的土地研究所所长之前，杰克逊曾是一位遗传学教授。他说，自己并非主张当代社会回到弓弩时代；他只是质疑“耕犁土壤具有不容置疑的优势”这一观点。他尖锐地指出，与耕刀相比，耕犁剥夺了后代更多的选择权；并且，除了极少数情况外，大部分基于耕犁的农业未被证明是可持续的。据他估计，在未来的二十年内，如果不使用肥料和灌溉技术，那么由耕犁所造成的严重的水土流失，将会使地球的自然农业生产力降低20%。

然而，持有这一观点的杰克逊，既非灾难预言者，也非“卢德分子”*；他听上去更像一个朴实的农民，而非极端的环境主义者；他并未消极绝望，而是积极呼吁人们采取模仿自然系统而非控制或取代自然的耕作方法。在推广自然系统农业的过程中，杰克逊可被视为古希腊哲学家色诺芬的农业观——建立适应土壤特性的农耕方式，而非反其道而行之——最新的倡导者。

杰克逊吸收了美国农业带（American farm belt）的经验，并试图发展一种基于模仿原生草原生态系统的农业系统。与生长于被耕犁过的赤裸土地上的单年生作物不同，原生草原上多年生植物的根，即使在暴风雨中也能够将土壤牢牢抓紧。原生草原的植被包括温季草和寒季草，以及豆科植物与菊科植物。一些植物在多雨年份生长得很好，一些植物则在枯水年份较为茂盛。这种搭配模式有助于防止杂草和外来物种入侵，因为草原植被终年覆盖整个地面——就像我家院子里的生态草坪一样。

生态学家都知道，生物多样性有助于加强环境恢复力；而恢复力，正如杰克逊指出，有助于维系农业可持续性。因此，他主张进行多种作物的混合种植，以保证土壤全年都有植被覆盖，从而减轻雨水侵蚀的影响。单作，通常会使地面在春天裸露；在作物长到足以遮挡雨水的大小之前，脆弱的土壤会遭受数月的雨水侵蚀。作物吐叶前，暴雨造成的土壤侵蚀

* Luddite，原指19世纪英国出现的，反对大量取代人力劳作的自动织机的民众，后引申为持有反机械化观点的人。——译注

量，是作物叶片能够遮蔽土壤后的情况的两到十倍。在单作模式下，一场不合时宜的强劲风暴，会使土壤侵蚀发生在土壤形成前的好几十年。

在土地研究所，杰克逊的混养系统的有利影响得以显现。那里的研究表明，多年生作物的混养，不但能够实现虫害控制和氮素自给，而且每 206
英亩的作物产量要高于单作模式下的产量。尽管杰克逊的混合种植系统是特别针对美国草原地区的环境设计的，但是只要选用适合特定地区环境的作物种类混合，该模式亦可被复制到其他地区。毫无疑问，农药、化肥和生物技术公司为杰克逊这种低技术含量的方法所困扰。然而，杰克逊并非孤军奋战——在过去的几十年里，许多农民都已采用了福克纳和霍华德的方法。

无论我们赋予其怎样的称谓，当今的“有机农业”是将基于环保观念的方法与科学技术相结合的农耕模式。其中，有机农业所运用的科学技术摒弃了化学合成农药和化肥，而是依靠多样化作物种植、动物粪肥和绿色堆肥施用的增加，并且采用自然病虫害控制以及轮作来提高并构建土壤肥力。不过，为了保证能够在市场经济体制中存活下去，有机农场亦要保证其实践盈利。

长期研究表明，有机农业既增加了能源效率，又提高了经济资本回报率。慢慢地，问题已经不再是“我们能否负担得起有机农业的实施”；无论那些农业企业的利益相关者如何争辩，从长远来看，我们根本承担不起不实施有机农业的后果。无论是出于环境还是经济方面的考量，我们都可以通过采用有机技术来极大改良常规农耕方法；然而奇怪的是，在市场倾向于有机产品的同时，我们的政府却在为常规农耕方法提供补贴。近期的一些研究报告显示，有机耕作不仅具有保持土壤肥力的长期效益，亦具有投资回报的短期可见效益。

1974年，在生态学家巴里·柯莫纳的领导下，圣路易斯州华盛顿大学的自然系统生物学中心对美国中西部地区的有机农业与常规农业进行了系统性能比较研究。该研究将十四个有机农场与常规农场进行配对，每一对研究对象都具有相似的规模、农畜系统以及土壤类型。为期两年的研究表明，有机农场每英亩的产量与常规农场基本相同。虽然柯莫纳团队的第一手研究结果让那些存有疑心的农业专家惊讶不已，但后来的一系列研究都再次证实这一观点：与常规农耕相比，有机农耕大幅降低的生产成本，足以平衡其略低的收成。也就是说，运用工业化农业化学是一种社会习惯，而非迫切的经济需求。

其后诸多研究表明，有机农耕体制下的粮食产量略低，但实际影响不大；另一重要结论是，现代农业并非一定导致土壤衰竭。19世纪，约
207 翰·劳斯曾在洛桑农场进行了一项长达十年的田间实验，用以证实施用化肥对土壤肥力的有效补充；如今，世界上持续时间最长的农业实验正在同一试验站进行——在过去的一百六十余年中，洛桑试验站持续记录着被并置的施用粪肥的有机农田与施用化肥的常规农田的系统性能表现。实验记录表明，两种农田的小麦单位产量相差不超过2%；但是从土壤的碳氮含量来看，有机农田的土壤质量随着时间而逐渐改善。

一项在宾夕法尼亚州罗代尔研究所的试验田中进行了长达二十二年的研究，对常规农田与有机农田的投入和输出进行了对比。实验表明，在正常降雨情况下，两块农田的平均粮食产量相差不大；而在实验进行中最为干旱的五年间，有机农田玉米的平均产量比常规农田高出了大约三分之一。从总体来看，有机农田比常规农田的经济效益更高：前者的总投入比后者低15%，且有机产品更受市场青睐。这项长达二十余年的实验亦表明，有机地块土壤中的碳氮含量均有增加。

20世纪80年代中期，华盛顿州立大学的约翰·里根诺德带领一队研究人员，对华盛顿东部斯波坎市附近两个农场的土壤状况、侵蚀速度以及小麦产量进行对比。一个农场自1909年开垦后，一直未施用化肥；不远处的另一个农场自1908年开始耕种，并于1948年开始定期施用化肥。

出乎意料的是，这两个农场的净收获量相差无几。在1982—1986年间，有机农场的小麦产量与其相邻两个常规农场的平均产量相当。由于耕作有机农田的农民实行每三年一次的休耕并种植绿肥（通常为苜蓿），因此其净产出量低于常规农场。不过，在化肥和农药方面省下的投

入，弥补了其净产出量的不足；更重要的是，有机农田的生产力始终未有下降。

里根诺德的团队发现，有机农场的表土层比常规农场的厚六英寸左右。有机农场的土壤保水能力更强，并含有更多植物可吸收利用的氮和钾。与常规农场的土壤相比，有机农场的土壤含有更多微生物，且后者表土层中的有机质含量比前者多一半。

根据美国土壤保护局的评估，有机农地不仅土壤侵蚀速度低于土壤更替速度，事实上，有机农地会不断形成新的土壤。与之相比，常规 208
农场在1948—1985年的平均表土层流失量约为六英寸。沉积物生成质量的直接测算结果再次证明，常规农场的土壤流失速度比有机农场的快了三倍。

这一农业实验的重点显而易见：同为集约农业，有机农场能够保持土壤生产力，而常规农场——即目前多数农场——则随着土壤流失而逐渐丧失了生产力。据估算，再经过五十余年的常规耕种，这一地区的表土层将不复存在；而一旦表土层消失，进行常规农作的农民只得在黏质的心土层进行耕种，因此地区的作物产量将下降一半。也就是说，为了使作物总产量与目前持平，农业技术必须有办法使植株生产力翻番。

欧洲的研究者亦指出，有机农场的产投效率更高，且对土壤肥力的伤害更小。一项在欧洲开展的长达二十一年的研究，对有机农地与农药化肥集约型的常规农地的作物产量和土壤肥力进行对比。研究表明，虽然前者的平均产量比后者低20%，但是前者的化肥与能源投入量仅为后者的三分之一到一半，且不需施用农药。同时，有机农地中生长着大量可捕食害虫的生物，从而维持了农地的整体生物活性；有机农地中蚯蚓的数量比常规农地高两倍，而长有固氮根瘤菌的植物根茎亦比一般植物根茎长40%。有机耕种方式不仅增加了土壤肥力，而且其经济效益与常规农场相当。也就是说，具有经济可行性的有机农场，应摆脱“替代性农业”这一在常规农业观下形成的称谓。

近年来，其他地区和国家的研究也支持这一观点。一项在新西兰开展的研究，对分别进行有机和常规农作的，具有相同土壤类型的相邻农场进行对比。研究表明，有机农场不但土壤质量和有机质含量更高，而且每公顷土地产生的经济效益——就像其中所含蚯蚓数量一样——也超过常规农场。另一项在美国华盛顿州所展开的针对苹果园的对比研究显示，在常规和有机种植方式下，苹果产量相似。然而，这项历时五年的研究亦表明，有机方法不仅耗能更少，土质更高，苹果更甜，而且与常规种植相比产投效率更高——实施常规种植的苹果园大约在十五年后才开始盈利，而用有机方法只需十年。

有机农业是美国食品市场发展最快的一部分；如果将常规农业的真实代价算进农产品的市场定价中，我们将会发现，目前看似有利可图的农耕方式，其实并不具有经济可行性。对常规农业直接的财政补贴，以
209 及对该农作方式下土壤衰竭和污染的忽视，是继续鼓励这种破坏土壤的耕作行为的主要原因。特别是出于经济性和可行性的考量，大规模农业生产经常依赖施用化肥和土壤改良剂来弥补表土层流失的后果；而有机农业正是因为极少使用农用化学品，因而每英亩产出仅获得极少的研究资金。鉴于此，能够推动农业改革的不是政府，而是那些追求健康食品的人——他们有责任为维持农业的永久生产力而战。

在过去的十年间，美国农业补贴年均达一百多亿美元。虽然补贴项目在建立之初是以支持困难的家庭农场、确保稳定的食品供应为目的；但是到了20世纪60年代，农场补贴积极鼓励大型农场种植，以及更为集约的单作。美国商贸项目*青睐小麦、玉米和棉花，它通过设立奖励机制，来刺激农民购买更多土地进行此类作物的单一种植。在20世纪70—80年代，美国农场的收入，几乎有三分之一来自政府的农业补贴；而如今，十分之一的农业生产者（“恰巧”是那些规模最大的农场）占据着三分之二的农业补贴。补贴项目的反对者，包括内布拉斯加州的共和党议员查克·哈格尔表示，政府的农业补贴只是使大型企业农场获益，而家庭农场则并未得到什么好处；良好的公共政策，应利用公共资金鼓励好的土壤管理模式以及家庭农场的发展，而不是鼓励大规模的单作。

---

* U. S. commodity programs，指一系列由美国农场服务局管理、由美国商品信用公司资助的价格补贴以及收入支援项目。——译注

有机农业正开始摆脱作为一种“边缘运动”的状态——农民们重新认识到保持土壤健康对维持粮食产量的重要性；逐渐摆脱农用化学方法，与重新关注土壤改良方法不谋而合。目前，介于有机与常规农作间的中间模式正逐渐形成：在行栽作物之间增加的固氮作物，能够在农闲时作为覆被作物；化肥和农药的施用量亦远低于常规农作。

现代农业所面临的挑战是，如何将传统农业知识与现代土壤生态理念相结合，并促进和维持世界人口所需的集约型农业，即如何通过非工业化的农业维持工业化社会。尽管在短时期内不可能放弃合成化肥的使用，但我们可以通过大范围推广改良的耕作方式，来维持在过去五十多年间增加的粮食产量；改良的耕作方式，应防止土壤中有机质含量及生物活性的进一步降低，并避免土壤流失。

实施水土保持，有助于防止土壤退化并提高粮食产量。保持土壤生
产力的简单方式包括护根措施和粪肥施用——前者可以使土壤中的生 210
物量增加两倍，而后者可以使蚯蚓和土壤微生物量增加四倍。根据不同的作物种类和环境条件，在土壤保持上投入一美元最多能带来价值三美元的作物产量的增加；此外，在水土保持上投入一美元，能够使下游地区用于河道疏浚、堤坝建设以及防洪控制方面的费用降至现有水平的五分之一到十分之一。“土壤如黄金一般珍贵”的观念的推广很难依赖政府支持，但是美国农民正迅速成为全球土壤保持的领导者；他们意识到，使流失的土壤复原，代价将极其昂贵，因此最好且最有效的策略就是实施水土保持。

几个世纪以来，耕犁都是农业的标志。然而，越来越多的农民正逐渐放弃犁耕农作，转向长期受到忽视的免耕法，以及较温和的保护性耕作，即任何用作物残茬覆盖至少30%地表面积的耕作方式的统称。如同一个世纪以前机械化带来了农业革命，在过去几十年中耕作方式的转变，也正在为现代农业带来变革；不同的是，这场新的变革是为了找到保护土壤的农作方式。

免耕农作是在保留了犁耕优势的同时，避免因土壤裸露造成的侵蚀。采用免耕法的农民不使用犁进行翻耕，而是用旋耕机（disk）将前一

批作物收割后剩下的有机残茬混入土壤表层，再穿过这一有机质层将种子直接种入土中，从而使得对土壤的直接干扰降至最低。留在地表的作物残茬发挥着护盖物的作用，能够模仿自然环境中肥沃土壤形成的最初条件，保持土壤湿度并减缓土壤侵蚀。

在20世纪60年代，美国几乎所有的农田都实行犁耕农作；但是在过去的三十年间，免耕法在北美农民中迅速传播开来。1991年，33%的加拿大农场采用保护性耕作和免耕法；到了2001年，该比例上升至60%。同一时期，美国采用保护性耕作的农田从最初的25%上升到33%以上，其中18%采用免耕法；到了2004年，41%的农场采用保护性耕作，23%的农场采用免耕法。如果按照这一增长速度推算，只需再过十年的时间，美国的大多数农场都将采用免耕法。即使如此，在全球范围内，目前仅有5%左右的农场采用了免耕法；其余95%的农场如何转变，将决定
211 人类文明的进程。

免耕农作可以极有效地减少土壤侵蚀；有机残茬覆盖地表，可以使土壤侵蚀速度降低至接近土壤形成速度，从而避免粮食产量降低。在20世纪70年代末，在印第安纳州进行的第一次免耕法效果测试表明，玉米地的土壤侵蚀速度下降了75%以上。更近期的一系列研究亦证实了这一观点：一项由田纳西大学的研究员进行的实验表明，与常规烟草种植法相比，免耕法使土壤侵蚀速度下降了90%；在亚拉巴马州进行的实验发现，采用免耕法的棉花种植地的土壤流失速度，是常规耕作地块平均水平的一半到九分之一；在肯塔基州进行的一项研究显示，免耕法竟然使土壤侵蚀速度下降了98%。尽管侵蚀速度受到土壤、作物类型等多种当地因素的影响；在一般情况下，地表覆盖物增加10%，可使侵蚀速度下降20%，而地表覆盖率达到30%，可使土壤侵蚀速度降低一半以上。

单靠土壤侵蚀速度降低，不能解释免耕农业快速流行的原因。免耕法被采用的主要原因，是农民可从中获得经济利益。1985年和1990年的美国《食品安全法》(Food Security Acts）规定，只有采用了“土壤保护计划”所提倡的农耕方法，即对极易受到侵蚀的土地实施保护性耕作，农民才能够加入农产品补贴等一系列广受欢迎的美国农业部项目。当

实践证明保护性耕作具有极高的产投效率时，这一方法便被广泛应用于各类土地。放弃耕犁机械的使用，可节省一半的燃料投入，这足够抵消少量减产所引起的收入损失，从而转化成高收益。同时，免耕法还改善了土质、有机质和微生物群，并使土壤中的蚯蚓数量增加。尽管除草剂和农药的施用量在实施免耕法的初期有所提高；然而，施用量将随着土壤生物群的逐渐恢复而再次下降。随着免耕法与地表覆盖、绿肥施用以及生物害虫管理等措施相结合的经验的逐渐累积，这些所谓的“替代性方法”被证实能够对免耕法起到积极的补充作用。农民们采用免耕法，是因为这样做既省钱，又能为未来做投资：土壤有机质的不断增加，意味着土地更肥沃，最终将使化肥支出减少。事实上，采取浅耕法（low-till method）所带来的成本降低，正刺激着包括大型农业企业在内的农业生产者的兴趣。

免耕农业还有另一个优势——事实上，它可以成为减缓全球变暖的一种相对快速的应对措施。犁耕农作使土地被翻犁后暴露于空气，土壤中的有机质被氧化并释放出二氧化碳；免耕农作则有使表土层中的 212
有机质含量每十年增加1%的潜力——虽然这听上去微不足道，但是这意味着在二三十年的时间内，每公顷土地的二氧化碳排放量将累计减少十吨。伴随着过去一百五十余年间的农业机械化，据估测，美国全境的土壤向大气释放了四十亿公吨的二氧化碳；从世界范围来看，同期有约七百八十亿公吨原本以土壤有机质形式存在的碳素，转化为二氧化碳后被释放到大气中。自工业革命以来，大气中有三分之一的二氧化碳来自土壤有机质的转化，而非化石燃料的燃烧。

也就是说，农业土壤改良除了有利于养活不断增加的人口，还能够为减少二氧化碳排放量、减缓全球变暖提供机遇。如果美国的所有农民都采用免耕法并种植覆土作物，那么美国农业每年可以通过土壤锁碳作用，将三亿吨的碳素以有机质的形式保留在土壤中，从而把农场变成“碳沉淀池”，而不再是温室气体的来源。尽管这不能解决全球变暖的问题——毕竟土壤能够锁定的碳元素数量有限——但是，土壤锁碳能够为我们找到全球变暖问题的根本解决方案提供时间。据估算，如果让全球已被开垦的十五亿公顷的土地全部采用免耕法，那么在未来几十年的时间里，重新制造土壤有机物质的活动将吸收掉90%的碳排放量。而另一项更为现实的研究，通过评估全球农田的碳封存潜力，估算出土壤锁碳作用能够吸收掉目前碳排放量的25%。而且，土壤中碳含量的增加，有助于减少对化肥的需求，减缓土壤侵蚀，从而在增加土壤肥力的同时进一步降低碳排放量。

尽管免耕法具有无穷的吸引力，但是其在全球范围内的普及仍面临诸多挑战。事实上，免耕法并非适合所有地方。免耕法最适合排水性能良好的沙质土壤，而对于排水性能不佳的黏质土壤则不适用——黏质土壤只有通过耕犁才能避免发生板结。在美国，农民不思转变的态度和观念，是阻碍免耕法进一步推广的首要因素。而在非洲和亚洲，免耕法推广的落后状况，则反映了财政资金和政府支持的不足；特别是那些仅耕种少量土地的农民，通常难以获得能够穿过表层有机残茬进行播种的机械设备；同时，许多自耕农都会把上一年的作物残茬当作燃料和家畜饲料，而不会将其留在地里。虽然存在着一系列巨大挑战，但是它们值得我们去找寻解决方案。通过重建富含有机质的土壤以重启对自然资源
213 的投资，这或许是确保人类未来生存的关键所在。

不可持续的农业将带来不可持续的文明——这是众人皆知的事实。然而，仍有人像对待污垢一样对待土地——甚至更糟。华盛顿东部的昆西小镇，看上去不像是能爆出美国最肮脏的秘密的地方。在20世纪90年代，昆西镇的镇长为《西雅图时报》(*Seattle Times*)的记者达夫·威尔逊提供了关于"有毒废料是如何被循环利用，并变成化肥用于农田"的线索。整个事件的揭露者帕蒂·马丁不同寻常。这位传统的家庭主妇曾是一位专业的篮球运动员；退役后，她在竞选中毫无争议地当选了这座农业小镇的镇长。当镇民们开始抱怨农田里的作物莫名枯萎，作物喷粉机无故在小镇开放的草地上喷撒化肥时，她发现蓝多湖公司(Land O'Lakes)旗下专业生产肥料的分公司"思耐克斯"(Cenex)正在将有毒废物运至本镇。该化肥公司在小镇火车站附近的一个巨大的混凝土池里，把有毒废料混入其他化学制品，然后作为便宜的劣质化肥出售。

这是一场巨大的阴谋。工业污染物的制造者为了规避垃圾合法倾倒的高额费用，需要另寻有毒废料的处理方式。根据美国环境法律规定，向合法注册的有毒废料垃圾场倾倒废料者，对其所倾倒物拥有永久的无害化清理责任。但是，如果将废料混入廉价肥料，并撒向空地或卖给农民，问题就迎刃而解，亦无须承担清理责任。因此火车在深夜进出昆西镇；混凝土池里的混合物增增减减，却没有任何关于"是什么物质被倾倒进混合池，又是什么物质被输出"的记录。思耐克斯公司有时把这种"新型化肥"卖给毫不知情的农民，有时则干脆直接为农民付账，目的就是通过让农民使用化肥，来处理掉其中混入的有毒废料。

马丁发现，华盛顿州的政府官员允许蓝多湖公司在不告知农民的情况下，将那些额外的"营养成分"混入化肥，从而对富含重金属的废料进行"再利用"；在他们看来，东西是否有毒，并非取决于其本身是何种物质，而是取决于它的用途。当被问及将有毒废料混入化肥的行为时，华盛顿州农业部的工作人员表示他们对此知情，而且认为这是一个好主意——这种做法有如资源再利用。

奇怪的是，有毒化肥开始毁坏庄稼。除非被冲蚀掉，否则重金属能够在土壤中残留数千年；一旦积累到一定程度，有毒物质将被植物（比如农作物）所吸收。

为什么像思耐克斯这样的公司，会将混入了有毒物质的肥料作为劣质化肥出售呢？不妨想想"经济驱动"这一屡见不鲜的原因——该公司的备忘录显示，他们通过将化工清洗池的废料称为"产品"并撒向农民的田地，每年得以节省十七万美元；而当这个案件于1995年结案时，思耐克 214
斯承认其基于不正当的目的施撒农药，并缴了一万美元的罚款。像我这种不是特别喜欢赌博的人，如果知道产投率确为17∶1，也一定会毫不犹豫地拿着我的全部积蓄前往拉斯维加斯大赚一笔。

"思耐克斯事件"结案后，昆西镇的农民开始思考，劣质肥料是否是导致产量下降的原因。一位农民告诉马丁的朋友丹尼斯·德扬，思耐克斯公司曾在几年前将一个肥料罐运到他的农场上，后来便忘了这件事。德扬从这个废弃的肥料罐里挖出一些干残渣，送往爱达荷州的一个土壤检测室。经检测，该“肥料”中含有大量砷、铅、钛、铬等元素——这些并非植物所需的养料。实验报告还指出，他们在德扬送来的施用了思耐克斯化肥的豌豆、黄豆和土豆中，检测出很高的铅砷含量；德扬的另一位朋友送检的土豆样品的含铅量，则是允许水平的十倍。

华盛顿州并非唯一一个将有毒废料重新划定为“肥料”的地方。在1984—1992年间，美国铝业公司的俄勒冈州分公司将二十多万吨的冶炼废弃物“循环利用”，并添加到肥料中。美铝公司通过在冬季把废弃物用作道路除冰剂，在夏季用作肥料，每年节省了两百万美元的废物处理费用。美国全境的各个公司，通过将废料作为“产品”出售，规避了将其送到有毒垃圾倾倒场所需要花费的上百万美元。到了20世纪90年代末，美国有八家主要的公司从事着每年将一亿两千万磅重的有毒废料再加工为肥料的工作。

不可思议的是，那些参与将有毒废料再加工为化肥的人，竟然毫不避讳谈论此事；因为他们根本不必担心。没有法律禁止将有毒废物混入肥料并撒向土壤；没有人显示出对这种公然破坏土壤健康的恶劣行为的关心，即使再明显不过的事实是，农田是最不应该被用于倾倒重金属垃圾的地方。

我们看待农业土壤的方式——无论是将其作为适应本地环境的生态系统、化学制剂仓库还是有毒废物倾倒场——关系到人类在下个世纪的命运。欧洲国家曾通过殖民活动，控制了全球资源中不合比例的巨大份额，从而成功冲破了其古代社会所面临的人口增长超过食物供给的困境。美国通过西部开发，也逃脱了同样的困境。如今，全球面临着可耕地不断减少，廉价石油即将衰竭的新困境，这需要我们找到新方法来养
215 活人口。我们或许能够从岛屿社会的发展中获得启示：一些岛民提前消费了他们的未来，最终陷入恶性的耕地争夺战；另一些人则找到了维护和平社会的方法。造成这两种不同结局的关键就在于，如何在人类社会无法获得“新地”的前提下，维持长期的农业生产力；换句话说就是，人
216 们如何对待他们的土地。

9. 时间中的岛屿

如果土壤消失，我们亦将灭亡，

除非我们能找到以岩石为生的方法。

托马斯·C. 张伯伦

1722年的复活节那天，在去印度尼西亚和香料群岛的途中，一位荷兰海军上将在太平洋的偏远海域发现了一座小的火山岛。在被该岛原住民的公然食人行为震惊后，雅各布·罗赫芬和他的船员并未在此停留，而是继续其穿越太平洋的航行。直到半个世纪后被西班牙吞并，由于资源的匮乏，复活节岛从未被殖民过。岛上最有意思的，莫过于凌乱散布的上百座奇怪而巨大的石像。

对于欧洲人来说，复活节岛是一个世界级的谜团：一群未开化的食人野人，是如何雕刻出那些巨大的人像的？这个谜团将来此探访的人长期笼罩于一种神秘氛围中；直到考古学家将复活节岛的环境历史拼凑起来，人们才看到一个高度发展的社会退化成为野蛮民族的过程。如今，复活节岛的故事为我们展示了一段寓言式的历史，一个关于环境恶化是如何摧毁文明社会的故事。

这一悲剧讲述的，并不是文明灾难性地瞬间崩溃，而是原住民经年累月对资源的破坏使文明逐步消亡——复活节岛上的原生文明并非在一夜之间分崩离析。当环境恶化使岛上资源能够供养的人口逐渐小于实际人口时，文明随之消逝。尽管这并非一个瞬间剧变的过程，但缓慢
217 变化所造成的结果，同样是毁灭性的。

湖泊沉积层中的花粉记录的是，复活节岛少有人居时广阔的森林覆盖面积。人们一般认为，玻利尼西亚人在公元5世纪到达了复活节岛，又在随后的千年里伐林垦田，并将木材用作燃料以及独木舟的制造原料——到了公元15世纪时，岛上人口达到了近一万。在人口达到顶峰后的一百年间，木材供应的短缺迫使人们移居山洞中。尽管最近的放射性碳测年研究显示，玻利尼西亚人对复活节岛开始殖民的时间可能比预想的要再晚几个世纪，但沉积层岩心中的花粉和碳元素仍表明，该岛直到17世纪还保持着一定的森林覆盖率。当欧洲人于17世纪首次登岛时，这里已经彻底成为无树的岛屿；所剩无几的树木生长在人们难以到达的地方——复活节岛最深的一个死火山的山口中。

森林消失后土地裸露，导致土壤侵蚀急剧加重。农作物产量开始下降；用于制造渔网的纤维，由于对原生棕榈树的砍伐而减少，捕鱼也因此变得困难。能获取的食物越来越少，复活节岛的原住民开始建造防御性的石头围栏，用来保护家鸡——家禽不会受岛上森林退化和水土流失的直接影响，因而成了岛民最后的食物来源。

拉帕努伊岛（Rapa Nui，原住民对“复活节岛”的称呼）地处南半球，其纬度位置与北半球的佛罗里达州中部地区相同。复活节岛常年沐浴在温润的太平洋暖风中，是一个由三座古老火山所组成的，面积不到五十平方英里的热带天堂，与最近的有人居住的陆地距离超过一千英里。如此封闭的环境意味着，当随兴而至的玻利尼西亚人渡过太平洋到达此地时，岛上只有很少的原生动植物。由于原生动植物能够提供的食物量很少，因此，早期移民的饮食主要依赖于他们带上岛的家鸡和红薯。岛上炎热潮湿的环境，使红薯的种植轻而易举，因此岛民有足够时间去建立一个以雕刻和竖立巨大石质头像为中心的复杂社会。

巨大的石像在采石场被雕刻出来，再穿过岛屿被运到另一个采石场，以在石像顶上盖上一块巨大的红色石制头饰。建造这些石像的原因

至今无人知晓；原住民如何建造石像，也是多年的谜团。在面对这片无树的环境时，欧洲人感到困惑不解的是：原住民是如何在没有任何机械器材的时代，仅凭人力运输这些巨大石像的？ 218

当被问及巨大的石像是如何被运输的时候，仅存的岛民并不知道他们的祖先是如何做到的。他们仅仅回答说，是石像自己走过了整座岛屿。长达数个世纪，光秃秃的复活节岛景观衬托着这些石像的神秘。没有人（包括石像雕刻者的后人）曾料想到，那些巨石实际上是通过滚木移动的——就如同岛民所描述的那样，仿佛石像自己走过了整座岛屿。

许多石像散布在古采石场周围，它们或是未完成，或是被遗弃于此。这一事实表明，其雕刻者忽视了迫在眉睫的原木紧缺的状况——直至资源枯竭。即使木材变得稀缺，对地位和声望的竞争依然刺激并推动着更多石像的竖立。尽管复活节岛的岛民知道，他们被孤立在一个仅用一两天就能绕完一圈的小世界里，然而势不可当的文化使命感，还是压倒了一切对树木资源即将枯竭的忧虑。

欧洲人的到来，进一步扫清了岛上残余的原住民文化。在19世纪中叶，岛上大部分身强力壮的男人——包括国王和王子——都被贩卖到秘鲁的矿场成为奴隶。几年后，迫于国际社会的压力，秘鲁政府将十五名幸存者送回该岛，却给没有免疫力的岛屿带去了天花病毒。很快，岛上的人口骤降至一百一十一人，这彻底破坏了延续原住民文化的可能性。

关于复活节岛的岛民如何走向生态自杀的故事，被记录在了岛屿的土壤中。如今，岛上覆盖着浅浅的一层——在有些地方仅有数英寸厚——由火山基岩风化形成的雏形土。和其他亚热带地区的情况一样，土壤大部分的有效营养蕴含在薄薄的表土层中。当岛上的植被被清除后，水土流失严重，土壤肥力也随之大大下降。其后，岛上只有很少一部分地区仍保留了耕种能力。

如今，岛上极薄的心土层暴露于地表，这证实了岛上最肥沃的土壤已经流失。山脚的土壤断层显示，从高坡处被冲刷下来的土石，如今覆盖在低坡处遗留的原初土壤之上。这些土壤的剖面中，夹杂着如今已经灭绝了的复活节岛棕榈树的根。

土层与遗址之间的关系显示出，大部分水土流失，发生在随岛上农业兴起的被称为“阿胡斯”(ahus)的石头房屋出现后。“阿胡斯”的基底
219 被直接建造在原始土壤上，而从坡地冲刷而下的新的沉积物，则将房屋的基础掩埋。因此我们可以判定，表土层的流失，发生在“阿胡斯”兴起之后。

研究人员对路堑或手挖土穴中的坡地冲蚀沉积物，以及由侵蚀形成的土壤剖面进行了放射性碳测年鉴定。结果显示，复活节岛上的原初表土层，大约在1200—1650年间因侵蚀而流失。显然，为发展农业而进行的植被清除，引发了大规模的土壤流失，特别是决定了土壤肥力的腐殖质层(A层)。文明紧随复活节岛表土层的消失而逝去——这大约发生在荷兰海军上将罗赫芬意外到访前不到一个世纪的时候。

一项对伯伊克半岛土壤进行的详细研究，揭示了复活节岛上农业活动的改变和土壤侵蚀之间的直接关系。原始地表被侵蚀后留下一些平顶的小丘，上面残留的少量原始土壤，诉说着原始表土层大范围流失的故事。在这些残留土台的底部，堆积着数百层薄薄的、厚度不足一英寸的土壤，将夹杂着已灭绝的原生棕榈树树根的种植土层覆盖。在这层被掩埋的土层上，有一层半英寸厚的碳，这表明，长期烧林为田的活动，形成了散布于棕榈树林的农耕地块，并因此使森林大面积消失。

最初，小块田地零星散布于密林间的农业种植方式，使土地不受强风和重雨侵蚀，亦使作物不受热带阳光暴晒。对沉积层中的碳层和其他材料进行的放射性碳测年鉴定表明，在1280—1400年间，土壤从高坡被剥蚀而下，并将低坡表土掩埋。低坡处沉积层中的各个叠层表明，一次大暴雨能将约一英寸厚的土壤从高坡冲蚀而下。这一系列发现为我们描绘了这样一幅图景：在零星的小块田地被周边茂密树冠遮蔽的几个世纪间，伯伊克半岛很少有水土流失发生；而随着大规模烧林为田的活动的兴起，森林的大片消失使土地裸露，进而加速了水土流失；到了公元1500年，这一地区的农地已被荒废。在短短的一两百年间，每一场暴雨剥蚀去一层薄土，岛上的土壤就这样慢慢消失了。

岛上的鸟类也随之消失。在玻利尼西亚人刚到达复活节岛时，岛上生活着二十多种海鸟；而到了有史时期，只有两种幸存了下来。鸟类在原生森林连绵的树冠层中筑巢；海洋的养分通过海鸟粪被施撒在岛上原本贫瘠的火山土壤上。原生鸟类的消失，意味着土壤养分补充的关键因素不复存在，并因此导致土壤肥力下降；或许，这亦是导致森林无法再生 220 的原因。复活节岛的居民大概万万想不到，吃光岛上所有的鸟，会损害他们的红薯收成。

复活节岛的故事绝非独一无二。玻利尼西亚人烧林为田引发灾难性水土流失的故事，还发生在很多（并非全部）太平洋岛屿上。作为最后一批被人类开垦的土地，南太平洋岛屿为我们学习人类社会的演变提供了一个相对简单的背景环境：在人类将鸡、猪、狗和老鼠带上岛之前，这些岛上并没有陆栖脊椎动物。

曼加伊亚岛和提科皮亚岛这两座岛屿，为我们呈现了截然不同的两种人类适应资源有限的环境的案例。在被人类开发之前，这两座岛屿拥有诸多相同特征和相似的环境历史；岛上的人类社会在面对资源逐渐减少的困境时，有着完全不同的处理方式。加州伯克利大学的人类学家帕特里克·基尔希破解了这两段历史；两座岛屿的故事为我们展现了伴随一代代人逐渐累积的变化趋势，是如何最终决定了整个社会的命运。

位于南纬21.5度的曼加伊亚岛，是南太平洋中一座面积仅为二十平方英里的小岛。在1777年詹姆斯·库克船长到访时，曼加伊亚岛看上去就像是一座从海中升起的高墙耸立的中世纪要塞。岛上风化严重的玄武岩山体比海平面高出了五百英尺，其外围是一圈露出海面的灰色珊瑚礁。十万年前，邻近的火山岛拉罗汤加岛在形成过程中弯曲了地壳，使曼加伊亚岛及其周边的珊瑚礁一起被顶出海面。水流从曼加伊亚岛中央的高地流向周边一圈半英里宽的裙礁——像刀片一样锋利的珊瑚礁从海中升起，约为岛屿高度的一半。水流所携带的沉积物在裙礁沉淀，水则渗透礁穴，流到了岛屿外围一圈狭长的沙滩上。

玻利尼西亚人在公元前500年到达曼加伊亚岛。在此之前的五千年里，小岛被森林覆盖，水土流失十分缓慢，使岛中心的火山坡上积累了一层厚厚的土壤。基尔希所采集的沉积物岩心，记录了在公元前400—公元400年间这座小岛上发生的剧烈变化：这一时期骤增的碳微粒含量，显示了刀耕火种农业的快速扩张。在年代超过两千四百年的沉积层中，几乎不存在碳微粒，而年代不足两千年的沉积层中，每立方英寸就含有上百万微小的碳碎片。沉积物岩心中突然上升的铁含量和氧化铝含量，以及下降的磷含量，表明在相应时期内伴随着浅薄而肥沃的表土层的快速流失，养分匮乏的心土层暴露于地表。风化岩石无法为原生森林提供
221 其所依赖的循环养分，因此表土层的流失造成森林再生过程的减缓。如今，对人类生存无益但很好地适应了贫瘠心土层的蕨类和灌木植被，覆盖着超过岛屿四分之一的面积。

到了公元1200年，刀耕火种的农业模式，已将散布着不断变动的耕地的坡地表土层大量剥蚀；曼加伊亚岛的岛民因此转移到冲积谷地，展开依靠灌溉的劳动集约型的芋头种植。这些肥沃的谷地只占了岛屿面积非常小的部分，并因此成为持续不断的部落战争的目标。一个个人口中心围绕着富饶的谷地绿洲分布，对残存沃土的控制权，决定了部落的政治和军事力量。

玻利尼西亚人的到来对岛屿生态构成的改变，绝不仅限于土壤。在1000—1650年间，随着岛民杀光了超过半数的原生鸟类，同样为土壤提供粪肥的果蝠也消失了。历史纪录和史前沉积层中骨骼数量和种类的变化可以说明，在库克船长到访时，曼加伊亚人已经吃光了他们带到岛上的猪和狗，可能也吃光了岛上的鸡。曼加伊亚人的饮食结构开始发生剧烈的变化——那是糟糕的变化。

在失去了大部分蛋白质来源后，从史前时期石窟中挖掘出的沉积物里，出现大量烧焦的鼠类动物骨骼。19世纪早期，传教士约翰·威廉斯写道，老鼠是曼加伊亚岛最受欢迎的主要食物之一："原住民说它们（老鼠）吃起来非常'香甜和美味'；确实，岛上常见的用来形容食物美味的说法，就是'甜得像鼠肉一样'。"[1]石窟中公元1500年左右的沉积物中，出现了被啃食过的，烧焦且粉碎的人类骨骼，这说明在欧洲人到达曼加伊亚岛的几百年前，各个部落间对于资源的争夺已经非常激烈。长期的

战乱、暴力的统治以及恐怖的文化，成为曼加伊亚岛社会与欧洲文明接触前的最后时期的特征。

通过考古重现的曼加伊亚岛人口变迁，与复活节岛的情况相似，只是人口规模更小。公元前500年左右，第一批登岛的玻利尼西亚人仅有数十个；随后人口稳定而持续地增长，在公元1500年达到五千人左右；在随后的两个世纪中，人口大幅减少，并在欧洲人抵达时跌至最低点，而后又回升至现今几千人的水平。

提科皮亚岛，是所罗门群岛中一座受英国保护的小岛。尽管与曼加伊亚岛有着非常相似的背景，提科皮亚岛的环境和文化历史，却与前者形成了鲜明对比。虽然面积不到两平方英里的提科皮亚岛比曼加伊亚岛小得多，但是在与欧洲文化接触时，两座岛屿孕育着差不多的人口数 222
量。人口密度比曼加伊亚岛高四倍的提科皮亚岛，在超过一千年的时间里维持着一个相对稳定而和平的社会。这座小岛为我们提供了一个可持续农业的模型，以及一个文化如何适应有限资源的鼓舞人心的范例。

提科皮亚岛初期的土地利用模式与曼加伊亚岛几乎完全一致：玻利尼西亚人在公元前900年左右登岛，随后开展的刀耕火种农业模式，加剧了水土流失，并使岛上的原生动物资源不断减少；当人们在提科皮亚岛居住了七个世纪后，为了弥补鸟类、软体动物和鱼类等蛋白质来源的短缺，岛民开始扩大猪的养殖；在此之后，提科皮亚人选择了一条与曼加伊亚岛和复活节岛完全不同的发展道路。

在登岛后的第二个千年里，提科皮亚人开始调整其农业方法以适应岛上环境。岛上沉积物中的植物遗骸记录了这一时期乔木作物的引入；而沉积物中大量减少的碳微粒，则标志着刀耕火种农业方式的结束。在随后几代人的时间里，提科皮亚人将他们的岛屿变成了一个巨大的花园：上层林冠由椰子树和面包树组成；下层林木则为番薯和巨型沼泽芋头。到了16世纪后期，岛屿首领取缔了家猪饲养，因为猪会破坏他们无比重要的花园。

除了岛屿农业模式从刀耕火种向果园和农田多层次种植的转变，社会性的适应性改变，也使得提科皮亚岛的经济得以长久维持。最重要的是，岛民的宗教信仰提倡人口零增长的理念。提科皮亚岛拥有一个由多名部落首领组成的委员会，监控着岛上人口数量和自然资源之间的平衡。在此机制下，提科皮亚人通过独身禁欲、避孕、堕胎、杀婴以及（自杀性的）强制迁移，执行着残酷的人口控制。

西方传教士的到来，打破了提科皮亚人所维系的这种人口和食物供给之间的平衡。传教士对传统的人口控制律法的废除，使提科皮亚岛的人口在二十年里增长了40%。当连续两年的飓风摧毁了岛上一半的作物后，岛民依靠巨大的外来援助才阻止了饥荒的发生。此后，岛民们恢复了人口零增长的政策——只不过，这一次是基于从西方世界所传入的，将本地岛民送往其他岛屿开展殖民的方式。

为什么提科皮亚岛岛民选择了与曼加伊亚岛岛民和复活节岛岛民截然不同的一条道路？尽管三座岛屿的环境和自然资源相似，其上发展
223 的社会却有着完全不同的结局（或命运）。在提科皮亚岛发展成为一个田园般的岛屿天堂之时，曼加伊亚岛和复活节岛却长久地陷于战争的水深火热。由于提科皮亚岛的乌托邦系统是以生命为代价——生育控制及堕胎杀婴——来控制人口，我们必会探讨，人类社会走上哪条发展道路所付出的代价更为巨大；不管怎样，提科皮亚社会在一个偏远孤立的小岛上繁荣了几千年。

事实上，土壤状况决定了三则岛屿故事不同的结局。曼加伊亚岛中心火山坡面上深度风化的土壤养分贫瘠，其周围高耸裙礁的陡峭坡面上，亦无法形成土壤层。相比之下，提科皮亚岛则拥有大量新鲜的富磷火山土。提科皮亚岛的自然条件，使其土壤具有环境复原力——富含矿质元素的岩石被快速而持续地风化，这使得提科皮亚人得以找到保持土壤肥力的生存之道：大规模的多层次种植，使得农业对土壤养分的消耗与岩石风化对土壤养分的补充达到平衡。

在破解了提科皮亚岛和曼加伊亚岛的环境历史后，帕特里克·基尔希认为，岛屿的地理尺度或许亦对塑造了社会形态的决策制定模式有着重要影响。提科皮亚岛小到所有岛民都彼此熟识。基尔希认为，这种没有陌生人的社会环境促成了集体决策制度的产生；相反，曼加伊亚岛的

规模足以形成“我们”与“他们”这样强烈的对立关系，促成了生活在相邻山谷的部落间的竞争与战争；而复活节岛上，生活着一个更大因而也更缺乏凝聚力的社会，这促成了一个更具灾难性的结局。如果基尔希的观点正确——社会规模越大，越倾向于各方的暴力性角逐而非集体性妥协——那么，我们便需要对全球岛屿的发展前景有一个清醒的认知。

人类开拓岛屿造成显著水土流失的故事，绝不仅为南太平洋诸岛所独有。维京人于公元874年登陆冰岛，其开展的殖民活动导致了一场持久的灾难性水土流失——冰岛至今仍深受其苦。这片新的殖民地最初通过放牛和种植小麦繁荣起来；到公元1100年，岛上人口几乎达到了八千人。但是到了18世纪晚期，岛上的人口数量减至中世纪人口的一半。究其原因，从公元1100年持续至公元1900年左右的小冰河时代所带来的降温，改变了冰岛殖民地的命运。土壤侵蚀也产生了相同的影响。

殖民初期，冰岛被茂密的森林覆盖着。12世纪晚期，在编辑历史著作《冰岛人之书》(*Íslendingabók*)时，智者阿里将冰岛描述为一个“从山到海岸都被森林覆盖”的地方。[2]自人类来此定居后，岛上失去了超过一半的植被。曾经繁茂且延绵数千平方英里的原生桦树林，如今只覆盖着 224
不足原有面积3%的土地。

久而久之，绵羊放牧加剧了对自然景观的破坏。步入18世纪时，有超过二十五万只羊漫步于冰岛乡间——这个数量在19世纪翻了一番。到访的人开始将冰岛描述为一个见不到一棵树的荒原。气候恶化与过度放牧的叠加效应，加重了水土流失，亦增加了被荒弃的农场数量。如今，冰岛四万平方英里的陆地面积中，有四分之三受到水土流失的影响；七千平方英里的土地因为严重的土壤侵蚀而变得毫无价值。

一旦冰岛的坡地失去了森林覆被，侵蚀着中央冰盖的强风亦会将曾经被森林覆盖的土地上近半数的土壤剥离。大群的绵羊破坏了土壤结构的整体性，使强风暴雨的侵蚀能够直入其深处的基岩层。基岩层上次暴露于地表，还是末次冰川作用后冰川融化之时，而基岩层上面经过几千年积累形成的土壤，在短短的几百年间便消失殆尽。土壤不复存在的冰岛中部地区，如今是广袤的不毛之地——无物生长，无人居住。

有些地区在维京人到达后不久就开始发生水土流失的情况。在小冰河时代开始前相对温暖的11—12世纪间，严重的土壤侵蚀，导致大部分内陆农地和部分沿海农地被荒弃。此后，低地的水土流失主要发生在贫瘠的边缘农地。

诸多理论试图对冰岛被荒弃的农地做出解释。内陆地区早已被荒废了数个世纪之久，有些谷地已完全成为荒漠。长期以来，研究人员将农地被荒弃的主要原因归结为气候恶化及其引发的流行病。但是近期研究指出，严重的水土流失，是牧场和农田变为荒漠的重要原因。冰岛层叠的火山灰为我们展现了其土壤的历史。频繁的火山喷发使得冰岛的土壤中夹杂着一层层由火山灰形成的特殊地质“条码”：火山灰掩埋了之前的土地，而风又带来新的土壤覆于其上，火山灰层便成为分隔不同时期土壤的标志。

1638年，吉斯利·奥德松主教描述了夹在冰岛土壤中的火山灰层。观察力敏锐的主教发现，厚厚的火山灰分离了被掩埋的土壤，有些土层中夹着带根的古树树桩。在奥德松之后，人们逐渐意识到，自末次冰川作用结束后，冰岛数百次的火山喷发带来了颗粒细小的土壤。这些火山
225 土若暴露于地表，很容易被岛上肆虐的强风侵蚀。在有植被能够抓牢地表的地方，被强风卷携的物质得以沉积，并与一层层火山灰混合，共同形成了冰岛的土壤。依据土壤剖面中的火山灰层的年代，可以算出冰岛土壤形成的速度约为每千年一英尺，或每百年一英寸。地表植被的消失不仅加速了土壤的流失，而且由于火山灰和被强风卷携的泥沙无处停靠，也妨碍了土壤的形成。

在史前时代，浓密的植被使松散的土壤得以在相对致密的火山岩和冰碛物（指随冰川移动而形成的，由黏土、沙砾等混合而成的无层理沉积物）上慢慢累积起来。在一些地区，其土壤直接覆于冰碛物上并累积超过万年；在另一些地区，暴露于地表的土壤和火山灰层，记录了在维京人到来前发生的土壤侵蚀现象——在气候恶化时期，冰岛的原生植被受到影响，进而引发侵蚀。在末次冰川作用结束后的冰岛历史中，过度放牧

和小冰河时代气候恶化的共同作用，导致了一场持久的水土流失。

在发生极昼的夏天，冰岛的羊群二十四小时都在吃草，从石楠荒原一路徜徉到湿地。畜群造成了直径达数英尺的光秃区域。被剥去了拥有密实根系层的草甸后，冰岛的火山土便无法抵抗来自风雨或融雪的侵蚀。一片片光秃的土地很快便出现侵蚀沟，露出土壤深处坚硬的岩石层或冰碛层。荒原上会先形成一条条狭长的裂纹，其深度基于原有土壤层的厚度可达一到十英尺；裂纹一旦形成，侵蚀作用便作用于土壤断崖，将裂缝向两侧进一步拓宽，剥蚀掉剩余的土壤。原本富饶的牧场变成了一片暴露在风中的，布满火山碎屑和碎岩的土地。自挪威人到此定居后，水土流失造成冰岛近一半的原有土壤消失。尽管造成这一结果的，还有诸多其他因素，但过度放牧一般被认为是主要原因。在巨大的冰川过后，蚯蚓或许塑造了达尔文所研究的英格兰景观；而羊群则塑造了冰岛景观。

"洛法巴德"——冰岛语中意为"土壤断崖"——的崖壁厚度每年减少1—1.5英寸。如今，在有洛法巴德景观的地区，其表土面积平均每年

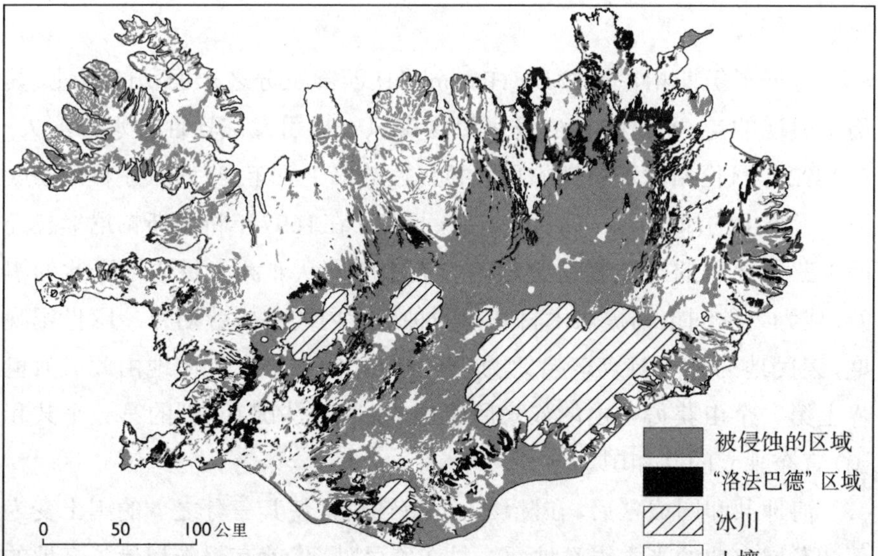

标示冰岛的土壤状况的地图，图中标出了受到严重侵蚀的区域、冰川区域以及未受侵蚀的区域（本图根据埃纳尔·格雷塔森提供的数据资料绘制）。

减少0.2%—0.5%。按照这样的速度，只需要几百年的时间，冰岛的土壤就将被剥蚀殆尽。自维京人于此定居开始，洛法巴德侵蚀每年造成冰岛约五平方英里土地的土壤流失。科学家们担心，冰岛许多地区的土壤侵蚀，已超过可出现逆转的极限阈值；他们知道，一旦失去了土壤，土地将
226 变得毫无价值。

如今，大部分冰岛人很难想象，眼前的荒原曾经被森林覆盖着；然而，在人类开拓这片陆地的一千一百年间，冰岛失去了60%的植被和96%的森林覆被。大部分人并不清楚冰岛的景观经历了多么严重的退化。就如复活节岛的原住民一样，大众对于“常态”的认知，会随着足够缓慢的景观变化而改变。

加勒比群岛中的海地和古巴，则是另外一对有关“岛居社会如何对待其土壤”的对比案例。“海地”，在土著语言中是“阿拉瓦克”(Arawak)，意思是“绿色的岛屿”。这个岛国为我们提供了关于“国家发展屈服于土地退化”的近代案例。 古巴则是一个关于“在后石油时代，国家迫于生计改变常规农业系统，建立新机制以满足人们食物需求”的案例。

占据了伊斯帕尼奥拉岛（Hispaniola）西部三分之一面积的海地，其历史展现的是，小型坡地农场可以像飓风一样引发破坏性的水土流失。在1492年哥伦布发现伊斯帕尼奥拉岛后的二十五年内，西班牙移民彻底
227 清除了岛上的原住民。两个世纪后，西班牙在1697年将伊斯帕尼奥拉岛西部三分之一的土地割让给法国。被法国人从非洲大量贩运至此的黑奴，成为为欧洲市场提供木材和糖的种植园内的主要劳动力。18世纪晚期，殖民地的五十万奴隶起义，并于1804年宣布独立。海地由此成为世界上第一个由获得自由的奴隶所组成的、脱离法国（欧洲的第一个共和国）宣布独立的共和国。

海地共和国成立后，在陡坡上的持续耕种使其三分之一的国土变为无法发展农业的光秃岩石坡面。早在殖民时期，就有报告记录了高地的咖啡和蓼蓝种植园出现的严重水土流失；高地种植园主深知，这里的土地只能保证三年的收成。20世纪中叶，当自耕农重返高地耕种时，陡坡

上随处可见的种植园再度兴盛起来。到了1990年，海地已失去了98%
的原生林。常规的防治水土流失的措施，诸如堆土成丘或是沿坡地等高
线修建台地，已无法有效控制陡坡的土壤侵蚀。 228

在雨季，高地的水土流失格外严重，以至于在首都太子港出现了必须用推土机来清理被冲蚀到街道上的泥土的场景；这些推土机有如热带版的铲雪车。据联合国估计，占海地国土面积一半的地区，其表土层流失已经严重到妨碍农业发展的地步；美国国际开发署在1986年的报告中指出，海地有三分之一的国土因为水土流失变为极度贫瘠的不毛之地。农民在比适耕区域大五倍的范围内劳作。据联合国粮农组织估测，在20世纪80年代，海地每年有六千公顷的可耕地因水土流失遭到破坏。在过去的几十年内，海地全境剩余的可耕地量，以每年数个百分点的速度持续缩减。海地全部的可耕地中，仅剩约一半的土地还具有生产力；这片土地已经无法满足岛上持续增长的人口的食物需求了。

海地的繁盛，伴着流失的土壤一并消逝。当农民赖以糊口的自耕农地完全消失，许多农村家庭只能砍伐岛上仅存的树木，通过卖炭来换取食物。绝望的农民涌入城市，形成大量贫民窟，并于2004年发动暴乱，推翻了政府。

海地致命的水土流失，不仅是殖民活动的遗害。与其他拉丁美洲国家相比，海地共和国的土地分配模式更为民主化。在独立之后，海地政府废除了殖民时期的土地所有权，重获自由的奴隶因而可以在无主的土地上耕作。在19世纪早期，海地总统的土地分配政策，使得一万左右的农民获益，平均每人分得超过十五公顷的土地。自此之后，土地所有权通过继承制来分配。在经过数个世纪的人口增长后，人均农地占有面积逐渐减少。到了 1971年，农户平均占有的农田面积为1.5公顷；以每户五到六人的情况来计算，这意味着人均农地占有面积已缩至0.25—0.3公顷的水平。海地有超过四分之三的农村家庭处于贫困线以下，超过三分之二的家庭无法满足联合国粮农组织提出的最低营养标准。海地仿佛成了爱尔兰的翻版——只是这则故事中没有地主的角色。

随着人口的增长，遵循继承制进行的土地分配，使土地伴随一代代人被分割为越来越小的地块——直至小到无法再实行休耕的程度。农业收入的减少，亦使农户无力对土壤保护进行投入。为了解决温饱，贫穷的农民最终将耕作扩大到更陡峭的坡地上——那是海地最后的
229 处女地，同时也是只能支持若干年耕种的土地。最终，随着坡耕地的进一步缩减，以及贫穷的进一步加剧，农民被迫涌入首都太子港寻找工作机会。大批绝望的人民聚集在贫民窟里，为这个国家长久的内乱埋下伏笔。

事实上，大部分海地农民都拥有属于自己的小块农地；由此可见，防治土壤流失，并非仅仅将大种植园变为小型农场这么简单。农地过小，不但无法解决农民的温饱问题，而且使实行土壤保护更为困难。与海地形成鲜明对比的，是距其五十英里、处于迎风方向的古巴。苏联的解体迫使古巴开展独特的农业尝试。在1959年古巴革命胜利以前，极少数人控制了古巴五分之四的农地，其中大多为以出口为导向的大型甘蔗种植园。尽管在剩余的五分之一的农地上，普遍存在着小型的自给农场，但是古巴那时的食品产量不足本国需求的一半。

古巴革命胜利后，沿社会主义道路前行的新政府继续支持各种出口型作物的大规模产业化单作；其中最重要的是蔗糖，其出口额占古巴出口总收入的四分之三。古巴的甘蔗种植园拥有拉丁美洲国家中最为机械化的作业模式；与海地的坡地种植园相比，它更接近加利福尼亚州中央山谷（Central Valley）的现代化农场。古巴的农业设备，驱动设备的燃油，以及化肥、除草剂和超过半数的食物需求，都是通过贸易从遥远的社会主义伙伴国进口的。失去了苏联的援助和支持，同时又面临美国长期的贸易禁令，古巴陷入了食物危机的深渊。因为无法进口食品和化肥，古巴人均日常卡路里和蛋白质摄入量减少了近三分之一，从1987年的三千卡路里，下降至1994年的一千九百卡路里。

苏联解体造成古巴出口贸易近九成的缩减；化肥和除草剂的进口量下降80%，石油进口量下降50%；用于修理农业机械的零件亦无法获得。《纽约时报》社论预测，卡斯特罗政权即将垮台。古巴曾是拉丁美洲饮食

水平最高的国家之一；而在苏联解体后，其饮食水平仅略高于海地。生活在这个被孤立的岛国上的人民，被迫平均每日只吃两餐。为了满足本国的粮食需求，古巴农业面临着用常规农业一半的投入来生产两倍食物的艰巨挑战。

面对这一进退两难的处境，古巴进行了一次不寻常的农业实验——第一个在全国范围内开展的替代性农业尝试。在20世纪80年代中期，由古巴政府引导的国营研究机构开始探寻替代性农业方案，以减少对环境的影响、提高土壤肥力并增加粮食产量。在苏联解体后不到半年的时 230
间里，古巴开始将国有工业化农场私有化；国有农场被分配给原有员工，形成了一个由小型农场组成的粮食生产网络。政府支持的农贸市场通过取消中间商环节来增加农民收入。大型政府项目鼓励人们在闲置的城市空地发展有机农业和小规模农业。由于缺少获得化肥和除草剂的来源，新生的小型私有农场以及数以千计的小型城市种植园进行着有机农业实践——当然，这一现实完全是由人的生存需求所决定。

探寻替代性农业实践的古巴研究机构，在这个岛国依赖于苏联的援助和支持期间显得毫无用处；苏联解体后，在贸易禁令中失去了获得常规农业所需原料渠道的情况下，发展满足民生需求的知识集约型农业的使命，使这些农业研究机构在新的现实环境中获得重生，并得以快速而广泛地推行替代耕作方法。

在这场农业变革中，古巴采用了更偏劳动集约型农业的方案，来取代常规农业所依赖的重型机械以及化学药剂；然而，这场变革绝非回归“传统农业”这么简单——有机农业不可小觑。递给某人一把锄头让他去耕田，远非解决粮食需求的办法。事实上，就像苏联时代依赖大量原料投入的高度机械化农业一样，古巴农业的转型亦是基于科学知识。两种农业模式的唯一区别在于，前者所代表的常规农业依赖应用化学，而后者则是基于生物学在农业生态学中的应用。

古巴的农业变革亦与诺曼·布劳格所倡导的“绿色革命”背道而驰。绿色革命是通过增加灌溉、石油、化肥以及除草剂的使用，改变了世界农业的面貌；古巴政府则找到了适合本地环境的农业耕作方式，发展出了增强土壤肥力和防治病虫害的生物学方法。古巴的农业变革，建立起一个由两百多个遍布全境的本地农业办公室所组成的网络，用来指导农民开展低投入的免耕农业以及生物病虫害防治方法。

古巴停止了蔗糖出口，将农业重心转向满足本国需求的粮食生产。在不到十年的时间内，在没有食物进口以及农用化学药剂施用的情况下，古巴的饮食标准恢复到了原有水平。古巴的经历表明，不依赖工业化方式和生物育种技术，农业生态学亦可以建立起可行的农业基础。美国对古巴的贸易禁令，在无意间促成了古巴在全国范围内进行的替代性农业的实验。

一些人认为，古巴的农业模式——生态学知识的本地化利用——才是解决世界温饱问题的范例；标准化机械作业以及农业化学并非解决问题的长久之计。人们意识到，问题的关键不在于生产廉价食品，而在于保护农地：小型农场被保留在大地上，甚至是城市中；拥有土地的农民
231 耕种并照料田地。成百上千的营利型都市菜园在这座岛国的全境发展起来，仅首都哈瓦那就有上百个都市菜园。铺了石砖的城市闲置用地被转化成数英亩的菜园，为服务于本地居民的市场供应番茄、生菜、土豆和其他农作物。到了2004年，哈瓦那曾经闲置的地块都被用于食物生产，并能够满足整个城市的蔬菜需求。

古巴从常规农业向国家范围内的半有机农业的转型，向我们证明了这种“逆向”转型的可行性——尽管，这一切发生于脱离了全球市场影响的一党专政制度之下。转变所带来的结果，也并非到了令人羡慕的程度；这场在不得已的情况下开展的农业实验，在二十年之后仍无法完全满足人们对肉类和奶制品的需求。

或许，古巴的劳动集约型农业所生产的基本作物，无法像美国工业化农业所生产的粮食那样便宜；但是，古巴的农业改革，再次满足了生活在这个岛国的人们对一日三餐的基本需求。在被迫放弃其原有的社会主义发展道路后，在这个完全孤立的岛屿上，出现了全球第一个大范围实施生物应用和有机农业的现代社会。迫于生存之需向自给自足型农业转变的古巴，或许正是未来农业发展的缩影：当我们耗尽了现代化农

业赖以依存的便宜原油之后，这或许便是大规模农业转型的图景。使人们感到安慰的是，至少在这座岛屿上所展开的农业转型尝试没有带来社会的衰亡；而让人苦恼的则是，相同的转型若发生在非一党专政的社会体制下，是否还能够走向成功。

自达尔文结束其在加拉帕戈斯群岛的旅居生活后，对岛屿孤立特征的认知深深影响了生物学理论；直到最近几十年，对岛屿这一特征的关注才延伸至人类学领域。或许有那么一天，人类真的会飞向太空并移居至其他星球；但是在可预见的未来里，我们当中的绝大多数人将继续留守在地球上。尽管在海地、曼加伊亚岛和复活节岛发生的灾难在全球范围内重现并非必然，但是这一个个散布地球各处的岛居社会的经历却时刻提醒我们：地球，无非也是荒芜而浩瀚的宇宙中的一座小岛。地球有如荒漠中一片孕育生命的绿洲——这绿洲的存在是由覆于其上的薄薄一层土壤来维系；这层表皮一旦失去，需要经历漫长的地质时间才能
恢复。 232

10. 文明的寿命

或与地说话，地必指教你。

《约伯记》12：8

两百年后的今天，针锋相对的马尔萨斯式悲观主义与戈德温式乐观主义，仍然在为“科技进步是否能跟上整个社会的农产品需求”而继续辩论着。为防止化石燃料耗尽后粮食产量大幅下降，我们需要从根本上重组农业体系，以保持土壤的肥力；或者大力开发新的廉价能源，如果我们继续依赖化学肥料的话。无论如何，如果我们继续蚕食土壤，那么未来就是显而易见的了。

要估算地球可以承载多少人口，就需要权衡人口规模、生活质量以及环境质量（比如生态多样性）。大多数人口统计学的预测表明，全球人口在21世纪末将会达到一百亿。无论我们是支持在美国天主教全国主教会议上主教们对于“地球可以顺利维持四百亿人口需求”的坚定信仰，抑或是同意媒体业巨头泰德·特纳所说的“地球资源可使四亿人口过上富足生活”的保守论断——养活二者中间值的人口，都将是难以实现的挑战。在地球全部粮食作物的生物产量中，人类目前食用的部分仅占40%左右；在维持相同消耗率的情况下，如果我们能以某种方式利用地球上光合作用制造的全部有机物，那么人口最多能够达到一百五十亿——而这也意味着人类无法把家园分享给任何其他物种。233

权威科学家也在地球承载力的问题上各持己见。“绿色革命”之父、诺贝尔和平奖得主诺曼·布劳格认为，地球可以承载一百亿人口；然而他强调，为实现这一目标，需要在农业技术领域取得重大突破。布劳格曾在他的诺贝尔奖获奖感言中警示说，绿色革命只是一个“暂时性的”成功，这一革命仅仅为地球争取到了几十年的时间来解决人口过剩问题；三十多年后的今天，他仍坚信科学家们将会创造出更多的农业技术奇迹。与布劳格观点完全相反的，是斯坦福大学的生物学家保罗·埃利希和安妮·埃利希。埃利希夫妇认为，人口数量已经越过了地球承载极限，即他们所估计的三十亿人口。在他们看来，人类已大难临头了。

放下孰对孰错的问题不谈，所有长期方案的核心议题，涉及的都是改良工业化国家以及发展中国家的农业。进行常规工业化农业生产的农民，往往靠牺牲土壤来换取短期利益，以支付地租，偿还置办机械的债务，以及购买农药和化肥；而进行小规模农地耕作的农民，因为被限制在难以养活其全家的地块上耕种，亦会竭力使用土壤。虽然农业生产背后所隐含的经济学和社会学议题是复杂的，但是无论在发达国家还是发展中国家，若要维持农业生产力，就必须保持肥沃的土壤。

对于人类历史而言不可替代的土壤，是一种矛盾混合体：它是一种以极缓速度更新的必要资源。就像诸多被忽略越久就越难以处理的环境问题一样，土壤流失对于文明基础的威胁，往往比一个社会制度所存在的时间跨度要长。然而如果土壤流失的速度继续高于土壤形成的速度，那么农业生产无法支持人口所需那一天的到来，就只是时间问题了。

罗马帝国在其巅峰时期，用奴隶劳动取代了早期共和国时期以务农公民（farmer-citizen）为劳动力的保守农牧业。美国南北战争以前，其南方地区也曾因沉溺于类似的生产方式而破坏了土壤肥力。在这两个案例中，经济作物带来的丰厚回报诱惑着大庄园主和大地主，加强了其破坏土壤的行为。土壤流失的速度过于缓慢，以至于难以引起社会的关注。

有很多理由可以用来支持规模更小、效率更高的管理模式；市场效率可以是大部分社会制度的有效驱动力——然而农业却不应仅追求市场效率。要保卫人类的集体福祉，就需要把土壤管理带给社会的长期利益放在首位；这是对人类文明发展至关重要的议题。我们绝不能把农业
234 简单看成另一种商业交易，因为土地保护带来的经济效益，需要通过长达数十年的可持续管理方可显现；滥用土地的代价需要所有人来承担。

自由的劳动力、土地和资本市场的概念，是伴随马尔萨斯备受争议的理论一起发展起来的。在此之前，现代经济学之父亚当·斯密在1776年撰写的《国民财富的性质和原因的研究》（简称《国富论》）中论述道：个人对自身利益的追求——无论是买方或者卖方——会给整个社会带来最大的共同利益。的确，过去的几个世纪已经证明，自由竞争和自我调整的市场可以有效地制定价格并实现按需生产；然而，即便是亚当·斯密也承认，需要政府政策来引导市场，使其向令人满意的方向发展。

几乎被西方社会毫无质疑地接受了的古典经济学，提取了亚当·斯密以及相关变体——如凯恩斯主义经济学——观点的精华，却忽略了对"资源枯竭"这一基本问题的考量。他们错误地假设，有限资源的价值等同于利用、开采以及将其置换为其他资源的成本。这在土壤的衰竭和侵蚀的问题上尤为明显——土壤再生需要相当长的周期，而人们又缺乏任何成熟土壤的有效替代品。

马克思主义经济学亦存在同样的缺陷。马克思和恩格斯认为，商品价值是由体现并被物化在商品中的社会必要劳动量决定的。他们认为，人类寻找、提取和使用资源的不同难度，决定了资源的匮乏程度。专注于利用自然以壮大工人阶级的同时，马克思和恩格斯从未把"人类社会可能耗尽关键资源"放入他们的语汇。恩格斯曾言简意赅地反驳过土壤退化的问题："土地的生产力可以通过资本、劳动力和科学技术的使用而无限增长。"[1]恩格斯是一个十足的乐观主义者——尽管他的照片总是显得严肃而阴沉。

事实上，经济学理论——无论是资本主义还是马克思主义——都对"资源不会枯竭或可被替代"的前提毫不怀疑。因此，在任何一种理论框

架下，作为个体基于其个人利益的最理性选择，都等同于忽略了子孙后代的利益；经济学的各个分支体系都盲目地将人类推上耗尽有限的资源的道路，而把账单算在子孙后代的头上。

对这一荒谬的假设性前提提出质疑的人，普遍抱有对土壤长期生产力的担忧；而对大多数人而言，比拯救土壤更为紧迫的问题才是主流议题。这其实是可以预料和理解的情况，因为当有诸多短期棘手问题吸引着决策者的注意时，就会出现对长期议题置之不理的情况。当人们还有
很多土地可利用时，保护土地的动机显得无足轻重；只有当资源匮乏的 235
情况真正出现时，人们才会意识到问题的严重性——这就像一种疾病潜伏到最后阶段才被发觉，那时就已经太晚了。

正如对有限的人生而言，生活方式会影响人的寿命；一个社会对待其土壤的方式，也决定了文明的寿命。土壤流失速度是否会超过土壤形成速度（以及超过多少），取决于科技水平、耕作方式、气候和人口密度。广义而言，文明的寿命受制于农业生产从开垦可耕土地到耗尽表土层所需要的时间；而一个农业文明的重建，则受制于在特定的气候和地质条件下土壤再生所需要的时间——前提是它还具备土壤重建的条件。

这一观点暗示着，文明的预期寿命取决于土壤的原初厚度与土壤净流失速度之间的关系。研究指出，受人类影响所造成的土壤流失量，至少相当于长期地质作用下土壤流失量的两倍；前者的土壤流失速度则为后者的百倍甚至更多。在侵蚀未出现明显增加的地区，人类活动仍使土壤流失速度以成倍的速率增加；而在出现严重水土流失的地方，土壤流失速度，往往是正常地质活动下的侵蚀速度的百倍甚是千倍。平均来说，与自然地质侵蚀相比，人类将全球土壤流失速度提高了至少九倍。

几年前，密歇根大学的地质学家布鲁斯·威尔金森运用沉积岩的分布和体积来估算地质年代尺度上的侵蚀速度。他估计过去五亿年侵蚀的平均速度是每千年一英寸；而如今，从耕地上剥蚀一英寸的土壤，平均只需要四十年——这是地质作用速度的二十多倍。骤增的侵蚀速度使土壤流失成为全球性的生态危机。虽然与冰河时期或陨石撞击地球的影响相比相对和缓，但从长远来看，土壤流失的影响同样是灾难性的。

消耗掉温带及热带未受严重干扰地区的一至三英尺厚的土壤，需要几百年或者数千年的时间——这是在每千年几英寸的土壤形成速度，以及以耕犁为基础的传统农业作用下每十年几英寸至每世纪几英寸的土壤流失速度的前提下。这一对文明寿命的简单估算，与世界主要文明的历史模式是相吻合的。

除了那些其农耕起源于肥沃冲积平原的文明，大多数的文明通常仅
236 持续八百到两千年——大约三四十代人的时间。纵观历史，只要仍有新地可开垦或仍有肥沃土壤可耕种，社会就会成长和繁盛；若两种条件都不复存在，那么文明便很快分崩离析。能够长久繁荣的文明，或是找到了水土保持的方法，或是被赐予了一片可以自我更新的土地。

随意翻阅历史，我们便能发现，社会衰落的背景，一般是政治混乱、极端气候、资源滥用，或者这三者的结合。值得警惕的是，在未来的一个世纪内，我们正面临着这三者的同时到来：正在变化的气候模式，枯竭的石油储量，以及加速的土壤侵蚀和农田退化。如果全球肥料和食物生产衰退，政治稳定性也难以持久。

为应对农业社会的“繁荣—衰退”循环，我们要么是不断缩减养活一个人所需要的土地面积，要么是通过减少人口以及重构农业系统来保持土壤形成和消耗之间的平衡——除此之外别无他法。这为我们描绘了几种近期可能发生的图景：盲目地相信人类有能力使土地的产出持续提高——继续与土地抗争，人口持续增长且土壤肥力继续下降；或者重拾土壤形成与消耗之间的平衡之法。

无论我们现在选择哪种应对方式，我们的后代都将被迫去试图维持平衡——当土地产出无法继续提升时，他们别无选择。因此，他们将面对这样的困境：现代农业对化石燃料和化肥的依赖，和古代半干旱地区的耕作手段一样，会造成土壤盐渍化；伴随农业扩张而产生的土壤流失，从洪泛平原扩展到丘陵地带；新式耕犁或是转基因作物等科技，或许能够维持农业系统在一段时间内的增长，但实际上，这种急救之法持续的时间越长，系统的可持续性越低——特别是在土壤流失速度超过土壤再生速度的情况下。

社会与个人对外界刺激的反应程度不同，这是问题存在的部分原因。通常对农民而言最理想的做法，与其所在社会的利益并不一致。虽然对个人而言，社会经济系统的生态基础的变化缓慢且不易察觉，但它却决定了文明的寿命。一个文明若耗尽其关键的可再生资源，比如土壤，就播下了使自己分崩离析的种子，因为经济系统被从其依赖自然资源输入的根系上割离了。

当其关键命脉受到干扰时——贸易关系的破坏，或是战争、自然灾
害等剧烈变故——小型社会显得尤为脆弱。大型社会往往拥有更多元 237
且丰富的资源，因而可以快速调配援助给受灾民众。这种多元性与复杂性虽然增强了社会抵御外界干扰的能力，但是从另一方面来看，它亦遏制了文明在面对干扰时做出调整与改变的动力，培养了执迷于集体破坏性行为的文明惰性。因此，大型社会难以应对缓慢的变化，且无力对抗土壤流失这种侵蚀文明根基的威胁。与之相反，小型社会系统虽然无法应对骤变，但可以通过转变其经济基础，从而对缓慢的威胁做出相应调整。对于史前最初的那批“农猎与采集者”(farmer-hunter-gatherer)而言，他们可以在某一处的土壤资源耗尽时迁徙至其他地方；而当全球文明面对相同的状况时，它却无处可移。

在思考人类未来发展的长期方案时，我们首先应该考虑有多少可耕种的土地，以及我们何时会耗尽未开发的土地。目前，全球大约有十五亿公顷的土地被用于农业生产。要在不增加粮食亩产量的基础上养活两倍于现今水平的人口，就意味着需要两倍于现今水平的耕地面积；然而，我们真的已经没有更多能够进行长期农业生产的未开垦土地了。广袤的处女地如今只剩下热带雨林和亚热带草原，比如南美的亚马孙丛林和西非的萨赫勒草原。而历史告诉我们，在这种贫瘠的边缘地上进行耕种，虽然可以产生一定的初期收益，但是其后土地会迅速退化并被荒弃——如果人们仍有别处可去。透过飞机的舷窗看看从新奥尔良到芝加哥，或从丹佛到辛辛那提的景象吧——你目光所及的每一寸土地，都在进行着农业生产。这些广袤而天然的肥沃土地正在供养着我们的世界。在人口继续增长、食物需求量不断增加的情况下，任何城市周边不

断扩张的郊区表明，我们正在失去农业用地。当所有最适合耕种的土地都已被用于农业生产，农业逐渐侵入贫瘠的边缘地的做法，不过是一种暂时性的拖延政策，而绝非长期的可行策略。

其次，我们需要知道养活一个人所需的土壤量，及其所能够减少的最低量。与在各个时期、各个文明中各不相同的耕地面积总量不同，自有历史记录以来，供养一个人类个体所需要的土地面积是逐渐减少的：狩猎和采集文明需要二十到一百公顷的土地来养活一个人；以刀耕火种为特点的迁徙式耕作需要两到十公顷的土地来养活一个人；其后，定居农业社会仅需要约为前者十分之一的土地面积来养活一个人——据估计，养活一个美索不达米亚人需要0.5—1.5公顷的洪泛平原上的土地。

一直以来，人类运用其创造力，使得耕种最集约和最高产的土地的
238 粮食亩产量不断提高——如今，我们拥有六十亿人和十五亿公顷的耕地，即养活一个人仅需要0.25公顷的土地。世界上耕种最集约的地区仅需要0.2公顷来养活一个人；如果我们能够把全球农业生产力的平均值提高到这个水平，那么地球可供养七十五亿人。然而到2050年，预期人均可用耕地面积将下滑至不到0.1公顷的水平。这意味着，若要保持全球粮食总产量不变，就需要大幅增加每公顷耕地的产量——这已非运用人类的创造力所能达到的水平了。

1950年以前，全球粮食产量的增长，主要来源于耕地面积的扩大以及耕作方式的改进；自1950年开始，这种增长主要来源于机械化生产和化肥的大量使用。绿色革命期间引人注目的作物生产集约化，被认为在过去三十年中阻止了一场全球粮食危机。然而，这种作物产量的骤增，源于一年两熟或三熟的小麦和水稻的高产“奇迹”变种的研发，化学肥料的大规模施用，以及发展中国家对灌溉基础设施的大力投资。20世纪50—70年代间，易受化肥催长的水稻和小麦的引入，使得作物产量以每年2%的速度增加。

然而自那之后，作物产量的增速就开始放缓直至停滞。第二次世界大战后，作物产量大幅增长的神话已经结束。美国和墨西哥的小麦产量

已经不再增加；亚洲的稻米产量已经开始下滑——作物产量似乎已经达到了一个技术上的停滞状态。位于菲律宾的国际水稻研究所进行的长达三十年的氮肥肥效反应实验表明，不断增加氮的输送量，只能维持作物的产量。“为了改良作物管理，我们在作物培育与农学研究方面已有大量投入；然而，我们至多能做到防止水稻产量下降。”[2]尽管面临着在未来数十年内需要达到小麦、水稻和玉米至少每年1%的增量才能应对现实需求的严峻考验，我们仍然在等待下一次促成粮食增产的技术革新的启动。当农业产量达到生物临界点时，为了实现并保持这一增长率，亟须重大的技术突破以替代常规农业模式——仅仅为了保持现状都已令我们焦头烂额，更不必提增加粮食产量了。

在20世纪后半叶，全球食物产量翻了一番，这在很大程度上归功于增长了六倍的氮肥用量以及增长了两倍半的磷肥用量。但是照搬这样的做法是行不通的，因为我们只能为植物提供其所能够吸收的营养量。 239
如果土壤中的氮磷含量已经饱和，那么即使再将肥料的施用量增加两倍也毫无益处。事实上，如今农作物能够吸收的营养量，还不足农民所施用肥料总量的一半，所以即使我们能够进一步提高施肥量，也无法提高作物产量。

以水耕栽培法种植——在实验室把水和养料注入种植土的办法——确实可以得到比在自然土壤种植多得多的单位面积产量。然而，这种种植法依赖大量的外来养料和能量的持续供给。在小规模的劳动集约型农场，这种方法或许是可行的；但是，如果不能持续地从其他地方获取大量的化石燃料和养料，全球食物供给是无法依赖于在大规模农业实施这一方法。

最后，在所有可能性中最简单的也是最有效的增产方式——通过植物育种来改良品种——已被使用，并无法进一步提升产量。这是因为，基因库在经历了数百万年强烈的自然选择后变得稳定，更进一步增加作物产量，需要打破生物进化所得来的形态学和物理限制。作物产量的增速已经放缓，即使是试图达到作物产量渐进递增所投入的研究经费都已暴涨。也许，基因工程可以大幅增加作物产量；但是人类在施用这种方法的同时，亦承担着向农业和自然系统置入具有极强竞争力的物种所带来的难以预测的风险。

与此同时，全球粮食储备——在既定时间内的可用粮食保有量——已从2000年的略高于一年消耗量，骤减至2002年的不足一年消耗量的四分之一。如今全球大部分农耕，都还是中国农民在20世纪20年代所实行的连茬耕种。在全球粮食紧缺的情况下，这种集约耕作方式反而成为一种进步。

很显然，重复相同的方法很难继续奏效；继续过往的实践，无异于给未来开了一个失败的药方。我们需要一个新的农业模型，和一种新的农业哲学。我们需要一次新的农业革命。

农业哲学家温德尔·贝瑞指出，经济学可以建立在工业型或者农业型的理想主义之上；农业型理想主义社会并不意味着是那种原始的、仅能维持生存而缺乏技术完善性和物质富足性的系统。在贝瑞看来，工业型社会经济是基于产品生产和消费的社会，无论这些产品是生活必需品（如食物）或是满足更多欲望的东西（如草莓夹心饼）；而农业型社会经济的核心考量，是在本地尺度上创造与调整其经济活动以适应土地承
240 载力。显然，贝瑞喜欢讨论理想的农业和最有经济价值的农业之间的区别；然而，他并非宣扬在农业型社会中每个人是实践农耕的农民，而工业型社会只能生产必需品。贝瑞认为，真正能够区别两种理想模式的关键点是，农业型理想主义社会中的农业和制造业与当地景观相适宜。尽管在当今趋势下，再度重归贝瑞所描绘的农业型理想主义社会困难重重；然而，一个重构的资本主义却不难想象。毕竟，当今那些半政府跨国机构在几个世纪前也是不可想象的。

在人类的发展史上，经历过几次重要的农业革命：如英国自耕农基于重拾古罗马土壤管理方式的革命，以及基于肥料和农业技术创新的绿色革命。如今，广泛应用的免耕法和有机方法正引领着新一轮的基于土壤保护的现代农业革命。过去的农业革命把重点放在提高作物的产量上；当今的这场农业革命，则是要为现代全球文明的延续而努力保持作物的产量。

新农业的哲学基础，是把土壤视为根植于本土的生物系统而非化学系统。然而，农业生态学并不简单是要回归到劳动集约型的农耕方式；它与最新的转基因技术一样具有科学性，只是更侧重于生物学和生态学，而不是化学和基因工程学。基于土壤、水、植物、动物和微生物间复杂的相互作用，农业生态学更多地依赖对当地环境和条件的理解，而非推广标准化的产品和技术。基于农业生态学的农业需要根植于当地的知识——它是一种由人类思考所推动的农业方式，而非毫不质疑地遵循人类的习惯和对便捷的追求。

农业生态学并不仅仅意味着农业有机化。因为即使放弃了杀虫剂的施用，加利福尼亚州的新型工业化有机食品农场也不见得能够保护土壤。20世纪90年代，当人们对有机食物的需求开始大幅上涨时，工业化的有机农场开始进行大规模的莴苣单一种植——他们除了没有施用杀虫剂外，在本质上并没有避免常规农业的弊病。

农业生态学并不一定意味着用小型农场代替大型农场。在岛国海地，陡坡之上由农民耕种的微型农地对土壤所造成的破坏程度，并不比美国南北战争前其南部由奴隶耕种的种植园要低。同样，农业生态学也无关废除机械化的问题。罗马的牛慢慢将土壤剥蚀的效率，和在约翰·迪尔的钢犁上发展起来的汽油驱动犁一样高。其实，问题的根源很 241
简单：使土壤流失速度高于其形成速度的农业方式，将会毁掉文明。幸运的是，的确存在不以牺牲土壤为前提，使农地高产的方法。简而言之，我们需要做的是，找到适应特定地点的特定耕作方式。

具体的做法藏在劳动集约型和技术集约型的农业社会的经验中。在劳动集约型的农耕体系中，人们更愿意去适应土地；而在技术集约型的体系中，人们则试图让土地适应技术。在中国、提科皮亚岛、安第斯和亚马孙的低地平原地区，这些劳动集约型的文化通过提高土壤中有机物含量、建造梯田并循环利用关键的营养物质等方法来保护土壤，因而持续了很长时间。技术集约型的社会则把土壤视为一种可消费的生产原料，因而佃农以及事不关己的农场主往往以最快的速度竭力使用土壤，以把土壤肥力转换成短期利益。

这两种农业社会的本质区别，为我们揭示出问题实质：泥土没有实际价值，却又是无价的。这种最廉价的农业生产原料，被视为无足轻重的东西，因而被慢慢消耗，直至为时已晚。因此，我们需要谨慎地选择与特定环境相适应的农业耕作方式，而非反向为之。基于人类传统经验塑造土地才是可持续之道。

打破现有的行为和习惯，往往只需要换一个角度思考。比如免耕农业，既可以有效地减缓土壤流失，又能够与常规农业和有机农业共存。由于没有理由不进行这种新的尝试，伴随着免耕实践的逐步扩大，它很快被许多美国农民接受。对于其他一些替代性农业模式（比如有机农业和生态病虫害防治）而言，消费者而非政府才是主导力量——在不存在一个全球社会实体的情况下，消费者推动着全球经济的改变。

但是政府仍扮演着重要的角色。对于发达国家而言，政府可以通过制定政策和发放补贴的形式，形成鼓励在大型机械化农场中发展小规模有机农业和实行免耕栽培的农业奖励机制。对于发展中国家而言，政府可以为农民提供用以取代老式犁具的新农具，并鼓励在小型劳动集约型的农场中实行免耕栽培和有机方法。政府还可以支持都市农业，以及亟须的对可持续农业和新农业技术的研究，尤其是氮磷肥的精准施用方法，以及保持土壤有机质含量和土壤肥力的方法。政府不应鼓励基因工程，以及更多依靠大量施肥和灌溉的农耕方法——它们是受产业化农业
242 的驱动，仅仅为加强农产品产量的稳定性而生。

民众对于支持一种农业土地伦理观的新兴趣，可以体现于试图缩短作物生产地与消费地之间距离的“慢食”运动和“本土饮食”运动（slow food and eat-local movements）。事实上，对食物从产地到餐桌的能效问题的关注，并非一个全新话题。古罗马人之所以能够跨地中海运送谷物，是因为海风为其提供了长距离运输食物的能源；这便是为何是北非、埃及和叙利亚养活了古罗马——因为翻越崇山峻岭将西欧粮食运往意大利中部太过低效和艰难。

同理，在石油价格日益高涨的情况下，横跨大半个地球运输食物将变得不现实；农业的“逆全球化”将变得愈发诱人与划算。以美国境

内超市所卖的有机食物为例，其从生产地到消费地的平均运输距离为一千五百英里。如果我们考虑到农耕对土壤所造成的影响，考虑到后石油时代全球的政治经济环境，那么从长远的角度来看，那些销售本土作物的，不完全依赖全球经济的小型食物市场将会运作得更好（虽然不一定更便宜）。当把异乡生产的食物运往本地变得越来越贵时，将食物生产带到消费者身边、带入都市，就显得更具吸引力了。

“都市农业”这一概念看似矛盾却并不矛盾。事实上，在前工业化时代的大部分时间里，城市废物由于以有机物为主，因而会被重新施用于城市或半城市化地区的农地，以增加土壤肥力。19世纪中叶，巴黎有六分之一的土地被用来生产可满足城市需求的绿色蔬菜和水果，其肥料源于城市交通系统所产生的废物——上百万吨的马粪。当年劳动集约型的农业体系比现代工业化的农场更有效；它所产生的影响重大而深远，以至于如今以堆肥为基础的园艺仍被称为“法式园艺”。

都市农业发展迅猛，全球大概有八亿人以各种形式参与到了都市农业之中。世界银行和联合国粮农组织也鼓励发展都市农业，以解决发展中国家低收入民众的吃饭问题。但是，都市农业却不只发生在发展中国家：到了20世纪90年代晚期，美国一些城市里，有十分之一的家庭参与到了都市农业的实践中，而在莫斯科，这个比例高达三分之二。都市农业降低了运输成本，减少了水与化肥的使用；它不仅能够为城市消费者提供当日收获的新鲜农作物，还可吸收城市排放的大量固体与液体废
物，减少城市垃圾排放问题及其处理成本。最终，我们也许可以重新设 243
计城市现代污水系统的末端，通过把人畜排泄物返还给土壤，形成一个完整的城市营养循环链。这可能听起来有些过时，但是人类的集体福祉很可能要寄托于此。

与此同时，我们无法承受失去更多的耕地。五十年以后，每一公顷的耕地都将是关乎人类生存的命脉；城市铺地每埋葬一个农场，都意味着在不久的将来，我们能养活的人数在减少。被我们普遍认为农地受到人们尊重与保护的印度，城市边缘的农民正在将其土壤烧制成砖，廉价出售给繁荣的建筑市场。发展中国家无法承受这种以牺牲土壤换取未

来的方式，正如发达国家不能通过让城市侵占农地来实现可持续发展。农业用地应被看作是现代农民送给未来农民的生存基金。

进一步来说，农地应属于那些耕种它的人——那些了解自己的土地以及知道如何改良土壤的人。雇佣农业并不是一个社会最好的选择，因为在私有制下持有土地却远离农业的土地所有者，很少能够真正为土地的未来着想。

放眼全球，人类并不需要在食物生产与保护濒危物种之间做出抉择；保护生物多样性并不意味着要牺牲耕地，因为“高产土地往往支持较低的生物多样性，而较高生物多样性的土地往往不具备农业潜力”的说法并非事实。事实上，物种丰富的热带地区土壤的营养含量普遍较低，而世界上大部分肥沃的黄土带处于物种相对不丰富的温带地区。

近年来生物多样性下降的主要原因，是政府通过补贴和税收刺激政策，允许开垦那些往往只能在很短时间内维持高产的土地（比如热带雨林）；随后，这些土地往往因经济补贴终止或者土壤快速流失而被废弃。不幸的是，大多数发展中国家都处于土壤贫瘠且易被侵蚀的热带地区。除了这种全球政治地理的尴尬格局，人类把发展寄托于对土壤的竭力使用，也是必将导致未来食物短缺的短见行为。

世界上主要有三个地区可以维持高强度的机械化农业，即处在黄土带上的美国大平原、欧洲以及中国北部地区。这些地区拥有肥沃且易于耕种的土壤，即使在原有土壤消失后，仍能继续支持集约型农业。而对
244 于地球上其他大多数仅覆盖着浅薄表土层的地区而言，我们应以“开展适应当地土地承载力的农业行为”为底线，而不能反其道而行之。我们需将土壤视为生态系统而非工业系统；将其视为生命系统而非工厂。人类的未来不仅依赖于农业技术和基因技术的进步，更依赖于这种农业哲学的重新确立。

对于那些每天依靠不足两美元的收入维持生存的第三世界民众，资本集约型的农耕方式永远无法带其走出饥饿和贫困；反之，劳动集约型的农业就可以做到这一点——只要这些人还拥有肥沃的土地。恰巧，这也正是帮助我们重建地球土壤的可能方式。我们应资助那些发展中国

家的自耕农，向其普及如何以保障人类未来生存的方式提高土地产量。而现实中的大多数情况是，现代农业补贴垂青于那些大型工业化农场；当代农业政策犒赏那些进行着削弱人类文明长久繁荣基础的农业实践的人们。

当今，总计三千多亿美元的全球农业补贴，约等于每年国际发展援助预算的六倍。可笑的是，我们付钱让工业化农场施行不可持续的农业，并削弱了最可能解决全球饥饿问题的方式，即让穷人自己生产食物来养活自己。政治体系的关注点，永远是眼下危机而非像土壤流失这样的慢性问题；然而，若要人类文明得以长久维持，政治机构就应把土地管理作为一个主流的（也是至关重要的）问题来关注。

古往今来，经济利益以及在外土地业权制加速了土壤退化：从古罗马的庄园，到19世纪美国南部的种植园，再到20世纪的工业化农场。在这三个案例中，政治和经济力量塑造了鼓励榨取土壤肥力、剥蚀土壤本身的土地使用模式。当今社会体系奖励那些将短期利益最大化的行为，即使它正消耗着维系文明长久发展的重要资源。这种情况使得过度开发可再生和非可再生资源的问题难以解决，即使其严峻性众所周知。全球森林和渔场的大范围消失是明显而惨痛的教训；而为人类提供95%食物需求量的土壤的持续流失则更为严峻。包括文化、宗教或者法律在内的其他非营利作用机制，都必须迎接“运用全新的后工业时代农业模式去满足工业化社会需求”的挑战。对于生活在主要黄土带之外的广大地区的人而言，需要为应对这一挑战做出的改变，似乎有违常理——需要有更多人亲身进行农业实践，在运用科技但没有资本化高投入的小块农地上，实施劳动集约型的有机农业。245

应对这项挑战，还意味着间接缓解全球饥饿问题。如果我们想要满足发展中国家的粮食需求，就必须抛掉“生产廉价食物即可消灭饥饿”这一直观但幼稚的想法；事实上，我们已经让食物变得廉价了，然而这个星球上仍有大量食不果腹的人。另一个不同但有可能奏效的方案，是鼓励发展中国家发展小型农场。我们需要使农民有能力喂饱自己，进而提高收入，走出贫困；与此同时，农民将成为最佳的土地管理者——拥有了知识、正确的农耕工具以及充足的土地的农民，在生产足以养活自己的粮食的基础上，还可为市场提供盈余粮食。

正如全球气候变化一样，对食物的需求，亦将成为未来数十年全球环境变化的主要推动力。在过去的一个世纪里，长期土壤侵蚀的影响，被开垦新地以及制造肥料、农药和变种作物带来的成果所掩盖；这些努力在某种程度上弥补了土壤生产力的下降。然而，这一系列农业技术革新，需要作用于较厚且有机质丰富的表土层才能体现其最大优势；随着土层逐渐变薄，农业科技补偿的效果逐渐衰退，因为土壤流失会造成作物产量的指数级的急速衰退。考虑到以化石燃料为原料的化肥终将用尽，正在消失的耕地和土壤使“如何用不断缩减的土地供养逐渐增加的人口”这一问题变得愈发棘手。虽然化肥施用以及某些地方灌溉的发展，能够暂时缓解土壤流失造成的影响，然而在土壤有机质流失、土壤生物群被破坏殆尽以及土壤厚度不断缩减的典型工业化农业的影响下，土地的长期生产力难以维系。

很多原因会促使文明消亡，但是充足的沃土是文明延续的必要保证。我们的子孙后代无法重复前人的生存之道，即耗尽土壤后，再迁至他处。当代为土壤保护做出的努力，是否如那些古代文明一样，太少或太迟？我们是否只有通过更为集约地使用土地，才能重拾农业土壤保护之道？实际上，延长文明的寿命，需要我们重塑农业实践，重建农业哲学：我们必须尊重土壤，将其视为生命系统，视为人类物质文明的基石，而非工业化生产的廉价原料。或许这听起来有违常理，但是人类文明要想存续，就需要人们将土壤视为一种投资，视为一种珍贵的遗产，而不是
246 商品——将它视为远非寻常泥土的东西。

注 释

2. 地球的表皮

1. Darwin 1881, 4.
2. Darwin 1881, 313.

3. 生命之河

1. Wallace 1883, 15.
2. Helms 1984, 133.
3. Lowdermilk 1926, 127, 129.

4. 帝国的坟墓

1. Xenophon *Oeconomicus* 16.3.
2. Plato *Critias* 3.111.
3. Varro *De re rustica* 1.3.
4. Varro *De re rustica* 1.2.6.
5. Columella *De re rustica* 1.7.6.
6. Tacitus *Annals* 3.54.
7. *Tertullian De anima* 30.
8. Simkhovitch 1916, 209.
9. Tacitus *Annals* 2.59.
10. Marsh 1864, 9, 32.
11. Lowdermilk 1953, 16.
12. On fields, Exodus 23: 10—11；and on compost, Isaiah 25: 10.
13. Lowderndk 1953, 38.

14. Cook 1949, 42.

5. 噬去的殖民地

1. Simkhovitch 1913, 400.
2. Markham 1631, 1, 3.
3. Evelyn 1679, 298—289, 295.
4. Evelyn 1679, 298, 315.
5. Mortimer 1708, 12.
6. Mortimer 1708, 14.
7. Mortimer 1708, 79.
8. Surell 1870, 135.
9. Surell 1870, 219.
10. Marsh 1864, 201.
11. Brown 1876, 10.
12. Melvin 1887, 372.
13. Hutton 1795, 205.
14. Playfair 1802, 99.
15. Playfair 1802, 106—107.
16. Godwin 1793, 2: 861.
17. Marx 1867, 638.

6. 西进的锄头

1. Craven 1925, 19.
2. Beer 1908, 243.
3. Craven 1925, 41.
4. Hartwell, Blair, and Chilton 1727, 6, 7.
5. Phillips 1909, 1: 282.
6. Eliot 1934, 23—24.
7. Hewatt 1779, 2: 305, 306.
8. Brissot de Warville 1794, 1: 378.
9. Craven 1833, 150.
10. Toulmin 1948, 71.
11. Washington 1803, 6.
12. Washington 1891, 13: 328—329.
13. Jefferson 1894, 3: 190.
14. Washington 1803, 103—104.
15. Jefferson 1813, 509.
16. Taylor 1814, 11, 15, 10.
17. de Beaujour 1814, 85—86.

18. Lorain 1825, 240.
19. Phillips 1909, 1: 284—285.
20. Craven 1925, 81.
21. Letter from Alabama 1833.
22. Ruffin 1832, 15.
23. C. Lyell 1849, 2: 24.
24. C. Lyell 1849, 2: 36.
25. C. Lyell 1849, 2: 72.
26. U.S. Senate 1850, 7—8.
27. U.S. Senate 1850, 9.
28. White 1910, 40, 45.
29. Glenn 1911, 11, 19.
30. Hall 1937, 1.

7. 黑色风暴

1. Johnson 1902, 638, 653.
2. Shaler 1905, 122—124, 128.
3. Shaler 1891, 330.
4. Shaler 1891, 332.
5. Davis 1914, 207, 213.
6. Davis 1914, 216—217.
7. Throckmorton and Compton 1938, 19—20.
8. Great Plains Committee 1936, 4.
9. Sampson 1981, 17.
10. Lowdermilk 1953, 26.
11. Schickele, Himmel, and Hurd 1935, 231.
12. National Research Council 1989, 9.
13. Ponting 1993, 261—262.

8. 肮脏的交易

1. Liebig 1843, 63.
2. Hilgard 1860, 361.
3. Jenny 1961, 9—10.
4. Whitney 1909, 66.
5. van Hise 1916, 321—322.
6. USDA 1901, 31.
7. Whitney 1925, 12, 39.
8. Crookes 1900, 6, 7.
9. Smil 2001, 139.

10. Howard 1940, 4.
11. Howard 1940, 219—220.
12. Faulkner 1943, 5.
13. Faulkner 1943, 84, 127—128.

9. 时间中的岛屿

1. Williams 1837, 244—245.
2. Buckland and Dugmore 1991, 116.

10. 文明的寿命

1. Engels 1844, 58.
2. Cassman et al. 1995, 218.

参考文献

1. 古老的优质泥土

Hooke, R. LeB. 1994. On the efficacy of humans as geomorphic agents. *GSA Today* 4:217, 224–25.

———. 2000. On the history of humans as geomorphic agents. *Geology* 28:843–46.

2. 地球的表皮

Darwin, C. 1881. *The Formation of Vegetable Mould, Through the Action of Worms, With Observations on Their Habits.* London: John Murray.

Davidson, D. A. 2002. Bioturbation in old arable soils: Quantitative evidence from soil micromorphology. *Journal of Archaeological Science* 29:1247–53.

Gilbert, G. K. 1877. *Geology of the Henry Mountains.* U.S. Geographical and Geological Survey of the Rocky Mountain Region. Washington, DC: Government Printing Office.

Jenny, H. 1941. *Factors of Soil Formation: A System of Quantitative Pedology.* New York: McGraw-Hill.

Mitchell, J. K., and G. D. Bubenzer. 1980. Soil loss estimation. In *Soil Erosion,* ed. M. J. Kirkby and R. P. C. Morgan, 17–62. Chichester: John Wiley and Sons.

Retallack, G. J. 1986. The fossil record of soils. In *Paleosols: Their Recognition and Interpretation,* ed. V. P. Wright, 1–57. Oxford: Blackwell Scientific Publications.

Schwartzman, D. W., and T. Volk. 1989. Biotic enhancement of weathering and the habitability of Earth. *Nature* 340:457–60.

Torn, M. S., S. E. Trumbore, O. A. Chadwick, P. M. Viktousek, and D. M. Hendricks. 1997. Mineral control of soil organic carbon storage and turnover. *Nature* 389:170–73.

Wolfe, B. E., and J. N. Kilronomos. 2005. Breaking new ground: Soil communities and exotic plant invasion. *BioScience* 55:477–87.

3. 生命之河

Butzer, K. W. 1976. *Early Hydraulic Civilization in Egypt: A Study in Cultural Ecology.* Chicago: University of Chicago Press.

Haub, C. 1995. How many people have ever lived on Earth? *Population Today,* February.

Helms, D. 1984. Walter Lowdermilk's journey: Forester to land conservationist. *Environmental Review* 8:132–45.

Henry, D. O. 1989. *From Foraging to Agriculture: The Levant at the End of the Ice Age.* Philadelphia: University of Pennsylvania Press.

Hillel, D. 1991. *Out of the Earth: Civilization and the Life of the Soil.* Berkeley: University of California Press.

Hillman, G., R. Hedges, A. Moore, S. Colledge, and P. Pettit. 2001. New evidence of Lateglacial cereal cultivation at Abu Hureyra on the Euphrates. *Holocene* 11:383–93.

Köhler-Rollefson, I., and G. O. Rollefson. 1990. The impact of Neolithic subsistence strategies on the environment: The case of ʿAin Ghazal, Jordan. In *Man's Role in the Shaping of the Eastern Mediterranean Landscape,* ed. S. Bottema, G. Entjes-Nieborg, and W. Van Zeist, 3–14. Rotterdam: Balkema.

Lowdermilk, W. C. 1926. Forest destruction and slope denudation in the province of Shansi. *China Journal of Science & Arts* 4:127–35.

Mallory, W. H. 1926. *China: Land of Famine.* Special Publication 6. New York: American Geographical Society.

Mellars, P. 2004. Neanderthals and the modern human colonization of Europe. *Nature* 432:461–65.

Milliman, J. D., Q. Yun-Shan, R. Mei-E, and Y. Saito. 1987. Man's influence on the erosion and transport of sediment by Asian rivers: The Yellow River (Huanghe) example. *Journal of Geology* 95:751–62.

Moore, A. M. T., and G. C. Hillman. 1992. The Pleistocene to Holocene transition and human economy in Southwest Asia: The impact of the Younger Dryas. *American Antiquity* 57:482–94.

Ponting, C. 1993. *A Green History of the World: The Environment and the Collapse of Great Civilizations.* New York: Penguin Books.

Pringle, H. 1998. Neolithic agriculture: The slow birth of agriculture. *Science* 282:1446.
Roberts, N. 1991. Late Quaternary geomorphological change and the origins of agriculture in south central Turkey. *Geoarchaeology* 6:1–26.
Said, R. 1993. *The River Nile: Geology, Hydrology and Utilization.* Oxford: Pergamon Press.
Sarnthein, M. 1978. Sand deserts during glacial maximum and climatic optimum. *Nature* 272:43–46.
Stanley, D. J., and A. G. Warne. 1993. Sea level and initiation of Predynastic culture in the Nile delta. *Nature* 363:435–38.
Wallace, M. 1883. *Egypt and the Egyptian Question.* London: Macmillan.
Westing, A. H. 1981. A note on how many humans that have ever lived. *BioScience* 31:523–24.
Wright, H. E., Jr. 1961. Late Pleistocene climate of Europe: A review. *Geological Society of America Bulletin* 72:933–84.
———. 1976. The environmental setting for plant domestication in the Near East. *Science* 194:385–89.
Zeder, M. A., and B. Hesse. 2000. The initial domestication of goats (*Capra hircus*) in the Zagros Mountains 10,000 years ago. *Science* 287:2254–57.

4. 帝国的坟墓

Abrams, E. M., and D. J. Rue. 1988. The causes and consequences of deforestation among the prehistoric Maya. *Human Ecology* 16:377–95.
Agriculture in all ages, no.2. 1855. *DeBow's Review* 19:713–17.
Barker, G. 1981. *Landscape and Society: Prehistoric Central Italy.* London: Academic Press.
———. 1985. Agricultural organisation in classical Cyrenaica: the potential of subsistence and survey data. In *Cyrenaica in Antiquity,* ed. G. Barker, J. Lloyd, and J. Reynolds, 121–34. Society for Libyan Studies Occasional Papers 1, BAR International Series 236. Oxford.
Beach, T. 1998. Soil catenas, tropical deforestation, and ancient and contemporary soil erosion in the Petén, Guatemala. *Physical Geography* 19:378–404.
Beach, T., N. Dunning, S. Luzzadder-Beach, D. E. Cook, and J. Lohse. 2006. Impacts of the ancient Maya on soils and soil erosion in the central Maya Lowlands. *Catena* 65:166–78.
Beach, T., N. Dunning, S. Luzzadder-Beach, and V. Scarborough. 2003. Depression soils in the lowland tropics of Northwestern Belize: Anthropogenic and natural origins. In *The Lowland Maya Area: Three Millennia at the Human-Wildland Interface,* ed. A. Gómez-Pompa, M. F. Allen, S. L. Fedick, and J. J. Jiménez-Osornio, 139–74. Binghamton, NY: Food Products Press.

Beach, T., S. Luzzadder-Beach, N. Dunning, J. Hageman, and J. Lohse. 2002. Upland agriculture in the Maya Lowlands: Ancient Maya soil conservation in northwestern Belize. *Geographical Review* 92:372–97.

Betancourt, J., and T. R. Van Devender. 1981. Holocene vegetation in Chaco Canyon. *Science* 214:656–58.

Borowski, O. 1987. *Agriculture in Iron Age Israel.* Winona Lake, IN: Eisenbrauns.

Braund, D. 1985. The social and economic context of the Roman annexation of Cyrenaica. In *Cyrenaica in Antiquity,* 319–25.

Brown, A. G., and K. E. Barber. 1985. Late Holocene Paleoecology and sedimentary history of a small lowland catchment in Central England. *Quaternary Research* 24:87–102.

Cascio, E. L. 1999. The population of Roman Italy in town and country. In *Reconstructing Past Population Trends in Mediterranean Europe (3000 BC–AD 1800),* ed. J. Binfliff and K. Sbonias, 161–71. Oxford: Oxbow Books.

Cook, S. F. 1949. Soil erosion and population in Central Mexico. *Ibero-Americana* 34:1–86.

Cordell, L. 2000. Aftermath of chaos in the Pueblo Southwest. In *Environmental Disaster and the Archaeology of Human Response,* ed. G. Bawden and R. M. Reycraft, 179–93. Maxwell Museum of Anthropology, Anthropological Papers 7. Albuquerque: University of New Mexico.

Dale, T., and V. G. Carter. 1955. *Topsoil and Civilization.* Norman: University of Oklahoma Press.

Deevy, E. S., D. S. Rice, P. M. Rice, H. H. Vaughan, M. Brenner, and M. S. Flannery. 1979. Mayan urbanism: Impact on a tropical karst environment. *Science* 206:298–306.

Dunning, N. P., and T. Beach. 1994. Soil erosion, slope management, and ancient terracing in the Maya Lowlands. *Latin American Antiquity* 5:51–69.

Fuchs, M., A. Lang, and G. A. Wagner. 2004. The history of Holocene soil erosion in the Philous Basin, NE Peloponnese, Greece, based on optical dating. *Holocene* 14:334–45.

Hall, S. A. 1977. Late Quaternary sedimentation and paleoecologic history of Chaco Canyon, New Mexico. *Geological Society of America Bulletin* 88: 1593–1618.

Halstead, P. 1992. Agriculture in the Bronze Age Agean: Towards a model of Palatial economy. In *Agriculture in Ancient Greece,* ed. B. Wells, 105–16. Proceedings of the Seventh International Symposium at the Swedish Institute at Athens, May 16–17, 1990, Svenska Institutet i Athen, Stockholm.

Harris, D. R., and C. Vita-Finzi. 1968. Kokkinopilos—A Greek badland, *The Geographical Journal* 134:537–46.

Heine, K. 2003. Paleopedological evidence of human-induced environmental change in the Puebla-Tlaxcala area (Mexico) during the last 3,500 years. *Revista Mexicana de Ciencias Geológicas* 20:235–44.

Hughes, J. D. 1975. *Ecology in Ancient Civilizations.* Albuquerque: University of New Mexico Press.

Isager, S., and J. E. Skydsgaard. 1992. *Ancient Greek Agriculture: An Introduction.* London: Routledge.

Judson, S. 1963. Erosion and deposition of Italian stream valleys during historic time. *Science* 140:898–99.

———. 1968. Erosion rates near Rome, Italy. *Science* 160:1444–46.

Lespez, L. 2003. Geomorphic responses to long-term landuse changes in Eastern Macedonia (Greece). *Catena* 51:181–208.

Lowdermilk, W. C. 1953. *Conquest of the Land Through 7,000 Years.* U.S. Department of Agriculture, Soil Conservation Service, Agriculture Information Bulletin 99. Washington, DC: GPO.

Marsh, G. P. 1864. *Man and Nature; or, Physical Geography as Modified by Human Action.* New York: Charles Scribner.

McAuliffe, J. R., P. C. Sundt, A. Valiente-Banuet, A. Casas, and J. L. Viveros. 2001. Pre-columbian soil erosion, persistent ecological changes, and collapse of a subsistence agricultural economy in the semi-arid Tehuacán Valley, Mexico's 'Cradle of Maise.' *Journal of Arid Environments* 47:47–75.

McNeill, J. R., and V. Winiwarter. 2004. Breaking the sod: Humankind, history, and soil. *Science* 304:1627–29.

Meijer, F. 1993. Cicero and the costs of the Republican grain laws. In *De Agricultura: In Memoriam Pieter Willem De Neeve (1945–1990),* ed. H. Sancisi-Weerdenburg, R. J. van der Spek, H. C. Teitler, and H. T. Wallinga, 153–63. Dutch Monographs on Ancient History and Archaeology 10. Amsterdam: J. C. Gieben.

Metcalfe, S. E., F. A. Street-Perrott, R. A. Perrott, and D. D. Harkness. 1991. Palaeolimnology of the Upper Lerma Basin, Central Mexico: a record of climatic change and anthropogenic disturbance since 11600 yr BP. *Journal of Paleolimnology* 5:197–218.

O'Hara, S. L., F. A. Street-Perrott, and T. P. Burt. 1993. Accelerated soil erosion around a Mexican highland lake caused by prehispanic agriculture. *Nature* 362:48–51.

Piperno, D. R., M. B. Bush, and P. A. Colinvaux. 1991. Paleoecological perspectives on human adaptation in Central Panama. II The Holocene. *Geoarchaeology* 6:227–50.

Ponting, C. 1993. *A Green History of the World: The Environment and the Collapse of Great Civilizations.* New York: Penguin Books.

Pope, K. O., and T. H. van Andel. 1984. Late Quaternary alluviation and soil formation in the Southern Argolid: its history, causes and archaeological implications. *Journal of Archaeological Science* 11:281–306.

Runnels, C. 2000. Anthropogenic soil erosion in prehistoric Greece: The contribution of regional surveys to the archaeology of environmental disruptions and human response. In *Environmental Disaster and the Archaeology of Human Response,* ed. R. M. Reycraft and G. Bawden, 11–20. Maxwell Museum of Anthropology, Anthropological Papers 7. Albuquerque: University of New Mexico.

Runnels, C. N. 1995. Environmental degradation in Ancient Greece. *Scientific American* 272:96–99.

Sandor, J. A., and N. S. Eash. 1991. Significance of ancient agricultural soils for long-term agronomic studies and sustainable agriculture research. *Agronomy Journal* 83:29–37.

Simkhovitch, V. G. 1916. Rome's fall reconsidered. *Political Science Quarterly* 31:201–43.

Spurr, M. S. 1986. *Arable Cultivation in Roman Italy c.200 B.C.–c.A.D. 100.* Journal of Roman Studies Monographs 3. London: Society for the Promotion of Roman Studies.

Stephens, J. L. 1843. *Incidents of Travel in Yucatán.* Norman: University of Oklahoma Press, 1962.

Thompson, R., G. M. Turner, M. Stiller, and A. Kaufman. 1985. Near East paleomagnetic secular variation recorded in sediments from the Sea of Galillee (Lake Kinneret). *Quaternary Research* 23:175–88.

Turner, B. L., II, P. Klepeis, and L. C. Schneider. 2003. Three millennia in the Southern Yucatán Peninsula: Implications for occupancy, use, and carrying capacity. In *The Lowland Maya Area,* 361–87.

Van Andel, T. H., E. Zangger, and A. Demitrack. 1990. Land use and soil erosion in prehistoric and historical Greece. *Journal of Field Archaeology* 17:379–96.

Vita-Finzi, C. 1969. *The Mediterranean Valleys: Geological Changes in Historical Times.* Cambridge: Cambridge University Press.

White, K. D. 1970. *Roman Farming.* Ithaca: Cornell University Press.

———. 1973. Roman agricultural writers I: Varro and his predecessors. In *Von Den Anfängen Roms bis zum Ausgang Der Republik,* 3:439–97. Aufsteig und Niedergang der Römanischen Welt 1.4. Berlin: Walter de Gruyter.

Williams, M. 2003. *Deforesting the Earth: From Prehistory to Global Crisis.* Chicago: University of Chicago Press.

Zangger, E. 1992. Neolithic to present soil erosion in Greece. In *Past and Present Soil Erosion: Archaeological and Geographical Perspectives,* ed. M. Bell and J. Boardman, 133–47. Oxbow Monograph 22. Oxford: Oxbow Books.

———. 1992. Prehistoric and historic soils in Greece: Assessing the natural resources for agriculture. In *Agriculture in Ancient Greece,* 13–18.

5. 噬去的殖民地

Bork, H.-R. 1989. Soil erosion during the past millennium in Central Europe and its significance within the geomorphodynamics of the Holocene. In

Landforms and Landform Evolution in West Germany, ed. F. Ahnert, 121–31. *Catena* Suppl. no. 15.

Brown, J. C. 1876. *Reboisement in France: Or, Records of the Replanting of the Alps, the Cevennes, and the Pyrenees with Trees, Herbage, and Brush, with a View to Arresting and Preventing the Destructive Effects of Torrents.* London: Henry S. King.

Clark, G. 1991. Yields per acre in English agriculture, 1250–1860: evidence from labour inputs, *Economic History Review* 44:445–60.

———. 1992. The economics of exhaustion, the Postan Thesis, and the Agricultural Revolution. *Journal of Economic History* 52:61–84.

Cohen, J. E. 1995. *How Many People Can the Earth Support?* New York: W. W. Norton.

De Castro, J. 1952. *The Geography of Hunger.* Boston: Little, Brown.

Dearing, J. A., K. Alström, A. Bergman, J. Regnell, and P. Sandgren. 1990. Recent and long-term records of soil erosion from southern Sweden. In *Soil Erosion on Agricultural Land,* ed. J. Boardman, I. D. L. Foster, and J. A. Dearing, 173–91. New York: John Wiley and Sons.

Dearing, J. A., H. Håkansson, B. Liedberg-Jönsson, A. Persson, S. Skansjö, D. Widholm, and F. El-Daoushy. 1987. Lake sediments used to quantify the erosional response to land use change in southern Sweden. *Oikos* 50:60–78.

Dennell, R. 1978. *Early farming in South Bulgaria from the VI to the III Millennia B.C.* BAR International Series (Supplementary) 45. Oxford.

Edwards, K. J., and K. M. Rowntree. 1980. Radiocarbon and palaeoenvironmental evidence for changing rates of erosion at a Flandrian stage site in Scotland. In *Timescales in Geomorphology,* ed. R. A. Cullingford, D. A. Davidson, and J. Lewin, 207–23. Chichester: John Wiley and Sons.

Evans, R. 1990. Soil erosion: Its impact on the English and Welsh landscape since woodland clearance. In *Soil Erosion on Agricultural Land,* 231–54.

Evelyn, J. 1679. *Terra, a Philosophical Essay of Earth.* London: Printed for John Martyn, Printer to the Royal Society.

Godwin, W. 1793. *An Enquiry concerning Political Justice and Its Influence on General Virtue and Happiness.* Vol. 2. London: Robinson.

Hutton, J. 1795. *Theory of the Earth, with Proofs and Illustrations.* Vol. 2. Edinburgh: William Creech.

Hyams, E. 1952. *Soil and Civilization.* London: Thames and Hudson.

Judson, S. 1968. Erosion of the land, or what's happening to our continents? *American Scientist* 56:356–74.

Kalis, A. J., J. Merkt, and J. Wunderlich. 2003. Environmental changes during the Holocene climatic optimum in central Europe—human impact and natural causes. *Quaternary Science Reviews* 22:33–79.

Lane, C. 1980. The development of pastures and meadows during the sixteenth and seventeenth centuries. *Agricultural Review* 28:18–30.

Lang, A. 2003. Phases of soil erosion-derived colluviation in the loess hills of South Germany. *Catena* 51:209–21.

Lang, A., H.-P. Niller, and M. M. Rind. 2003. Land degradation in Bronze Age Germany: Archaeological, pedological, and chronometrical evidence from a hilltop settlement on the Frauenberg, Niederbayern. *Geoarchaeology* 18:757–78.

Lowdermilk, W. C. 1953. *Conquest of the Land Through 7,000 Years.* U.S. Department of Agriculture, Soil Conservation Service, Agriculture Information Bulletin 99. Washington, DC: GPO.

Lowry, S. T. 2003. The agricultural foundation of the seventeenth-century English oeconomy, *History of Political Economy* 35, Suppl. 1:74–100.

Mäckel, R., R. Schneider, and J. Seidel. 2003. Anthropogenic impact on the landscape of Southern Badenia (Germany) during the Holocene—documented by colluvial and alluvial sediments. *Archaeometry* 45:487–501.

Malthus, T. 1798. *An Essay on the Principle of Population, as It Affects the Future Improvement of Society: with Remarks on the Speculations of Mr. Godwin, M. Condorcet, and Other Writers.* London: J. Johnson.

Markham, G. 1631. *Markhams Farewell to Husbandry; Or, The Enriching of All Sorts of Barren and Sterile Grounds in Our Kingdome, to be as Fruiteful in All Manner of Graine, Pulse, and Grasse, as the Best Grounds Whatsoever.* Printed by Nicholas Okes for John Harison, at the figure of the golden Unicorne in Paternester-row.

Marsh, G. P. 1864. *Man and Nature; or, Physical Geography as Modified by Human Action.* New York: Charles Scribner.

Marx, K. 1867. *Capital: A Critique of Political Economy.* Vol. 1. New York: Vintage Books, 1977.

Melvin, J. 1887. Hutton's views of the vegetable soil or mould, and vegetable and animal life. *Transactions of the Edinburgh Geological Society* 5:468–83.

Morhange, C., F. Blanc, S. Schmitt-Mercury, M. Bourcier, P. Carbonel, C. Oberlin, A. Prone, D. Vivent, and A. Hesnard. 2003. Stratigraphy of late-Holocene deposits of the ancient harbour of Marseilles, southern France. *Holocene* 13:593–604.

Mortimer, J. 1708. *The Whole Art of Husbandry; Or, The Way of Managing and Improving of Land.* London: Printed by F. H. for H. Mortlock at the *Phoenix,* and J. Robinson at the *Golden Lion* in St. Paul's Church-Yard.

Playfair, J. 1802. *Illustrations of the Huttonian Theory of the Earth.* London: Cadell and Davies / Edinburgh: William Creech.

Reclus, E. 1871. *The Earth.* New York: G. P. Putnam and Sons.

Ross, E. B. 1998. *The Malthus Factor: Poverty, Politics and Population in Capitalist Development.* London: Zed Books.

Simkhovitch, V. G. 1913. Hay and history. *Political Science Quarterly* 28:385–403.

Smith, C. D. 1972. Late Neolithic settlement, land-use and Garigue in the Montpellier Region, France. *Man* 7:397–407.

Surell, A. 1870. *A Study of the Torrents in the Department of the Upper Alps.* Trans. A. Gibney. Paris: Dunod.

van de Westeringh, W. 1988. Man-made soils in the Netherlands, especially in sandy areas ("Plaggen soils"). In *Man-Made Soils,* ed. W. Groenman-van Waateringe and M. Robinson, 5–19. Symposia of the Association for Environmental Archaeology 6, BAR International Series 410. Oxford.

Van Hooff, P. P. M., and P. D. Jungerius. 1984. Sediment source and storage in small watersheds of the Keuper marls in Luxembourg, as indicated by soil profile truncation and the deposition of colluvium. *Catena* 11:133–44.

Van Vliet-Lanoë, B., M. Helluin, J. Pellerin, and B. Valadas. 1992. Soil erosion in Western Europe: From the last interglacial to the present. In *Past and Present Soil Erosion: Archaeological and Geographical Perspectives,* ed. M. Bell and J. Boardman, 101–14. Oxbow Monograph 22. Oxford: Oxbow Books.

Whitney, M. 1925. *Soil and Civilization: A Modern Concept of the Soil and the Historical Development of Agriculture.* New York: D. Van Nostrand.

Zangger, E. 1992. Prehistoric and historic soils in Greece: Assessing the natural resources for agriculture. In *Agriculture in Ancient Greece,* ed. B. Wells, 13–19. Proceedings of the Seventh International Symposium at the Swedish Institute at Athens, 16–17 May, 1990. Acta Instituti Atheniensis Regni Sueciae, Series In 4, 42. Stockholm.

Zolitschka, B., K.-E. Behre, and J. Schneider. 2003. Human and climatic impact on the environment as derived from colluvial, fluvial and lacustrine archives—examples from the Bronze Age to the Migration period, Germany. *Quaternary Science Reviews* 22:81–100.

6. 西进的锄头

Bagley, W. C., Jr. 1942. *Soil Exhaustion and the Civil War.* Washington, DC: American Council on Public Affairs.

de Beaujour, L. A. F. 1814. *Sketch of the United States of North America.* Trans. W. Walton. London: J. Booth.

Beer, G. L. 1908. *Origins of the British Colonial System, 1578–1660.* New York: Macmillan.

Brissot de Warville, J.-P. 1794. *New Travels in the United States of America, Performed in 1788.* London: J. S. Jordan.

Costa, J. E. 1975. Effects of agriculture on erosion and sedimentation in the Piedmont Province, Maryland. *Geological Society of America Bulletin* 86:1281–86.

Craven, A. O. 1925. *Soil Exhaustion as a Factor in the Agricultural History of Virginia and Maryland, 1606–1860.* University of Illinois Studies in the Social Sciences 13, no. 1. Urbana: University of Illinois.

Craven, J. H. 1833. Letter of John H. Craven. *Farmer's Register* 1:150.

Cronon, W. 1983. *Changes in the Land: Indians, Colonists, and the Ecology of New England.* New York: Hill and Wang.

Eliot, J. 1934. *Essays Upon Field Husbandry in New England and Other Papers, 1748–1762.* Ed. H. J. Carman, R. G. Tugwell, and R. H. True. New York: Columbia University Press.

Glenn, L. C. 1911. *Denudation and Erosion in the Southern Appalachian Region and the Monongahela Basin.* U.S. Geological Survey Professional Paper 72. Washington, DC: GPO.

Gottschalk, L. C. 1945. Effects of soil erosion on navigation in Upper Chesapeake Bay. *Geographical Review* 35:219–38.

Hall, A.R. 1937. *Early Erosion-Control Practices in Virginia.* U.S. Department of Agriculture Miscellaneous Publication 256. Washington, DC: GPO.

Happ, S. C. 1945. Sedimentation in South Carolina Piedmont valleys. *American Journal of Science* 243:113–26.

Hartmann, W. A., and H. H. Wooten. 1935. *Georgia Land Use Problems.* Bulletin 191, Georgia Agricultural Experiment Station.

Hartwell, H., J. Blair, and E. Chilton. 1727. *The Present State of Virginia, and the College.* London: John Wyat.

Hewatt, A. 1779. *An Historical Account of the Rise and Progress of the Colonies of South Carolina and Georgia.* London: A. Donaldson.

Jefferson, T. 1813. Letter to C. W. Peale, April 17, 1813. In *Thomas Jefferson's Garden Book,* annot. E. M. Betts, 509. Philadelphia: American Philosophical Society, 1944.

———. 1894. *The Writings of Thomas Jefferson.* Ed. P. L. Ford. Vol. 3. New York: G. P. Putnam and Sons.

Letter from Alabama. 1833. *Farmer's Register* 1:349.

Lorain, J. 1825. *Nature and Reason Harmonized in the Practice of Husbandry.* Philadelphia: H. C. Carey and L. Lea.

Lyell, C. 1849. *A Second Visit to The United States of North America.* Vol. 2. London: John Murray.

M. N. 1834. On improvement of lands in the central regions of Virginia. *Farmer's Register* 1:585–89.

Mann, C. C. 2002. The real dirt on rainforest fertility. *Science* 297:920–23.

McDonald, A. 1941. *Early American Soil Conservationists.* U.S. Department of Agriculture Miscellaneous Publication 449. Washington, DC: GPO.

Meade, R. H. 1982. Sources, sinks, and storage of river sediment in the Atlantic drainage of the United States. *Journal of Geology* 90:235–52.

Overstreet, W. C., A.M. White, J. W. Whitlow, P. K. Theobald, D. W. Caldwell, and N. P. Cuppels. 1968. *Fluvial monazite deposits in the southeastern United States.* U.S. Geological Survey Professional Paper 568. Washington, DC: GPO.

Pasternack, G. B., G. S. Brush, and W. B. Hilgartner. 2001. Impact of historic land-use change on sediment delivery to a Chesapeake Bay subestuarine delta. *Earth Surface Processes and Landforms* 26:409–27.

Phillips, U. B. 1909. *Plantation and Frontier Documents: 1649–1863.* Vol. 1. Cleveland: Arthur H. Clark.

Ruffin, E. 1832. *An Essay on Calcareous Manures.* Ed. J. C. Sitterson. Cambridge, MA: Harvard University Press, Belknap Press, 1961.

Schoepf, J. D. 1911. *Travels in the Confederation: 1783–1784.* Trans. A. J. Morrison and William J. Campbell. Philadelphia: W. J. Campbell.

Shafer, D. S. 1988. Late Quaternary landscape evolution at Flat Laurel Gap, Blue Ridge Mountains, North Carolina. *Quaternary Research* 30:7–11.

Smith, N. J. H. 1980. Anthrosols and human carrying capacity in Amazonia. *Annals of the Association of American Geographers* 70:553–66.

Stoll, S. 2002. *Larding the Lean Earth: Soil and Society in Nineteenth-Century America.* New York: Hill and Wang.

Taylor, J. 1814. *Arator, Being a Series of Agricultural Essays, Practical and Political.* Columbia: J. M. Carter.

Toulmin, H. 1948. *The Western Country in 1793: Reports on Kentucky and Virginia.* Ed. M. Tinling and G. Davies. San Marino, CA: Henry E. Huntington Library and Art Gallery.

U.S. Congress. Senate. 1850. *Report of the Commissioner of Patents for the Year 1849, part 2, Agriculture.* 31st Congress, 1st sess. Ex. Doc. 15. Washington, DC: GPO.

Washington, G. 1803. *Letters from His Excellency George Washington to Arthur Young, Esq., F.R.S., and Sir John Sinclair, Bart., M.P.: Containing an Account of His Husbandry with His Opinions on Various Questions in Agriculture.* Alexandria, VA: Cottom and Stewart.

———. 1892. *The Writings of George Washington.* Ed. W. C. Ford. Vol. 13. New York: G. P. Putnam and Sons.

White, A. 1910. A briefe relation of the voyage unto Maryland, 1634. In *Narratives of Early Maryland, 1633–1684,* ed. C. C. Hall, 22–45. New York: Charles Scribner.

Wolman, M. G. 1967. A cycle of sedimentation and erosion in urban river channels. *Geografiska Annaler* 49A:385–95.

7. 黑色风暴

Alexander, E. B. 1988. Rates of soil formation: Implications for soil-loss tolerance. *Soil Science* 145:37–45.

Bennett, H. H. 1936. *Soil Conservation and Flood Control.* U.S. Department of Agriculture, Soil Conservation Service, Miscellaneous Publication 11. Washington, DC: GPO.

Bennett, H. H., and W. R. Chapline. 1928. *Soil Erosion, A National Menace.* U.S. Department of Agriculture, Bureau of Chemistry and Soils and Forest Service, Circular 3. Washington, DC: GPO.

Borchert, J. R. 1971. The Dust Bowl in the 1970s. *Annals of the Association of American Geographers* 61:1–22.

Brown, L. R. 1981. World population growth, soil erosion, and food security. *Science* 214:995–1002.

Busacca, A., L. Wagoner, P. Mehringer, and M. Bacon. 1998. Effect of human activity on dustfall: A 1,300-year lake-core record of dust deposition on the Columbia Plateau, Pacific Northwest U.S.A. In *Dust Aerosols, Loess Soils & Global Change,* ed. A. Busacca, 8–11. Publication MISC0190. Pullman: Washington State University.

Catt, J. A. 1988. Loess—its formation, transportation and economic significance. In *Physical and Chemical Weathering in Geochemical Cycles,* ed. A. Lerman, and M. Meybeck, 251:113–42. NATO Advanced Science Institutes Series C: Mathematical and Physical Sciences. Dordrecht: Kluwer Academic.

Clay, J. 2004. *World Agriculture and the Environment.* Washington, DC: Island Press.

Craven, A. O. 1925. *Soil Exhaustion as a Factor in the Agricultural History of Virginia and Maryland, 1606–1860.* University of Illinois Studies in the Social Sciences 13, no. 1. Urbana: University of Illinois.

Davis, R. O. E. 1914. Economic waste from soil erosion. In [1913] *Yearbook of the United States Department of Agriculture,* 207–20. Washington, DC: GPO.

Dazhong, W. 1993. Soil erosion and conservation in China. In *World Soil Erosion and Conservation,* ed. D. Pimentel, 63–85. Cambridge: Cambridge University Press.

Dunne, T., W. E. Dietrich, and M. J. Brunengo. 1978. Recent and past erosion rates in semi-arid Kenya. *Zeitschrift für Geomorphologie, N. F.,* Suppl. 29:130–40.

Hunsberger, B., J. Senior, and S. Carter. 1999. Winds spawn deadly pileups. *Sunday Oregonian,* September 26, A1.

Hurni, H. 1993. Land degradation, famine, and land resource scenarios in Ethiopia. In *World Soil Erosion and Conservation,* 27–61.

Hyams, E. 1952. *Soil and Civilization.* London: Thames and Hudson.

Jacobberger, P. A. 1988. Drought-related changes to geomorphologic processes in central Mali. *Geological Society of America Bulletin* 100:351–61.

Johnson, W. D. 1902. The High Plains and their utilization. In *Twenty-Second Annual Report of the United States Geological Survey,* 637–69. Washington, DC: GPO.

Kaiser, J. 2004. Wounding Earth's fragile skin. *Science* 304:1616–18.

Kaiser, V. G. 1961. Historical land use and erosion in the Palouse—A reappraisal. *Northwest Science* 35:139–53.

Lal, R. 1993. Soil erosion and conservation in West Africa. In *World Soil Erosion and Conservation,* 7–25.

Larson, W. E., F. J. Pierce, and R. H. Dowdy. 1983. The threat of soil erosion to long-term crop production. *Science* 219:458–65.

Le Houérou, H. N. 1996. Climate change, drought and desertification. *Journal of Arid Environments* 34:133–85.

Lowdermilk, W. C. 1935. *Soil Erosion and Its Control in the United States.* U.S. Department of Agriculture, Soil Conservation Service, Miscellaneous Publication 3. Washington, DC: GPO.

———. 1936. *Man-made deserts.* U.S. Department of Agriculture, Soil Conservation Service, Miscellaneous Publication 4.

———. 1941. Conquest of the Land. In *Papers on Soil Conservation, 1936–1941.* U.S. Soil Conservation Service.

Mäckel, R., and D. Walther. 1984, Change of vegetation cover and morphodynamics—a study in applied geomorphology in the semi-arid lands of Northern Kenya, *Zeitschrift für Geomorphologie, N. F.,* Suppl. 51:77–93.

McCool, D. K., J. A. Montgomery, A. J. Busacca, and B. E. Frazier. 1998. Soil degradation by tillage movement. *Advances in GeoEcology* 31:327–32.

Nasrallah, H. A., and R. C. Balling, Jr. 1995. Impact of desertification on temperature trends in the Middle East. *Environmental Monitoring and Assessment* 37:265–71.

National Research Council. Committee on the role of alternative farming methods in modern production agriculture. 1989. *Alternative Agriculture.* Washington, DC: National Academy Press.

Nearing, M. A., F. F. Pruski, and M. R. O'Neal. 2004. Expected climate change impacts on soil erosion rates: A review. *Journal of Soil and Water Conservation* 59:43–50.

Pearce, F. 2001. Desert harvest. *New Scientist* 172:44.

Peng, S., J. Huang, J. E. Sheehy, R. C. Laza, R. M. Visperas, X. Zhong, G. S. Centeno, G. S. Khush, and K. G. Cassman. 2004. Rice yields decline with higher night temperature from global warming. *Proceedings of the National Academy of Sciences of the United States of America* 101:9971–75.

Pimentel, D. 1993. Overview. In *World Soil Erosion and Conservation,* 1–5.

Pimentel, D., J. Allen, A. Beers, L. Guinand, A. Hawkins, R. Linder, P. McLaughlin, B. Meer, D. Musonda, D. Perdue, S. Poisson, R. Salazar, S. Siebert, and K. Stoner. 1993. Soil erosion and agricultural productivity. In *World Soil Erosion and Conservation,* 277–92.

Pimentel, D., C. Harvey, P. Resosudarmo, K. Sinclair, D. Kurz, M. McNair, S. Crist, L. Shpritz, L. Fitton, R. Saffouri, and R. Blair. 1995. Environmental and economic costs of soil erosion and conservation benefits. *Science* 267:1117–23.

Ponting, C. 1993. *A Green History of the World: The Environment and the Collapse of Great Civilizations.* New York: Penguin Books.

Saiko, T. A. 1995. Implications of the disintegration of the former Soviet Union for desertification control. *Environmental Monitoring and Assessment* 37: 289–302.

Sampson, R. N. 1981. *Farmland or Wasteland: A Time to Choose.* Emmaus, PA: Rodale Press.

Schickele, R., J. P. Himmel, and R. M. Hurd. 1935. *Economic Phases of Erosion Control in Southern Iowa and Northern Missouri.* Iowa Agricultural Experiment Station Bulletin 333. Ames: Iowa State College of Agriculture and Mechanic Arts.

Schindler, D. W., and W. F. Donahue. 2006. An impending water crisis in Canada's western prairie provinces. *Proceedings of the National Academy of Sciences* 103:7210–16.

Shaler, N. S. 1891. The origin and nature of soils. In *Papers Accompanying the Annual Report of the Director of the U.S. Geological Survey for the Fiscal Year Ending June 30, 1891,* 211–345. U.S. Geological Survey. Washington, DC: GPO.

———. 1905. *Man and the Earth.* New York: Fox, Duffield.

Swift, J. 1977. Sahelian pastoralists: Underdevelopment, desertification, and famine. *Annual Review of Anthropology* 6:457–78.

Syvitski, J. P. M., C. J. Vörösmarty, A. J. Kettner, and P. Green. 2005. Impact of humans on the flux of terrestrial sediment to the global coastal ocean. *Science* 308:376–80.

Throckmorton, R. I., and L. L. Compton. 1938. Soil erosion by wind. *Report of the Kansas State Board of Agriculture* 56, no. 224-A.

Trimble, S. W., and S. W. Lund. 1982. *Soil Conservation and the Reduction of Erosion and Sedimentation in the Coon Creek Basin, Wisconsin.* U.S. Geological Survey Professional Paper 1234. Washington, DC: GPO.

U.S. Congress. House of Representatives. Great Plains Committee. 1936. *The Future of the Great Plains,* 75th Congress, 1st sess. HD 144. Washington, DC: GPO.

U.S. Department of Agriculture (USDA). 1979. *Erosion in the Palouse: A Summary of the Palouse River Basin Study.* U.S. Department of Agriculture, Soil Conservation Service, Forest Service, and Economics, Statistics, and Cooperative Service.

Wade, N. 1974. Sahelian drought: No victory for Western aid. *Science* 185:234–37.

Wakatsuki, T., and A. Rasyidin. 1992. Rates of weathering and soil formation. *Geoderma* 52:251–63.

Worster, D. 1979. *Dust Bowl: The Southern Plains in the 1930s.* New York: Oxford University Press.

Zonn, I. S. 1995. Desertification in Russia: Problems and solutions (An example in the Republic of Kalmykia-Khalmg Tangch). *Environmental Monitoring and Assessment* 37:347–63.

8. 肮脏的交易

Appenzeller, T. 2004. The end of cheap oil. *National Geographic* 205 (6): 80–109.

Bennett, H. H. 1947. Soil conservation in the world ahead. *Journal of Soil and Water Conservation* 2:43–50.

Blevins, R. L., R. Lal, J. W. Doran, G. W. Langdale, and W. W. Frye. 1998. Conservation tillage for erosion control and soil quality. In *Advances in Soil and Water Conservation,* ed. F. J. Pierce and W. W. Fry, 51–68. Chelsea, MI: Ann Arbor Press.

Buman, R. A., B. A. Alesii, J. L. Hatfield, and D. L. Karlen. 2004. Profit, yield, and soil quality effects of tillage systems in corn—soybeans. *Journal of Soil and Water Conservation* 59:260–270.

Catt, J. A. 1992. Soil erosion on the Lower Greensand at Woburn Experimental Farm, Bedfordshire—Evidence, history, and causes. In *Past and Present Soil Erosion: Archaeological and Geographical Perspectives,* ed. M. Bell and J. Boardman, 67–76. Oxbow Monograph 22. Oxford: Oxbow Books.

Craswell, E. T. 1993. The management of world soil resources for sustainable agricultural production. In *World Soil Erosion and Conservation,* ed. D. Pimentel, 257–76. Cambridge Studies in Applied Ecology and Resource Management. Cambridge: Cambridge University Press.

Crookes, William. 1900. *The Wheat Problem: Based on Remarks Made in the Presidential Address to the British Association at Bristol in 1898.* New York: G. P. Putnam and Sons.

Drinkwater, L. E., P. Wagoner, and M. Sarrantonio. 1998. Legume-based cropping systems have reduced carbon and nitrogen losses. *Nature* 396: 262–65.

Egan, T. 2004. Big farms reap two harvests with subsidies a bumper crop. *New York Times,* December 26, 2004, 1, 28.

Fan, T., B. A. Stewart, W. A. Payne, W. Yong, J. Luo, and Y. Gao. 2005. Long-term fertilizer and water availability effects on cereal yield and soil chemical properties in Northwest China. *Soil Science Society of America Journal* 69:842–55.

Faulkner, E. H. 1943. *Plowman's Folly.* New York: Grosset and Dunlap.

Hall, A.D. 1917. *The Book of the Rothamsted Experiments.* 2nd ed. Rev. E. J. Russell. New York: E. P. Dutton.

Hilgard, E. W. 1860. *Report on the Geology and Agriculture of the State of Mississippi.* Jackson: E. Barksdale.

Hooke, R. L. 1999. Spatial distribution of human geomorphic activity in the United States: Comparison with rivers. *Earth Surface Processes and Landforms* 24:687–92.

Howard, A. 1940. *An Agricultural Testament.* London: Oxford University Press.

Jackson, W. 2002. Farming in nature's image: Natural systems agriculture. In *The Fatal Harvest Reader: The Tragedy of Industrial Agriculture,* ed. A. Kimbrell, 65–75. Washington, DC: Island Press.

———. 2002. Natural systems agriculture: a truly radical alternative. *Agriculture, Ecosystems and Environment* 88:111–17.

Jenny, H. 1961. "E. W. Hilgard and the Birth of Modern Soil Science." *Agrochimica,* ser. 3 (Pisa).

Johnston, A. E., and G. E. G. Mattingly. 1976. Experiments on the continuous growth of arable crops at Rothamsted and Woburn Experimental Stations: Effects of treatments on crop yields and soil analyses and recent modifications in purpose and design. *Annals of Agronomy* 27:927–56.

Johnson, C. B., and W. C. Moldenhauer. 1979. Effect of chisel versus moldboard plowing on soil erosion by water. *Soil Science Society of America Journal* 43:177–79.

Judson, S. 1968. Erosion of the land, or what's happening to our continents? *American Scientist* 56:356–74.

Lal, R. 2004. Soil carbon sequestration impacts on global climate change and food security. *Science* 304:1623–27.

Lal, R., M. Griffin, J. Apt, L. Lave, and M. G. Morgan. 2004. Managing soil carbon. *Science* 304:39.

Liebig, J. 1843. *Chemistry in Its Application to Agriculture and Physiology.* Ed. from the manuscript of the author by L. Playfair. Philadelphia: James M. Campbell / New York: Saxton and Miles.

Lockeretz, W., G. Shearer, R. Klepper, and S. Sweeney. 1978. Field crop production on organic farms in the Midwest. *Journal of Soil and Water Conservation* 33:130–34.

Mäder, P., A. Fließbach, D. Dubois, L. Gunst, P. Fried, and U. Niggli. 2002. Soil fertility and biodiversity in organic farming. *Science* 296:1694–97.

Mallory, W. H. 1926. *China: Land of Famine.* Special Publication 6. New York: American Geographical Society.

Matson, P. A., W. J. Parton, A. G. Power, and M. J. Swift. 1997. Agricultural intensification and ecosystem properties. *Science* 277:504–9.

McNeill, J. R., and V. Winiwarter. 2004. Breaking the sod: Humankind, history, and soil. *Science* 304:1627–29.

Morgan, R. P. C. 1985. Soil degradation and erosion as a result of agricultural practice. In *Geomorphology and Soils,* ed. K. S. Richards, R. R. Arnett, and S. Ellis, 379–95. London: George Allen and Unwin.

Mosier, A. R., K. Syers, and J. R. Freney. 2004. *Agriculture and the Nitrogen Cycle.* Washington, DC: Island Press.

Musgrave, G. W. 1954. Estimating land erosion-sheet erosion. *Association internationale d'Hydrologie scientifique, Assemblée génerale de Rome,* 1: 207–15.

Pimentel, D., P. Hepperly, J. Hanson, D. Douds, and R. Seidel. 2005. Environmental, energetic, and economic comparisons of organic and conventional farming systems. *BioScience* 55:573–82.

Reganold, J. 1989. Farming's organic future. *New Scientist* 122:49–52.

Reganold, J. P., L. F. Elliott, and Y. L. Unger. 1987. Long-term effects of organic and conventional farming on soil erosion. *Nature* 330:370–72.

Reganold, J. P., J. D. Glover, P. K. Andrews, and H. R. Hinman. 2001. Sustainability of three apple production systems. *Nature* 410:926–30.

Reganold, J. P., A. S. Palmer, J. C. Lockhart, and A. N. Macgregor. 1993. Soil quality and financial performance of biodynamic and conventional farms in New Zealand. *Science* 260:344–49.

Rosset, P., J. Collins, and F. M. Lappe. 2000. Lessons from the Green Revolution. *Tikkun Magazine* 15 (2): 52–56.

Ruffin, E. 1832. *An Essay on Calcareous Manures.* Ed. J. C. Sitterson. Cambridge, MA: Harvard University Press, Belknap Press, 1961.

Smil, V. 2001. *Enriching the Earth: Fritz Haber, Carl Bosch, and the Transformation of World Food Production.* Cambridge, MA: MIT Press.

Stuiver, M. 1978. Atmospheric carbon dioxide and carbon reservoir changes: Reduction in terrestrial carbon reservoirs since 1850 has resulted in atmospheric carbon dioxide increases. *Science* 199:253–58.

Tanner, C. B., and R. W. Simonson. 1993. Franklin Hiram King—pioneer scientist. *Soil Science Society of America Journal* 57:286–92.

Taylor, R. H. 1930. Commercial fertilizers in South Carolina. *South Atlantic Quarterly* 29:179–89.

Tiessen, H., E. Cuevas, and P. Chacon. 1994. The role of soil organic matter in sustaining soil fertility. *Nature* 371:783–85.

Truman, C. C., D. W. Reeves, J. N. Shaw, A. C. Motta, C. H. Burmester, R. L. Raper, and E. B. Schwab. 2003. Tillage impacts on soil property, runoff, and soil loss variations from a Rhodic Paleudult under simulated rainfall. *Journal of Soil and Water Conservation* 58:258–67.

Ursic, S. J., and F. E. Dendy. 1965. Sediment yields from small watersheds under various land uses and forest covers. *Proceedings of the Federal Inter-Agency Sedimentation Conference, 1963,* 47–52. U.S. Department of Agriculture, Miscellaneous Publication 970. Washington, DC: GPO.

U.S. Department of Agriculture (USDA). 1901. *Exhaustion and Abandonment of Soils: Testimony of Milton Whitney, Chief of Division of Soils, Before The Industrial Commission.* U.S. Department of Agriculture, Report 70. Washington, DC: GPO.

Van Hise, C. R. 1916. *The Conservation of Natural Resources in the United States.* New York: Macmillan.

Whitney, M. 1909. *Soils of the United States.* U.S. Department of Agriculture, Bureau of Soils Bulletin 55. Washington, DC: GPO.

———. 1925. *Soil and Civilization: A Modern Concept of the Soil and the Historical Development of Agriculture.* New York: D. Van Nostrand.

Wilson, D. 2001. *Fateful Harvest: The True Story of a Small Town, a Global Industry, and a Toxic Secret.* New York: HarperCollins.

Wines, R. A. 1985. *Fertilizer in America: From Waste Recycling to Resource Exploitation.* Philadelphia: Temple University Press.

Yoder, D.C., T. L. Cope, J. B. Wills, and H. P. Denton. 2005. No-till transplanting of vegetable and tobacco to reduce erosion and nutrient surface runoff. *Journal of Soil and Water Conservation* 60:68–72.

9. 时间中的岛屿

Arnalds, A. 1998. Strategies for soil conservation in Iceland. *Advances in Geo-Ecology* 31:919–25.

Arnalds, O. 2000. The Icelandic 'Rofabard' soil erosion features. *Earth Surface Processes and Landforms* 25:17–28.

Buckland, P., and A. Dugmore. 1991. "If this is a refugium, why are my feet so bloody cold?" The origins of the Icelandic biota in the light of recent research. In *Environmental Change in Iceland: Past and Present,* ed. J. K. Maizels, and C. Caseldine, 107–25. Dordrecht: Kluwer Academic.

Dugmore, A., and P. Buckland. 1991. Tephrochronology and late Holocene soil erosion in South Iceland. In *Environmental Change in Iceland,* 147–59.

Gerrard, A. J. 1985. Soil erosion and landscape stability in southern Iceland: a tephrochronological approach. In *Geomorphology and Soils,* ed. K. S. Richards, R. R. Arnett, and S. Ellis, 78–95. London: George Allen and Unwin.

Gerrard, J. 1991. An assessment of some of the factors involved in recent landscape change in Iceland. In *Environmental Change in Iceland,* 237–53.

Gísladóttir, G. 2001. Ecological disturbance and soil erosion on grazing land in Southwest Iceland. In *Land Degradation,* ed. A. J. Conacher, 109–26. Dordrecht: Kluwer Academic.

Hunt, T. L., and C. P. Lipo. 2006. Late colonization of Easter Island. *Science* 311:1603–6.

Kirch, P. V. 1996. Late Holocene human-induced modifications to a central Polynesian island ecosystem. *Proceedings of the National Academy of Sciences of the United States of America* 93:5296–5300.

———. 1997. Microcosmic histories: Island perspectives on "global" change. *American Anthropologist* 99 (1): 30–42.

Luke, H. 1952. A visit to Easter Island. *Geographical Magazine* 25:298–306.

Mann, D., J. Chase, J. Edwards, W. Beck, R. Reanier, and M. Mass. 2003. Prehistoric destruction of the primeval soils and vegetation of Rapa Nui (Isla de Pascua, Easter Island). In *Easter Island: Scientific Exploration into the World's*

Environmental Problems in Microcosm, ed. J. Loret and J. T. Tancredi, 133–53. Dordrecht: Kluwer Academic / New York: Plenum.

Mieth, A., and H.-R. Bork. 2005. History, origin and extent of soil erosion on Easter Island (Rapa Nui). *Catena* 63:244–60.

Ólafsdóttir, R., and H. J. Guðmundsson. 2002. Holocene land degradation and climatic change in northeastern Iceland. *Holocene* 12:159–67.

Ponting, C. 1993. *A Green History of the World: The Environment and the Collapse of Great Civilizations.* New York: Penguin Books.

Sveinbjarnardóttir, G. 1991. A study of farm abandonment in two regions of Iceland. In *Environmental Change in Iceland,* 161–77.

Williams, J. 1837. *A Narrative of Missionary Enterprises in the South Sea Islands.* London: J. Snow.

Williams, M. 2003. *Deforesting the Earth: From Prehistory to Global Crisis.* Chicago: University of Chicago Press.

10. 文明的寿命

Berry, W. 2002. The whole horse. In *The Fatal Harvest Reader: The Tragedy of Industrial Agriculture,* ed. A. Kimbrell, 39–48. Washington, DC: Island Press.

Cassman, K. G. 1999. Ecological intensification of cereal production systems: Yield potential, soil quality, and precision agriculture. *Proceedings of the National Academy of Sciences of the United States of America* 96:5952–59.

Cassman, K. G., S. K. De Datta, D. C. Olk, J. Alcantara, M. Samson, J. Descalsota, and M. Dizon. 1995. Yield decline and the nitrogen economy of long-term experiments on continuous, irrigated rice systems in the tropics. In *Soil Management: Experimental Basis for Sustainability and Environmental Quality,* ed. R. Lal and B. A. Stewart, 181–222. Boca Raton: Lewis Publishers.

Ehrlich, P. R., A. H. Ehrlich, and G. C. Daily. 1993. Food security, population and environment. *Population and Development Review* 19:1–32.

Engels, F. 1844. The myth of overpopulation. In *Marx and Engels on Malthus,* ed. R. L. Meek, trans. D. L. Meek and R. L. Meek, 57–63. London: Lawrence and Wishart, 1953.

Huston, M. 1993. Biological diversity, soils, and economics. *Science* 262:1676–80.

Kaiser, J. 2004. Wounding Earth's fragile skin. *Science* 304:1616–18.

Larson, W. E., F. J Pierce, and R. H. Dowdy. 1983. The threat of soil erosion to long-term crop production. *Science* 219:458–65.

Pimentel, D., J. Allen, A. Beers, L. Guinand, R. Linder, P. McLaughlin, B. Meer, D. Musonda, D. Perdue, S. Poisson, S. Siebert, K. Stoner, R. Salazar, and A. Hawkins. 1987. World agriculture and soil erosion. *BioScience* 37:277–83.

Pimentel, D., C. Harvey, P. Resosudarmo, K. Sinclair, D. Kurz, M. McNair, S. Crist, L. Shpritz, L. Fitton, R. Saffouri, and R. Blair. 1995. Environmental and economic costs of soil erosion and conservation benefits. *Science* 267: 1117–23.

Saunders, I., and A. Young. 1983. Rates of surface processes on slopes, slope retreat and denudation. *Earth Surface Processes and Landforms* 8:473–501.

Smith, A. 1776. *Inquiry into the Nature and Causes of the Wealth of Nations.* London: W. Strahan and T. Cadell.

Tilman, D. 1999. Global environmental impacts of agricultural expansion: The need for sustainable and efficient practices. *Proceedings of the National Academy of Sciences of the United States of America* 96:5995–6000.

Tilman, D., J. Fargione, B. Wolff, C. D'Antonio, A. Dobson, R. Howarth, D. Schindler, W. H. Schlesinger, D. Simberloff, and D. Swackhamer. 2001. Forecasting agriculturally driven global environmental change. *Science* 292: 281–284.

United Nations Development Programme. 1996. *Urban Agriculture: Food, Jobs and Sustainable Cities.* New York.

Vitousek, P. M., H. A. Mooney, J. Lubchenco, and J. M. Melillo. 1997. Human domination of Earth's ecosystems. *Science* 277:494–99.

Wilkinson, B. H. 2005. Humans as geologic agents: A deep-time perspective. *Geology* 33:161–64.

索 引

（条目后的数字为原书页码，见本书边码；斜体页码表示条目内容在该页图片部分）

译后记

2007年初读《泥土：文明的侵蚀》(*Dirt: The Erosion of Civilizations*)这本书时，我还是一名建筑学系本科三年级的学生。在图书馆借出这本书那一刻，我脑海中有关“泥土”的故事，大概仅限于棕红色封面所呈现的20世纪横扫美国中西部的“黑风暴”。在夏夜睡前拿起这本书读上几页的我，仿佛乘着一粒沙尘，被狂风裹挟着，横贯千年历史，横跨万里大洲。这趟奇特的夏夜之旅，让我窥视了中东文明中心的农业初始，古罗马帝国及中华帝国的大规模农业灌溉实践，中世纪至现代早期处于殖民扩张时期的欧洲国家的海外农业开发，以及北美西部平原和南美亚马孙流域现代农业的兴起。夏日的旅途，为我呈现了以“土壤”为主角的农业发展历史，特别是土壤肥力和土壤侵蚀如何塑造了人类的历史进程。历史学家通常倾向于将文明的消逝归结于气候变化、战争或自然灾害等因素，戴维·蒙哥马利则通过《泥土》宣称，土壤侵蚀对古代文明造成的影响是灾难性的，“你亲自去看一看吧，那些故事就蕴藏在泥土之中”。

2010年，与《泥土》的再次相遇，是在理查德·T. T. 福尔曼(Richard T. T. Forman)先生所教授的景观生态学课上。那时的我，是景观学系一年级的研究生。在以“土壤生态学”为题目的课程中期汇报中，我提到三位在《泥土》中出现的历史人物：查尔斯·罗伯特·达尔文、亚历山大·冯·洪堡，以及尼基塔·赫鲁晓夫。尽管他们通常不会在关于土壤研究的著述中被提及，却分别从生物、贸易以及政治三方面，对我们认知或利用土壤的方式产生过重大影响。进化论的奠基人达尔文在其于1882年出版的鲜为人知的《通过蚯蚓活动形成的沃土》一书中，记录了通过数十年的观察和计算得到的重要结果，即蚯蚓是能够在数百万年的时间尺度上重塑土地的主要地质力量；德国科学探险家洪堡于1804年从南美洲的钦查群岛带到欧洲的一块白色"岩石"（海鸟粪沉积物），引起了农业化学科学家的兴趣，并继而掀起这种天然农业肥料被开采及出口至欧美的热潮；由苏联总理赫鲁晓夫在20世纪中叶推动实施的"苏联处女地计划"，因造成严重的土壤侵蚀而触发了鲜为人知的"苏联黑色风暴"。三年后重读蒙哥马利的这本著作，让我对通常处于人们视线和思想之外，并被隔离在室外的泥土在全球的自然、经济及政治生态中所扮演的重要角色，有了进一步的认识。

2013年，受译林出版社之托，我协助为译林社的"凤凰文库·城市与生态文明系列"丛书挑选了数本合适的图书，《泥土》也包含其中。有幸成为该书中文版译者的我，那时是人文地理学的二年级博士生。仔细想来，与该书的三次"近距离接触"，正好也是在我人生的三个不同阶段。或许，每一次的相遇，这本书都在潜移默化中把我的视野推向更宏大的时间及空间尺度；抑或，我从建筑学向景观学，继而向地理学的专业拓展，使我得以从愈加多元的视角，一次次地审视蒙哥马利所讲述的泥土的故事。回顾与该书的三次"近距离接触"，最值得着墨的应是以"泥土"为中心的三重认知维度的拓展，即空间的纵向维度、空间的横向维度，以及时间（或历史）的维度。

1. 空间的纵向维度：作为"媒介"的土地

从建筑学视角出发，大地通常被简化为承载建造物的无厚度的抽象

“表面”;《泥土》则让我接触到“厚土”(deep ground)的概念,把我的思维引向地表之下通常不为肉眼所见的部分——土地深厚、脆弱,它是包纳并承载生命的媒介。

土地是深厚的,也是脆弱的。野外考察时意外陷入沙沼的经历,令蒙哥马利感叹:“通常情况下,我们不会过多地想到支撑着我们的双脚、房屋、城市和农场的大地。”从地表向下延展的土壤,有着自己的结构和层次。有机物质层(O层)、表土层(A层)、心土层(B层)和风化岩石层(C层)等发生层的顺序及变化情况,能够反映土壤的形成过程及性质。被蒙哥马利称为“地球的表皮”的土壤层,位于地球地质层最外侧,是介于地质界与生物界之间的边界。按比例来看,只占地球半径千万分之一的土壤层,比约占人的平均身高千分之一的皮肤更薄,更脆弱;土壤生产与土壤侵蚀之间的平衡,是地球上的生命得以维系的基础。

土地不仅具有厚度,亦包纳并承载生命。土壤的健康状况决定了包括微生物、动物和植物在内的土壤生物的兴衰,而土壤生物则在岩石的风化、原始土壤的生成以及土壤肥力的形成和演变中扮演重要角色。达尔文通过观察和实验指出,英国每一英亩优良土壤中大约生活着四百磅重的蚯蚓。除了作为“重塑土地的主要地质力量”蚯蚓之外,能够协助植物获得养分的土栖微生物,是地球生物多样性最为丰富的资源,而一磅肥沃泥土中的微生物数量则多于地球的全部人口。土壤不仅塑造了景观的形态,而且提供了养料、氧气、水分等植物生存所需的最基本条件。土壤的状况决定了其上可生长何种植物以及所需生长时间;也正因为如此,土壤肥力和土壤侵蚀对于依赖作物种植的人类的历史进程起着决定性作用。

2. 空间的横向维度:具有“文脉性”的人地关系

景观学对地区特质的关注,通常既包括对土地纵向维度特性(例如土质、水文及植被类型等)的理解,亦包括对某一地区横向维度特征(例如乡村或城市纹理)的认知。《泥土》将景观学视角下对某一特定地区的关注,推向跨区域的比较研究。这种横向维度的拓展,使我开始在特定地区所具有的独特性与不同地区之间所具有的关联性的平衡之中,审视具有“文脉性”的人地关系。

具有“文脉性”的人地关系,一方面通过“比较研究”所呈现的各地区之间的相似性及差异性得以体现。例如,中西方的朴素自然观中对土壤的认知存在相似性。无论是亚里士多德的“四因说”(土、气、火、水),还是中国道学的“五行说”(金、木、水、火、土),在试图解释世界万物的形成及其相互关系时,都强调作为万物生命之根的“土”的重要性。伴随着社会的发展,土壤在全球各地身份认同的形成及经济政治的运作中所扮演的角色有所不同。例如,虽然中国农业的历史与美索不达米亚地区有诸多相似之处,然而与对土壤类型不加区分的苏美尔人不同,中国自四千多年前帝尧的时代起,就根据九种不同的土壤等级来安排农业生产并制定相应的田赋。对作为中国最早行政区划的九州的土壤性质的认知,成为中国古代经济结构形成的基础。

具有“文脉性”的人地关系,另一方面则通过对更具动态性的、地区之间的相互影响的挖掘得以体现。这种不同地区之间的联系,又体现在相互关联的“物质”与“技术”两个主要方面。例如,19世纪在被称作“粪岛”的钦查群岛上展开的海鸟粪开采热潮,使含氮量极高的海鸟粪从南美被输送至欧洲和美国。海鸟粪的广泛应用打破了依靠人畜粪肥维持土壤肥力的传统,开启了化学肥料的新时代,使农业生产的基础从营养循环转向“从养料到消费者”的营养单向传输。20世纪,“农业专家”通过殖民或援建等方式在全球的流转,促成了用以展开大规模垦荒的机械及技术的传播,导致全球各地“黑色风暴”的相继出现:除了最为人所熟悉的美国20世纪30年代的黑色风暴外,开垦一亿英亩边缘耕地的苏联“处女地计划”致使20世纪60年代“苏联黑色风暴”的发生,而非洲的萨赫勒地带则因法国殖民者快速推进种植园扩张,于20世纪70年代出现“漠南非洲黑色风暴”。

3. 时间（或历史）的维度

正如处在人生时间轴不同阶段的我，能够从书中获得不同的感悟，处在历史时间轴不同阶段的人类，看待其生存环境并与之互动的方式亦不断变化着。在《泥土》一书中，蒙哥马利通过呈现人地关系的历史变迁，不但将我的视野在空间的纵向与横向维度上延展，亦使我得以通过连续化和片断化这两种方式，解读与“空间”密切相关的“时间”。

“连续化”强调了以时间为媒的累积过程，如何促成空间维度上纵向与横向结构的形成。一方面，正是沿着时间轴的累积，看似微小的力量成为维系我们的生存环境的关键。例如，作为与母材、气候、生物、地形并存的土壤形成关键因素的时间，成为与空间并存的、塑造全球土壤多样性的原因：在不同的环境条件、不同时间长度下所形成的土壤层质结构多样——土层的厚度及其组合方式千差万别。再比如，正是通过年复一年地将小堆粪土翻到地表之上，蚯蚓成了在数百万年的时间尺度上重塑土地的主要地质力量。正如达尔文所指出：“眼前这般宽广的地球表层泥土，从古至今，以数年一次的周期进出着蚯蚓的身体。对人类而言，犁具是我们最古老而珍贵的发明之一；我们更要感叹，蚯蚓对土地的规律性耕犁的历史，始于人类出现之前，并将继续下去。”

另一方面，由于时间维度上连续累积通常有着超越人类感知范围的速度，因而它也可能成为灾祸的重要诱因。土壤消耗与重生之间的动态平衡被打破的情况，将造成生态环境的破坏，甚至文明的衰亡。例如，20世纪20年代在中国开展饥荒预防工作的生态学者沃尔特·罗德民，在考察山西的陡坡耕作对区域造成的影响时指出，由于土壤衰竭的速度太慢，当地居民不能及时意识到自身行为将会造成的严重后果：仅仅一二十年的时间，夏季暴雨就将这一地区肥沃的表层土壤从被耕作的裸露坡地上剥除。从更长的时间维度上来看，以人类难于察觉的速度发生的土壤衰竭能够削弱文明。从孤立的小型岛屿社会到跨区域的庞大帝国,《泥土》呈现了世界许多地区都曾共同经历的过程:土壤退化导致农业生产力水平下降,继而难以支持不断增长的人口,并最终诱发整个文明的崩溃。沿时间轴线展开的土壤侵蚀,被蒙哥马利视为能够解释“为何许多互不相关的古代文明都只持续了大约一千年”。

“片段化”强调的则是:该书是如何以一种类似蒙太奇的手法,对历史片段进行“剪接”,以呈现出“泥土”与“文明的寿命”之间的关系。与关于泥土的百科全书或编年史不同,蒙哥马利是通过对不同地区、不同时代人地关系的历史片段进行筛选与剪接,提出以古观今的珍贵视角:从最早期的农业文明社会,一直到古希腊、古罗马文明,水土流失造成文明消亡的现象贯穿始终;水土流失亦是欧洲殖民主义兴起,以及美国向西推进直至横跨北美的重要助推力之一。冀朝鼎先生曾指出:“历史本身是历史性的,各个时代只能按照它自己的经验去理解,也只对它自己有用。新的经验会导致新的历史见识,而根据新的见解,又可以阐述新的问题,可以重新审查新老论据……历史必须不断地加以再写,才能满足各个特定时代的人们的需要。再写历史是人类为驾驭历史力量所做努力的一部分。”《泥土》是一幅关于人地关系的历史片段拼贴图,它提出了关于“土壤肥力和土壤侵蚀如何塑造人类历史进程”的新见解。作者在最后一章指出,这部历史如此清晰地呈现着一个事实,即工业化文明的维系不仅仅依赖科技创新,亦需要对土壤进行保护;如果从一个更加长远的时间维度上来思考的话,“土壤”应该是维系文明的战略物资。

撰写译后记,成为回顾自己在过去十年间与这本书一次次分别又重逢的契机。每一次的相遇,《泥土》都把我的视野推向更宏大的时间及空间尺度,而我从建筑学向景观学再向地理学的专业拓展,使我得以拥有更为多元的视角,来审视蒙哥马利所讲述的泥土的故事。在此书出版之际，衷心感谢参与了本书第4—6章初译工作的好友杨逸伦，以及对翻译初稿提出诸多宝贵意见的我亲爱的母亲。完成这篇译后记，是在2017年8月香港的夏夜。愿《泥土》中文版的读者，能够像当初年少的我一样，展开一场乘着被风吹起的那粒沙尘的旅行。